智能数据服务、安全与应用优化

陈宇 于蒙 汪玉洁 赵坤 著

人民邮电出版社

北京

图书在版编目（CIP）数据

智能数据服务、安全与应用优化 / 陈宇等著. -- 北京：人民邮电出版社，2024.4
ISBN 978-7-115-62877-0

Ⅰ. ①智… Ⅱ. ①陈… Ⅲ. ①企业管理－数据处理 Ⅳ. ①F272.7

中国国家版本馆CIP数据核字(2023)第192575号

内 容 提 要

很多企业尤其是制造企业越来越重视预测与决策方面的智能化和精准度，这使得企业对数据个性化、多样化的需求日趋强烈。本书正是基于这样的需求，提出随需而变的数据空间引擎设计方法，探讨智能数据服务、安全及应用优化等方面的问题、技术与方法。

本书共 5 章，分别介绍数据空间引擎设计与管理系统架构、海量异构数据集成方法与技术、智能数据服务方法、智能制造领域数字孪生技术的应用，以及多维度安全与隐私保障体系构建。

本书内容结合理论与实践场景，适合异构数据集成、数据空间和数字孪生领域的研发人员及对此感兴趣的读者阅读，也适合作为各类院校相关专业师生的参考书。

◆ 著　　陈 宇　于 蒙　汪玉洁　赵 坤
责任编辑　贾鸿飞
责任印制　王 郁　胡 南

◆ 人民邮电出版社出版发行　北京市丰台区成寿寺路 11 号
邮编 100164　电子邮件 315@ptpress.com.cn
网址 https://www.ptpress.com.cn
廊坊市印艺阁数字科技有限公司印刷

◆ 开本：700×1000　1/16
印张：17.5　　　　　　　　2024 年 4 月第 1 版
字数：321 千字　　　　　　2024 年 4 月河北第 1 次印刷

定价：169.00 元

读者服务热线：(010)81055410　印装质量热线：(010)81055316
反盗版热线：(010)81055315
广告经营许可证：京东市监广登字 20170147 号

前言

随着物联网、大数据、云计算、人工智能等技术的飞速发展,传统网络协同软件及平台已经无法完全满足现代企业的需要。针对制造企业在战略管控、智能决策和运营预测等方面,对信息个性化、数据多样化的需求,本书提出随需而变的数据空间引擎设计方法,探索需求驱动下的数据空间演化机制,挖掘产品全流程与全价值链中数据融合交互的新模式,形成覆盖企业数据生成、汇聚、存储、归档、分析、使用和销毁全过程的大数据体系架构。

针对制造企业的数据需求及解决方案,本书内容分成5个部分。

(1)对数据空间的概念进行讨论,并就数据空间建模技术、异构数据索引技术、集群容器化数据空间引擎设计、数据空间管理系统架构进行了简单介绍。

(2)讲解多源异构数据的并行采集方法,并介绍了基于XML的数据交换模型、海量异构数据的预处理方法,以及基于深度学习的多模态数据融合技术、基于Elasticsearch的数据检索机制等。

(3)通过面向集装箱码头智能闸口监测测的跨模态数据检索方法、数字标识与应用服务、基于图像语义的工业机器人环境感知技术、基于多传感器融合的危险品仓库安全监测技术、面向煤炭码头装卸作业的混合流水车间调度优化等5个案例,介绍智能数据服务方法。

(4)通过数字孪生技术实施路径、制造业多源异构数据、智能制造领域数字孪生标准化现状及需求、数字孪生在智能制造领域的应用等4个部分,讲解智能制造领域数字孪生技术的应用。

(5)对数据溯源管理模型构建、基于区块链的数据溯源机制、基于深度学习的自适应风险评估方法、基于风险评估和时间控制的数据销毁机制,以及探测机制、细粒度动态权限分割进行介绍,探讨多维度安全与隐私保障体系的构建。

本书以制造企业为例,面向在工业数据互联、共享与交换中遇到的种种问题提出解决方案,内容涉及图像识别、数据集成、数据建模、深度学习、数字孪生、区块链等方法与技术,使得智能数据服务在大数据背景下,能够自动辨识用户的需求,并主动、高效、安全地满足这样的需求。

希望本书内容对工业物联网的发展有一定的借鉴作用,同时为提高生产效率、做好生产流程监测提供思路。面向企业尤其是制造企业多业务领域的网络协同需求，如何改善多类型、多层次、多业务的协同方法与实现途径，以提高企业全流程效率，为企业提供柔性化的数据空间管理系统架构，需要我们进一步研究、实践。我们也相信，提升数据服务对企业需求变化的适应能力，是未来的发展方向。

  本书在编写过程中难免存在疏漏之处，希望广大读者指正和提出宝贵意见，并发送电子邮件至 jiahongfei@ptpress.com.cn。

编者
2023 年 8 月

目录

第 1 章 数据空间引擎设计与管理系统架构

1.1 数据空间概述   2

1.2 数据空间建模技术   4

    1.2.1 数据空间建模   4

    1.2.2 数据空间语义理解   10

1.3 异构数据索引技术   17

    1.3.1 数据存储和索引   17

    1.3.2 数据空间异构数据查询技术   21

    1.3.3 工业物联网数据空间查询方法   25

1.4 集群容器化数据空间引擎设计   27

1.5 数据空间管理系统架构   29

    1.5.1 数据架构   30

    1.5.2 数据平台设计参考架构   30

    1.5.3 柔性化的数据空间管理系统   34

第2章 海量异构数据集成方法与技术

2.1 多源异构数据并行采集方法　　　　　　　　38
2.1.1 数据采集概述　　　　　　　　38
2.1.2 离散制造车间数据采集　　　　　　　　41
2.1.3 基于FPGA的多源异构数据并行采集框架　　　　　　　　42
2.1.4 基于FPGA的多源异构数据并行采集流程　　　　　　　　43
2.1.5 实验分析　　　　　　　　46

2.2 基于XML的数据交换模型　　　　　　　　48
2.2.1 数据交换模型概述　　　　　　　　48
2.2.2 异构数据交换模型设计　　　　　　　　50
2.2.3 数据交换流程　　　　　　　　52

2.3 海量异构数据预处理方法　　　　　　　　56
2.3.1 数据预处理概述　　　　　　　　56
2.3.2 数据清洗　　　　　　　　57
2.3.3 数据集成　　　　　　　　58
2.3.4 数据变换　　　　　　　　58
2.3.5 数据归约　　　　　　　　59
2.3.6 基于机器学习的数据清洗方法　　　　　　　　60

2.4 基于深度学习的多模态数据融合技术　　　　　　　　64
2.4.1 多模态数据概述　　　　　　　　64
2.4.2 多模态数据融合技术　　　　　　　　64

2.5 基于Elasticsearch的数据检索机制　　　　　　　　68

2.5.1　企业数据空间现存的问题	68
2.5.2　数据检索机制的体系架构设计思路	69
2.5.3　分布式索引架构	69
2.5.4　数据查询框架	71

第3章　智能数据服务方法

3.1　面向集装箱码头智能闸口监测的跨模态数据检索方法	**75**
3.1.1　码头闸口监测跨模态检索任务概述	75
3.1.2　多重注意力集卡图文跨模态检索算法设计	77
3.1.3　基于联合嵌入的集卡图文跨模态检索算法设计	83
3.1.4　算例实验及分析	86
3.1.5　闸口监测跨模态检索验证平台设计	89
3.2　数字标识与应用服务	**97**
3.2.1　数字标识概述	97
3.2.2　数字标识规范	98
3.2.3　标识解析	100
3.2.4　标识服务	102
3.3　基于图像语义的工业机器人环境感知技术	**103**
3.3.1　室内环境感知技术概述	103
3.3.2　图像语义分割技术概述	104
3.3.3　图像语义分割模型设计	105

3.3.4	算例验证及分析	107

3.4 基于多传感器融合的危险品仓库安全监测技术 112

3.4.1	数据融合监测预警系统的总体框架	112
3.4.2	基于BP神经网络与SVM分类器的特征层数据融合	117
3.4.3	基于模糊改进D-S证据理论的决策层融合	132
3.4.4	危险品仓库远程监测预警系统设计	145
3.4.5	系统整体测试	155

3.5 面向煤炭码头装卸作业的混合流水车间调度优化 159

3.5.1	港口装卸作业调度概述	159
3.5.2	考虑任务释放时间与零等待的HFSP数学模型	160
3.5.3	离散GA-PSO设计	163
3.5.4	算例实验及分析	170
3.5.5	调度服务模块开发	176

第4章 智能制造领域数字孪生技术的应用

4.1 数字孪生技术实施路径 187

4.1.1	数字孪生构建流程	187
4.1.2	与制造业有关的数字孪生关键技术	189

4.2 制造业多源异构数据 190

4.2.1	制造业生产过程中的多源异构数据	190
4.2.2	制造业中的多源异构数据采集	192

4.2.3　制造业中的多源异构数据处理　193

4.2.4　制造业中的多源异构数据分析　194

4.3　智能制造领域数字孪生标准化现状及需求　195

4.3.1　智能装配标准化现状及需求　195

4.3.2　虚拟工厂标准化现状及需求　195

4.3.3　汽车行业标准化现状及需求　197

4.4　数字孪生在智能制造领域的应用　197

4.4.1　基于数字孪生的机械产品可靠性测试应用案例　197

4.4.2　数字孪生驱动的汽车发动机装配方法　201

4.4.3　造船用大型起重机械数字孪生应用　204

第5章　多维度安全与隐私保障体系构建

5.1　数据溯源管理模型构建　210

5.2　基于区块链的数据溯源机制　212

5.2.1　双链存储机制　212

5.2.2　安全模型机制　213

5.2.3　逆向溯源机制　214

5.3　基于深度学习的自适应风险评估方法　214

5.3.1　风险评估方法概述　215

5.3.2　针对主要影响因素的评估方法　219

5.3.3　自适应风险评估方法详解　222

5.4 基于风险评估和时间控制的数据销毁机制　　227

5.4.1 数据销毁技术　　227

5.4.2 数据销毁模式　　228

5.4.3 基于风险评估的数据自销毁方案　　231

5.5 探测机制　　233

5.5.1 主动探测与被动探测　　234

5.5.2 探测算法设计　　235

5.5.3 探测结果验证　　242

5.6 细粒度动态权限分割　　245

5.6.1 细粒度动态权限分割概述　　245

5.6.2 细粒度动态权限分割技术详解　　245

参考文献　　253

第 1 章 数据空间引擎设计与管理系统架构

1.1　数据空间概述

数据空间是一个技术概念，同时是数据管理中的一个抽象概念。数据空间的提出旨在解决数据集成系统中遇到的诸多问题，目的是依靠现有的匹配和映射生成技术，减少建立数据集成系统所需的工作量，并在使用过程中以"现收现付"（pay-as-you-go）的方式改进系统。与数据库相比，数据空间是形式上结构较少的数据集合，是对不同数据项的整合，它通过视图来展现数据间的关系。在数据空间的帮助下，以平面的方式展示不同数据项的层次结构，使创建报表或规则变得更加容易和简单，在每次配置规则、报表或关系时，不需要去记住数据项的名称及相关的搜寻结果。此外，数据空间还提供了在一个报表或规则中使用多个相关对象的功能。对熟悉数据库的人来说，数据空间可与关系数据库中的视图相媲美。欧盟委员会提出，根据领域和需求的不同，可以创设9个数据空间，分别是工业（制造业）数据空间、绿色政务数据空间、移动性数据空间、健康数据空间、金融数据空间、能源数据空间、农业数据空间、公共管理数据空间、技能数据空间。对于数据空间的概念，欧盟委员会的官方文件中并没有明确的界定。但在欧盟大数据价值协会2019年发布的文件中有专门的术语定义——数据空间是一个总称，对应各种数据模型、数据集、本体、数据共享合同和专业管理服务的生态系统，以及围绕它的软能力，其遵循数据工程方法，以优化数据存储和交换机制，并以这种方式保存、生成和分享新知识。（Data Spaces is an umbrella term corresponding to any ecosystem of data models, datasets, ontologies, data sharing contracts, and specialized management services, together with soft competencies around it. These competencies follow a data engineering approach to optimize data storage and exchange mechanisms, preserving, generating, and sharing new knowledge.）

1. 数据空间的产品特性

（1）面向对象性。数据空间基于大数据存储数据库，以企业或者个体单元为对象，将其全生命周期内所产生的关联数据进行标准化的数据定义，个体可通过服务对数据空间进行业务管理，例如数据分类、查询、更新、索引、授权等，是一种面向对象对数据进行分布式管理的技术。

（2）安全性。基于数据空间底层架构的数据组织方式运用的是细粒度分层访问控制技术及细粒度分层保护安全算法，与传统数据库中的粗粒度存储方式相比，数据空间的安全性更可靠。

（3）授权共享性。数据空间是一种专业化的用于数据存储的底层技术框架，其数据的覆盖面是全过程，包括元数据的抽取、数据细粒度标准化定义、数据多维度标签分类存储、数据多维度业务拓展应用等，包含数据加工的全过程。

（4）数据资产性。通过数据标准建立、数据确权以及数据使用下放，形成数据流通规则，为实现数据的资产特性提供了充分的条件。

2. 数据空间的应用意义

管理信息系统是信息社会的特有产品。首先，通过构件的产品化、配置的模块化、规则的自定义、展现的智能化，将传统的刚性的管理信息系统转变为柔性的管理信息系统。其次，要将交易和数据处理分开。作为数据处理的代表性产品，"数据仓库"自其诞生就存在数据源难以整理、算法要持续发展、结果的应用面窄和使用率低等问题。为此，将数据仓库的概念加以拓展，通过拓展数据范围，全面覆盖各类管理信息，跟踪数据口径和规则，有利于对算法进行管理和监控，有利于延伸数据加工和处理，拓宽功能的覆盖面，为数据提供有效的跟踪和维护机制，形成集获取、存储、加工、分析、展现等于一体的信息管理构件，即数据空间。

数据空间充分地考虑了如何最大限度利用和展现数据的有效性及可行性，使得其在打破"数据孤岛"、推动多源异构数据快速融合方面具备领先优势。而基于数据空间底层架构的数据组织方式，也使得简捷、快速地分析数据和挖掘数据潜在的价值成为可能。

3. 数据空间的基本特性

数据空间是一种构建与某个主体相关的信息，并获取丰富的信息间关系的新方案。数据空间是主体（如数据源）及其关系的集合，数据空间可被认为是数据库的抽象化，不注重信息的格式与位置，不要求数据是结构化的列表形式，且拥有最低数量的、基于关键字的现有搜索功能。数据空间的核心思想是在数据源没有先验模式的条件下提高数据集成与信息语义的质量和提供基本的用户服务。这像数据库管理系统（database management system，DBMS）的高级功能，查询和映射由不同的组件即时提供。在多个数据源上的集成视图按照现收现付制的方式提供，这种集成原理正在网络中出现。数据空间在应用中的基本特性包括以下几个方面。

（1）管理数据的异构性。

对传统集成系统来说，虽然所集成的数据可能来自多个数据源，但通常数据源来自同一个领域且具有单一的表示模式。在关系数据库系统中，内容严格遵守事先设定好的关系，数据类型是有限的、预定义的。然而，数据空间管理的是属于某个主体的所有数据源，这些数据源通常是异地的、分散的，不同的数据源通常具有不同的存储方式和数据格式，与某个主体相关的数据源可能有关系数据库表、文本文档、E-mail、图像、音频、视频等多种异构数据。

（2）基于数据的模式构建。

数据库系统和传统集成系统通常是基于关系模型或单一数据模型构建的，数据关联用数据之间的关系来表示，需要事先设计好模式信息，是一种模式优先（schema first）的逻辑结构。数据空间管理的数据种类繁多，数据分布松散，数据间的关联缺乏明确语义信息，数据空间无法事先确定数据之间的模式信息。因此，数据空间只能采用一种松散的、滞后的模式构建方法，这种构建方法建立在已有的数据基础上，即从数据到模式（from data to schema）的构建方法，使系统在没有模式或少模式的情况下能够提供基本的服务。

（3）现收现付制集成方式。

数据空间构建过程是动态的，起初阶段只提供对数据的基本操作能力，随着用户需求增加，可以利用系统提供的工具随需而变建立数据源之间紧密的数据集成，这种动态的集成方式亦可被称为现收现付制的数据集成。例如，数据空间首先要为用户提供数据源的关键字搜索，如果需要提供更为复杂的结构化查询功能，可以用现收现付制的方式发现和集成数据源之间有用的关联信息来支持查询。与传统集成系统相比，这种方式的前期投入比较少，是一种可行性更高、实用性更强的方式。

（4）多样的查询方式。

数据空间构建过程中，异构数据的特征属性决定了其不能仅提供支持一种类型的查询方式，还应提供包括搜索引擎中的关键字查询、关系数据库中的结构化查询等多种查询方式及其组合形式。

1.2 数据空间建模技术

1.2.1 数据空间建模

1. 数据空间资源分类

数据空间技术是一种新的信息管理框架，数据空间所要管理的数据是与主体相关的数据资源集合，这些数据资源格式和结构多种多样，在使用数据时需要考虑各种底层结构，严重制约了数据管理效率。空间数据资源种类繁多，根据数据资源的特点，空间中的数据资源可分为3类：第1类是各种文件，如PDF、DOC、HTML等文件，另外还包括图像、视频、音频等文件；第2类是与网络相关的Web服务资源，以应用程序接口（application program interface，API）的形式存在，如简易信息整合（really simple syndication，RSS）服务；第3类是传统数据库及表。其中，第2、3类数据资源都可以以接口形式在数据空间中呈现。

第1类数据资源称为目标数据空间，目标数据空间中的数据资源为本机数据，格式简单，根据数据可处理程度，将此类数据资源分为不可解析数据资源、可完全解析数据资源以及可不完全解析数据资源3类。

（1）不可解析数据资源是不必处理其内容的数据资源，主要包括图像、视频和音频文件。

（2）可完全解析数据资源指经处理后能完全得到其内容的数据资源，主要包括TXT、EML、HTML、XML、LaTex、BiTex等文件。

（3）可不完全解析数据资源指不能经处理得到全文本形式即不能得到全部内容的数据资源，主要包括PDF、DOC、XLS、PPT等文件。

将数据资源分成不同的种类有利于对数据资源按不同种类做不同处理，且可以根据不同种类进行属性描述，并把属性归到统一的描述模型中，便于统一描述、统一包装。另外，对数据资源分类细化可明确处理目标。

2. 数据空间对象

构建数据空间是为了寻找相对统一的数据形式，基于统一的结构而不必考虑底层复杂结构，从内容上对数据空间进行组织和管理，打破文件自身界限以及不同类型数据资源之间的界限，从而更加高效地组织和管理空间数据中的数据资源。

通过寻找统一的数据形式（或者具有统一结构的实体对象）把原始数据描述"包装"起来，选择元信息统一描述、管理空间数据。利用元信息进行原始数据描述便于数据管理，不必对海量数据进行复杂操作。对于源数据，元信息属于逻辑层次，而数据空间建立在元信息之上，元信息在数据空间中是底层数据，属于物理层次。用元信息描述的逻辑对象称为数据空间对象（也称层次对象），其具有统一形式，在进行数据处理时，不再考虑数据形式各异的底层复杂结构。例如，一篇带有元信息的PDF文档就是一个数据空间对象。在得到数据空间对象后便实现了资源类型和资源结构的突破。为了处理数据空间对数据关联关系刻画不足、数据关联关系不明显的问题，需要将数据对象内容的语义引入数据空间，对元信息内容做语义关联关系处理。

3. 数据空间的数据组织管理及其模型

数据组织管理包括组织和管理两个方面，这两个方面相辅相成，组织是管理的基础，组织本身也是一种管理。任何数据组织管理技术都面临数据建模、存储、索引、查询、更新等问题，数据空间也不例外。不同于传统数据库，数据空间的数据组织和管理有自己的特点。

（1）在数据空间中，数据组织更为重要。由于数据空间中的数据具有结构各异的特点，因此要以较为统一的形式把数据组织起来。

（2）数据空间中的数据查询、索引功能更加独立，是在组织包装完成后进行的处理，因此数据空间的组织和管理模型要考虑底层数据组织问题。数据空间的组织管理模型不再是传统意义上的模型，更确切地说，数据空间的组织管理模型是针对数据空间底层数据构建的模型，主要用来实现底层数据组织和管理，为上层数据的组织管理提供服务，是数据组织和管理框架的底层部分。

4. 建模关键技术研究

大数据的非结构化类型多样且不断丰富，所以目前还没有一种标准或者普适方法来满足所有非结构化数据的转换需求，也没有统一的方法进行批量化的自动处理。为有效解决多源异构数据的非结构化数据模型问题，特征建模至关重要，在对多源异构大数据进行非结构化数据特征建模的过程中，原始数据和特征数据存储、查询，以及数据可视化、特征空间选取等尤为关键。

（1）基于空间存储的研究。

多源异构非结构化数据主要来源于企业信息化系统以及个人存储介质产生的原始数据和特征数据。原始数据主要基于 Hadoop 分布式文件系统（Hadoop distributed file system，HDFS）进行存储。作为开源分布式文件系统，Hadoop 在计算机上能够有效进行分布式存储及处理，具有良好的容错性和可扩展性，有助于集群系统增加数据节点，有效扩展存储容量，解决非结构化数据量大的问题。特征数据主要用于描述数据对象的若干特征，特征数据结构格式通常由特征名称及数据内容组成，如表 1-1 所示。

表 1-1 特征数据结构格式

特征名称	数据内容
特征 1 名称	特征 1 数据
特征 2 名称	特征 2 数据
特征 3 名称	特征 3 数据
特征 4 名称	特征 4 数据

特征数据类型包括字符型、整型、浮点型等。由于多数工业系统业务具有多个生命周期，且数据在业务完结后便进入归档状态，导致数据无法实现直接读取，非结构化数据的检索难度增大。为解决特征数据存储问题，可以基于MapReduce计算模型，把复杂问题分解为多个子问题进行独立处理，引擎方式选择分布式存储。存储引擎包括NameNode引擎模式和DataNode引擎模式两种，其中，NameNode引擎模式主要将存储数据利用Map方式进行分割，形成若干子块，并进行子块分配；DataNode引擎模式则接收这些子块，完成数据特征提取并永久保存。此外，NameNode引擎模式还可实现对处理过程的追踪。图1-1所示为分布式存储引擎模式图。

（2）基于空间非结构化数据统一管理的关键技术研究。

文本、图像、音频、视频等非结构化数据，因其内容结构不一致，且存储方式主要利用原始数据（raw data）进行，计算机无法识别。为了对不同类型的非结构化数据进行统一处理，可采用图1-2所示的四面体模型X进行统一描述，四面体模型由1个顶点、4个刻面以及刻面间交线组成。

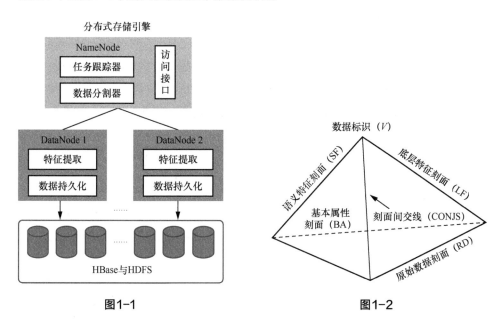

图1-1　　　　　　　　　图1-2

四面体模型X可表示成$X=(V, BA, SF, LF, RD, CONJS)$形式，其中，BA代表四面体模型基本属性刻面，用于展示数据基本属性，这些数据是包含名称、类型等的数据语义属性；SF指四面体模型语义特征刻面，指数据语义特征，如主题说明、创作意图等；LF指四面体模型底层特征刻面，主要用于表征数据底层特征，包括图像颜色、纹理等；RD表示原始数据刻面，用于表示数据原始存储文件；CONJS指不同刻面相交线，表示两刻面间的连接；V是四面体模型顶点，即BA、SF、LF

的交点。四面体模型既可集成语义、底层等特征，实现非结构化数据统一表达，又支持语义特征、底层特征等扩展，利用四面体模型便于对数据进行统一管理。

（3）基于特征空间存储的关键技术研究。

特征空间也被称为索引库结构，每个特征都对应一个特征维度，每个特征维度都存在独立的特征空间。在对多源异构非结构化数据对象进行存储时，其在每个维度都有自己的取值。对于特征空间数据的存储，主要以特征维度为基础，每个特征都具有一个存储对象，为有效存储特征空间，常选用HBase作为存储介质。HBase类似BigTable分布式数据库，可长期存储，对维度排序进行映射。对于映射表，其数据的索引主要通过关键字、列关键字及时间戳等进行，每个特征在HBase中对应一张表，特征中的每个元素都可以在映射表中进行定义。

（4）基于空间数据检索的研究。

对于主流非结构化数据，主要利用自定义数据规范键值进行数据本体存储，在进行数据提取时，需要特定的单条数据。但非结构化数据检索不是为了获得特定的单条数据，而是对具有一定特征的系列数据进行记录。

为实现有效检索，需要手动或者以系统辅助模式进行，对技术人员有较高要求。非结构化数据检索系统常以MapReduce模型为基础，构建Master-Slave并行化检索框架，进行数据并行化处理。Master对所用Slave进行管理，并承担检索任务的分解与分配，实现检索结构高效整合；Slave既可以将数据检索（如实例检索和语义检索）的具体人员上传给Master，又可以将检索结构进行并行化处理，以优化非结构化数据检索，实现数据快速检索。图1-3所示为基于数据查询的并行化处理框架结构。

（5）基于空间查询语言的非结构化大数据管理研究。

通常采用关键词进行非结构化数据搜索，这种方式操作简单，但无法实现全面的信息表达，不利于用户分析、处理复杂数据。在进行非结构化大数据管理时，为满足用户的多种需求，需要创建统一的查询语言，以完整表示查询意图。基于四面体模型的非结构化数据特征模型进行多源异构数据构建时，可选用非结构化数据查询语言（unstructured query language，UQL）。

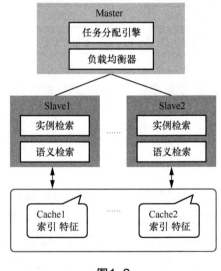

图1-3

UQL既可以实现非结构化数据的多种查询功能，又可以进行数据定义以及数据基本统计等，包括基于基本属性以及语义特征进行数据检索，依据用户输入通过底层特征匹配进行数据检索，依据基本属性、语义特征以及底层特征等进行多模态关联检索，以数据某刻面信息为基础进行多种类型、多个数据的关键检索，对聚类、分类、多维数据分析等结果进行智能检索，另外，还可通过定义数据，对数据进行统计等。UQL中的各种检索方式可以复合使用，实现数据空间中的数据综合检索。

基于四面体模型的非结构化数据特征模型，其基本属性及语义特征都可以利用文本形式进行描述。XML因其具有极佳的扩展性，可构建四面体模型的基本属性刻面与语义特征刻面。在XML中，XQuery应用十分广泛，但无法进行底层特征查询及智能查询等操作。为了实现对底层特征的智能查询，对UQL进行XQuery扩展，即形成基于XQuery的UQL。基于XQuery的UQL采用扩展巴克斯-诺尔范式（extended Backus-Naur form，EBNF），其定义了数据查询、数据定义及数据统计3类操作语句。其中，主要的查询语句为Query语句，其整体结构通过改写XQuery查询语言的FLWOR表达式获取，省去let语句与order by语句，添加intelligence与filePath语句，语句主要功能是实现智能查询以及实例查询。define clause为数据定义语句，主要定义数据类别、语义项字段信息。count clause为数据统计语句，其根据统计数据的类别、基本属性等完成数据统计。UQL结合四面体模型，基于语义与底层特征的单项、关联等检索方式，结合聚类等智能化操作，实现基于非结构化数据的上层应用。

5. 数据空间组织管理模型框架

本书中的项目平台开发采用数据空间组织管理模型框架，包括数据空间对象包装以及语义关系处理。首先，构建一种数据描述模型，如NARS，根据该模型包装数据空间中的数据空间对象；然后，利用DBpedia语义库，对数据空间对象中的待处理项进行语义处理，获取资源间的语义关联关系，并做出不同级别的语义关联关系推荐。

数据空间组织管理模型具有以下功能：(1) 不同类型的数据源的数据格式解析及元信息抽取处理；(2) 数据空间对象统一包装；(3) 数据内容抽取；(4) 支持各种语义关联关系处理的语义预处理。

相应地，数据空间组织管理模型主要包含4个功能模块：数据格式解析及元信息抽取模块、数据空间对象包装模块、数据内容抽取模块和语义关联关系处理模块。数据空间组织管理模型框架如图1-4所示。

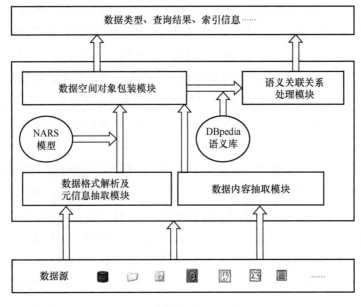

图1-4

其中，数据描述模型NARS用于提供数据包装的模式知识，DBpedia语义库（本体语义知识库）用来提供数据内容的语义关联。

1.2.2 数据空间语义理解

1. 基于文本分析的分类语义理解

文本分析是指在抽取文本中特征词的基础上，构建数学模型来量化、描述和表达文本语义信息。语义存于文本中，基于文本分析的分类语义理解是指利用自然语言处理技术对描述类别概念的文本进行词法、句法分析和分词处理，抽取上下文的特定词语来组建概念的语义向量空间，实现对要素分类语义内涵的理解。Harris提出的分布假设认为上下文环境相似的词通常具有相似的语义，Firth进一步将分布假设阐述为词的语义由其上下文环境来决定。根据语言学观点，构建"词-上下文"矩阵，利用矩阵对类别概念含义进行表示，每一行对应一个类别概念词语，每一列对应一种不同的上下文特征词，矩阵中的元素表示概念词语与上下文特征词共同出现的次数。在这种表示方式下，类别概念的语义相似性可以直接转化为向量空间距离，其基本实现思路如图1-5所示。

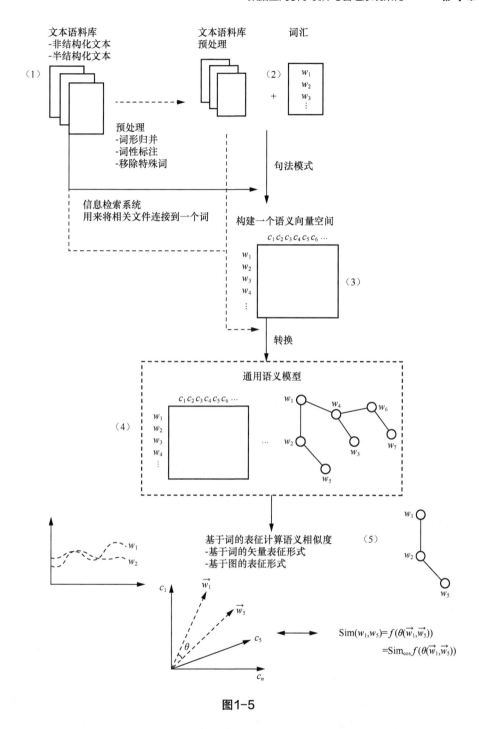

图1-5

先分析语料库中关于概念的词语的文本定义；然后通过文本处理构建一个语义向量空间，这个语义向量空间由特征词的统计学信息来表征，反映了概念词语的上下文环境，将概念词语的含义看作这个概念应用在该语义向量空间中的函数，最后使用不同的语义相似性度量方法来评估类别概念的语义相似性，包括几何空间模型、属性特征模型、语义关系模型、信息论模型等。

语义技术是面向语义网的一系列信息技术的总称，其核心是本体建模技术。语义网作为万维网的扩展，其主要原则是采用逻辑语言表达万维网中信息的含义，使其不仅能够被人理解，也能够被计算机理解，从而实现对信息的智能化处理、分析和应用。语义技术常用的工具如下。

（1）URI。统一资源标识符（uniform resource identifier，URI）及Unicode字符编码技术用来唯一标识网络资源，它们共同构成了语义技术体系的根基。

（2）XML。可扩展标记语言（extensible markup language，XML）是语义网信息交换的统一格式，它允许用户使用自定义标记对网络信息进行结构化处理，使其具有独立于系统平台的文档结构。

（3）RDF。资源描述框架（resource description framework，RDF）是以"主语-谓词-宾语"形式的三元组描述网络资源之间二元关系的框架，是语义网通用的元数据表达模型。RDF和XML是相互补充的，XML负责描述数据结构，而RDF负责描述数据语义，RDFS（RDF schema）提供了RDF描述网络资源时使用的术语集，其本身也以RDF表示。以RDF和RDFS表示的元数据采用XML进行编码，实现网络信息的内容传输和语义共享。RDFS能够表达简单的语义，如类和属性的继承关系、属性的定义域和值域以及类的实例等，但缺少对复杂语义的表达能力，如属性的值域，类、属性、实例的等价性，不相交类的定义，以及有关属性的传递性、对称性、可逆性等。

（4）OWL。网络本体语言（web ontology language，OWL）在RDFS的基础上引入了描述逻辑的知识表达和推理能力，可以描述更为复杂的语义关系。OWL能够对领域知识及其间联系进行明确、形式化、规范化的描述，而这些描述的全集就是表达领域知识的本体。OWL的结构化表现形式使其既能被计算机解析，又容易被人理解，从而为知识库及其他智能化系统的开发提供便利。

（5）SWRL。语义网规则语言（semantic web rule language，SWRL）是利用OWL本体进行推理以发现新知识的规则语言，在OWL原有的描述逻辑基础上新增了产生式规则逻辑，通常与OWL一起被用来构建领域知识库。而语义网查询语言（SPARQL protocol and RDF query language）则是针对RDF格式数据的查询语言，支持对RDF格式数据的增删查改，也可以作为知识库构建的规则语言。

语义技术是以万维网当前的标准和技术为基础逐步发展起来的，其最终目标是实现网络信息的智能化获取、交换和共享。而基于本体的知识表达技术是实现语义网底层数据价值、构建语义知识库、支撑上层高级应用的关键，因此其将始终作为整个语义技术体系的核心得到人们越来越多的关注。

2. 本体推理

本体推理时，知识库需要借助推理工具组件来解释和理解信息的语义，这些推理工具一般被称为推理引擎。推理引擎在执行推理时，使用的本体推理方法大致分为以下3种。

（1）基于描述逻辑的推理方法。Pellet、Racer和FaCT++都是基于传统Tableaux算法设计，并引入Tableaux算法的优化技术实现的本体推理引擎，推理效率较高。

（2）基于规则的推理方法。规则引擎是一类将业务决策从系统设计中抽离的组件，有如Jess和Jena等基于语义规则的本体推理引擎。其规则可通过SPARQL或SWRL书写，且目前实现从OWL到规则的转化工具功能较为完善。

基于规则的推理方法主要有两种，分别是正向推理和反向推理。

① 正向推理。正向推理会把全部的隐式知识都存储到知识库中。每当用户添加新的知识时推理工具便会执行推理功能，并将新推理出的隐式知识也存储到知识库中。正向推理的过程是由显式知识向隐式知识进行的，其过程示意如图1-6所示。

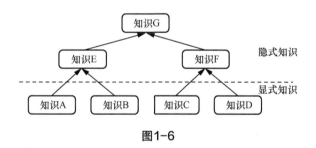

图1-6

图1-6中，知识A、B、C是知识库中已有的显式知识，由推理引擎根据A、B两个显式知识推理出知识E，并将E存储到知识库中，此时由于知识F还不存在，因此不会生成知识G。当用户添加了知识D后，推理引擎开始重新执行推理，由知识C、D推理得到知识F，由于知识E已经存在于知识库中，因此继续推理可得到知识G并将结果存储到知识库中。

正向推理的优点在于用户可以在提供新知识时，及时得到推理引擎给出的推理结果；不足之处在于推理过程中存储了大量冗余的隐式知识，有一定的盲目性，存储效率较低。

② 反向推理。反向推理的原理可描述为根据假设结果寻找支持该假设的前提条

件,假设成立与否取决于前提条件是否全部满足。

在反向推理中,推理的目标是确定图1-6中的知识G是否存在于知识库中。推理引擎利用反向推理得到知识G是由知识E、F联合推出的,然而E、F不是显式知识。则推理引擎分别对这两个知识再次执行反向推理,推出知识A、B、C、D,此时由于这4个知识都是显式知识,因此可得到知识G存在于知识库中。

反向推理的优点在于只有验证某条隐式知识存在时才会执行反向推理,且不会在知识库存储额外的隐式知识结果;其缺点在于由于缺乏隐式中间结果,每次检索都需要重新执行推理过程,时间效率较低。

(3)基于一阶谓词证明器的推理方法。一阶逻辑很容易从OWL语句转化而来,因此,可以利用传统的一阶谓词证明器实现本体推理。Hoolet就是利用Vampire一阶谓词证明器构造的一个本体推理引擎。

3. Jena语义工具框架

Jena最早由惠普实验室的语义网研究项目组提出,后开源并交由Apache软件基金会迭代更新,是一款用于创建语义网应用程序的集成开发工具包,并配有完整的本体解析、存储、推理和查询的函数调用和处理接口。Jena语义工具架构如图1-7所示。

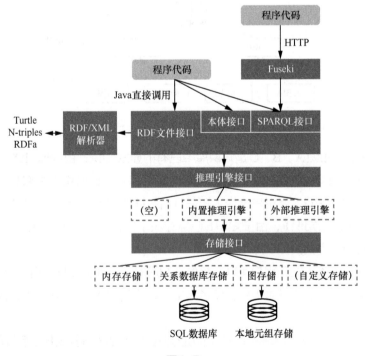

图1-7

Jena语义工具的主要功能模块描述如下。

（1）RDF/XML解析器。该模块提供了类似文档对象模型（document object model，DOM）的操作方式，可以将XML、RDF格式的文档建模为内存模型（model），并用DOM的方式对该模型进行自定义操作，包括对节点和关系的增删改查。

（2）SPARQL接口。该模块包含支持SPARQL 1.1协议的引擎，不仅支持本体查询，还支持SPARQL-UPDATE协议对数据进行修改，实现了通过SPARQL对节点和关系的增删改查。

（3）存储接口。Jena提供了内存存储（in-memory）、关系数据库存储（SDB）、图存储（TDB）等多种语义数据持久化方案。Jena官方推荐使用TDB进行数据持久化，它支持（1）、（2）中提到的所有操作。由于使用了先进的图存储算法，TDB执行速度快，支持十亿量级记录的高并发快速查询。但TDB不像MySQL，它不是一个应用服务，而仅仅是文档系统中一系列描述数据存储格式的文件，需要Store API对数据格式进行解析才能建模成内存模型。

（4）Fuseki。TDB虽然有很多优势，但其实它无法用于实际生产中，（3）中提到TDB只是文档系统中的一系列文件，而对其的解析是由使用它的进程完成的。为了保证数据一致性，TDB被设计为进程锁定，也就是说计算机中的多个进程无法同时使用一个TDB，更无法满足分布式服务获取数据的需求。Fuseki可以看作像MySQL一样的服务端应用程序，它为分布式服务提供了SPARQL执行端点（SPARQL endpoint），并通过超文本传送协议（hypertext transfer protocol，HTTP）通信，是目前Jena中语义数据持久化的服务端方案。

（5）推理引擎接口。Jena提供的推理引擎接口，其内置推理引擎提供了3种基于规则的语义推理引擎，分别使用正向推理、反向推理和混合推理算法，适用于搜索、验证等场景。Jena提供了一套规则语法解析器，用于将规则分割成前提、结论和推理方向，并提供了一系列规则原语，用于构建内存中的Jena Rule对象。Jena同样支持外部规则引擎，只不过接入外部规则引擎需要用户自定义解析规则，将Jena Rule对象转化为外部规则引擎所能处理的格式。

4. Jena关联数据

关联数据（linked data，LD）是蒂姆·伯纳斯-李（Tim Berners-Lee）提出的一种在网络上发布数据的方式，它借助Web创建来自异构数据源各数据间的语义关联，被看作语义网的最佳实现方式。异构数据源可能是在真实世界中处于不同地理位置的组织机构所维护的数据库，也可能是一个组织内，由于历史原因，在数据层面难以实现互操作的异构系统。从技术上讲，关联数据指的是在Web上以"机器可读"方式发布的数据，是明确定义的，可为其他外部数据集提供链接，并且可以链接到外部数据集。如同超文本Web基本组成单元是超文本标记语言（hypertext markup language，HTML）文档，关联数据建立在RDF数据格式的文档上。

但是，与HTML文档之间以非类型化的超链接相连不同，关联数据不是简单地链接RDF文档，而是使用RDF在文档描述的实体之间建立有具体含义的关系。伯纳斯-李为了构建统一的数据空间，曾提出在Web上发布数据的"规则"，按照该规则发布的数据都将成为数据空间的一部分，规则要求：

① 使用URI作为所有事物的标识名称，即使用URI作为资源的标识；
② 基于HTTP，URI使任何人都可以访问这些标识名称；
③ 当访问某个标识名称时，须提供有用的信息；
④ 尽可能提供相关URI，使人们可以发现更多的事物。

该规则被称为"关联数据规范"，它是在重用Web体系结构和标准等基础设施的基础上，发布和链接数据的基本原则。

5. 实体对齐

随着关联开放数据（linked open data，LOD）中接入的数据集越来越多，数据集之间概念上的异构性越发明显，其表现为对于现实世界中的同一实体对象，不同的数据发布者从不同维度采用不同词表示术语或自定义术语对该实体数据进行描述，增加了数据共享的难度。若能从不同数据集中发现具有相同含义的实体，不仅能提高数据的互操作性，还可将LOD中的数据集更加紧密地联系在一起，使相连的数据集之间可以共享彼此的领域知识。因此，识别不同数据集中的相同实体已成为关联数据研究领域中受到广泛关注的关键问题。在本体层，拥有不同URI的两个实体对象，可以通过本体语言OWL提供的实例级关系"owl:same As"彼此连接，表明它们实质上指代同一种事物。Schmachtenberg指出在关联数据中，"owl:same As"将是不同数据集之间最重要的连接谓词之一。而找出不同数据集中符合"owl:same As"语义的实体对象被定义为"实体对齐"（entity alignment，EA）。

实体对齐已成为热点研究问题，为跨领域数据集成、查询及知识获取提供了基础。实体对齐可细分为3部分，分别为概念对齐、关系对齐和实例对齐。这些细分研究点通常以识别本体实例之间的"owl:same As"等价关系展开，并将这种等价关系拓展到实体对应的概念和关系上。Parundekar和Nikolov提出，如果两个实体存在，但两个实体分属于不同的概念，那么这两个概念很可能也具有相同的含义。Gunaratna则提出用实体间的"owl:same As"关系实现不同数据集中的谓词关系对齐,并在LOD中进行了验证。

我们试图将不同领域应用中的设备元数据实体统一链接到背景知识库DBpedia中,若两个不同领域不同描述格式的设备元数据实体可以链接到DBpedia的相同实体上,就认为它们之间存在"owl:same As"关系,并且以相同的方法处理概念和关系的对齐。实体对齐不仅打通了不同应用的数据,还共享了DBpedia中丰富的背景知识,有效提高了领域知识库的实用性。

1.3 异构数据索引技术

1.3.1 数据存储和索引

为了提高数据操作的时效性、准确性及安全性,需要对数据空间的某些部分建立本地存储和索引,分布式存储是数据空间系统的重要特征。数据空间中的各种类型数据分布式存储在不同的设备上,用户通过全局视图实现对所有数据的访问,每个数据对象在数据视图中有对应的描述信息,这些信息包括数据自身属性、与主体的关系、物理存放位置、访问情况等。

元数据与内容数据是数据空间管理系统主要管理的两大数据类别,其中元数据是用于定义数据结构及建立方式的数据,是数据管理的基础;内容数据则是基于需求的具体业务数据。

数据空间的存储与传统数据库的不同,数据空间管理系统内只存储元数据,内容数据还是存放于各个数据源中。数据空间的元数据记录有关内容数据的关键信息,如数据类型、物理地址等。数据空间通过数据空间集成技术将各数据源中与主体相关的数据信息提取出来,并将其保存到数据空间管理系统中。可通过访问数据空间的元数据信息对内容数据进行选取以实现相应数据源的索引。

数据空间中的数据实际上还是存储在各个数据源中,一旦数据源或数据本身发生变化,数据空间中存储的该数据源或数据的信息也发生变化,与之相关的索引也会变化,这是数据空间索引面临的问题。

1. 异构数据索引方法

数据空间由大量异构数据源组成,这些数据源通常由结构化数据、半结构化数据和非结构化数据构成。多种异构数据共存给数据空间的索引技术研究提出了挑战。数据空间需要对由大量异构数据源组成的异构数据提供索引技术以加速数据空间中数据的查询和搜索。异构数据特性使得数据空间需要提供多种查询方式，如关键字查询和结构化查询。查询的多样性也要求数据空间索引技术具有很强的灵活性和适应性。从异构数据的多种格式方面来说，目前数据管理领域索引技术呈现如下特征。

（1）结构化数据索引。

目前结构化数据管理是一种模式优先的数据管理方式，在数据可访问之前需要建立严格的数据模式信息。这些模式信息通常由大量的属性构成。模式信息在结构化数据管理中扮演着重要的角色，它为查询和更新提供不可或缺的支持。以模式为主导的结构化数据管理方法使得索引的建立也以属性为基础。通常需要为每一个数据源中的一个或多个属性构建一个独立的索引来加速在结构化数据上的结构化查询。

关系数据库管理技术是结构化数据管理领域的代表。其数据管理特征使其对结构化查询有着很好的支持，但在数据内容查询方面却支持不足，如关键字搜索。虽然目前研究领域和商业领域出现了数据库关键字搜索技术和索引技术的研究和开发，在一定程度上弥补了结构化查询存在的缺陷，但也增加了管理的复杂性。此外，关于图模型索引技术的一些研究给出了图模型的相关概念、定义和相应的索引技术，提出减少图模型的遍历操作是提高搜索查询效率的重要基础。

（2）半结构化数据索引。

半结构化数据通常是指数据是自描述的，例如，事先可能不知道模式，但是模式信息可能伴随着数据，如以XML标记的RDF语句。在语义网环境下，研究者已经在为语义标注寻求便利。同样地，以文本形式存储的数据被认为是半结构化数据，因为它包含少量结构化字段（如标题、段落、作者等），这些字段通常不填写。由于不知道文档内容，因此很难制订有效的查询策略来分析和抽取数据中的有用信息。互联网产生大量与用户潜在相关的信息，但是这些信息往往是杂乱无章的。包含关键字是Web查询中最简单的一种搜索方法。通常，查询结果包含大量冗余信息并且很难从内容上计算相关值，这些信息随着互联网的发展以指数级增长。

目前关于半结构化数据索引的研究主要集中在如何提高XML数据的查询和搜索性能上。关于处理XML索引已经有很多的研究，包括对XML结构信息和内容信息建立索引方面的研究。一方面主要研究对XML的模式信息建立索引以支持以模式信息为条件的查询，它并不索引文本值，如查询某个大学的院系信息；另一方面研究构建多索引来获取多方面的结构信息和XML数据值；此外，在针对XML的数据值信息索引方面，一些组织研究了基于XML的关键字查询。

（3）非结构化数据索引。

目前非结构化数据占数据空间的绝大部分，非结构化数据主要有文本文档、Web页面等。非结构化数据是一种分布广泛的数据形态，通常具有海量的特性，例如，大型企业拥有的海量文档信息、Web上数以亿计的网页信息。由于非结构化数据通常缺乏语义信息，目前的管理方法和技术只能提供简单的关键字搜索查询方法。信息检索和搜索引擎技术是非结构化数据管理的典型代表。倒排列表技术是信息检索中一项重要的技术，在Web搜索引擎中有着广泛的应用。目前对存储和压缩倒排列表有很多研究。

从以上分析可以看出，目前的方法或是为每一个数据源中的每一个属性构建独立的索引来支持结构化数据的结构化查询，或是创建一个倒排列表来支持非结构化数据的关键字搜索，然而这都不能够满足组合关键字和结构信息对查询环境的要求。

2. 异构数据索引技术

异构数据索引技术主要包括数据空间索引、多维索引、索引压缩与维护等，这些技术及存在的问题具体如下。

（1）数据空间索引。

目前，针对iDM模型，Dittrich和Salles提出了一种朴素的数据空间索引方法。该方法采用传统索引技术分别索引iDM模型中的不同组件，从而构成混合索引以支持数据空间查询。为解决朴素数据空间索引不统一导致效率低的问题，Dong等人首次系统地研究了数据空间索引问题，并提出了一种混合倒排索引技术以支持结构感知的查询（查询可能包含邻域关键词，也可能包含结构信息，如属性、关联关系、层次）。该索引技术主要通过把属性标签、属性值、关联关系与层次信息编码为Tokens词来扩展传统倒排索引，旨在统一索引数据空间中的异构数据，以适应结构感知的查询。然而这种直接扩展的倒排索引容易导致数据空间访问效率低。为此，基于真实数据场景的观察，Song等人提出了一种基于划分的混合索引技术。该技术包含水平划分和垂直划分两种策略，其中水平划分按照文档/元组的相似性进行划分，而垂直划分则按照Tokens进行划分。Wang等人提出了一种紧凑索引技术，以解决个人数据空间中查询的质量问题。该技术主要是对文档中最重要和最具代表性的语义构建索引。Zhong等人提出了一种MVP索引，即匹配的节点剪枝索引，从而解决大图中已知项的高效检索问题。该技术基于启发式规则，事先尽可能地剪掉不参与最终top-k应答的匹配顶点，从而显著地减少搜索空间。在此基础上，Zhong等人研究了数据空间效率的问题，提出了一种距离图索引技术。它包含两种索引结构：单一关键词的3-in-1语义图索引、针对非字符串数据类型的属性图索引。针对星形SPARQL连接查询的计算开销昂贵的问题，Du等人提出了一种基于实体模式的索引划分方法。该方法使得具有相似模式的实体被分配为同一个簇，从而提高星形实体的搜索效率。另外，针对iDM模型，王红滨等人提出了一种扩展倒排索引方法。该方法主要将资源视图表示为倒排列表形式，然后扩展倒排列表的资源视图内部信息以及资源视图间的关联关系信息，从而支持异构数据的高效查询，然而该方法的连接开销比较昂贵。

（2）多维索引。

在信息检索领域，目前关于索引技术已经有大量研究工作。在分布式信息检索（information retrieval，IR）系统中按照维度划分，索引技术可以分为一维索引、二维索引以及多维索引。一维索引主要分为基于词划分模式（即全局索引）和基于文档划分模式（即局部索引）。基于词划分模式主要是把文档集中所有词划分为不重叠的词集，其中，每个索引词只存储在唯一的处理器中。由于索引词较短，因此其涉及的处理器数量较少，然而每个处理器需要生成和传递一个潜在的、较长的倒排列表，因此这种索引技术具有高查询吞吐量、低负载均衡及高通信开销等特点。对于涉及倒排列表交集的查询，通常其效率较低。为此，一些研究者提出了索引项聚合的方法，从而解决索引项均匀分配导致的低负载均衡问题。这类方法主要是采用查询日志、图划分或超图划分等方法捕获查询中频繁出现的词或相关对象，并把它们聚合在一个处理器中。基于文档划分模式主要是把文档集划分为不重叠的文档子集，其中，每个文档分配给唯一的处理器，这要求所有处理器参与查询评估。通常这种索引技术具有良好的负载均衡、较短的查询响应时间及较高的容错率，但是其查询吞吐量低。为解决上述一维索引中的问题，Feuerstein等人提出了二维索引技术。该技术在水平方向上采用基于文档的划分方式，在垂直方向上则采用基于词的划分方式，从而将索引词均衡地分配到不同的处理器中。多维索引技术通过增加其他划分方式来扩展二维索引，从而获得更佳的性能。Feuerstein等人在二维索引的基础上增加处理器复制方式，提出了一种支持缓存共享的三维索引技术，从而提高吞吐量与容错率。另一种多维索引方法则是以k-D树为核心。例如，为有效地解决高维、海量文本中的相似性搜索问题，Babenko等人提出了一种倒排多索引技术。该技术泛化了传统的倒排索引思想，不仅保证了内存效率，还能更密集地搜索子空间。针对云环境下的多维查询（如点查询和范围查询），Zhang等人提出了一种结合R树与k-D树的多维索引技术，并针对数据频繁变化问题提出了一种基于代价评估的索引更新策略。Lee等人认为负载往往与数据位置紧密相关，提出了一种稳健的分布式多维索引，以解决位置倾斜的负载问题。为解决基于标签的图近邻搜索问题，Li提出了一种gDensity索引。针对智能网格中的多维范围查询问题，Liu等人提出了一种基于Hive的DGF索引。该索引采用网格文件技术把数据空间划分为立方体，从而高效地支持多维范围查询。此外，Xu等人深入地研究了图划分问题，提出了基于日志的图划分方法。该方法利用历史划分结果生成超图，利用超图流划分方法生成较好的初始流图，并能够根据结构变化动态地划分海量图。

（3）索引压缩与维护。

基于倒排文件的动态文本检索系统所采用的索引维护策略可分为两类：合并更新和就地更新。Büttcher等人提出了一种混合索引更新策略，以减少高查询负载检索系统中的索引更新开销。MacFarlane等人提出了一种并行的方法来更新倒排索引文件，以减少索引压缩开销。索引压缩是索引研究中的一个重要分支，目前关于这个方向的研究比较多，产生了如Simple16、Simple9、PforDelta以及IPC等方法。这些方法尽管减少了存储空间，但是牺牲了部分查询性能。为此，Rao等人提出了一种BitList索引结构，以实现存储空间优化和关键词搜索性能改善。Sidirourgos和Kersten提出了Column inprints索引技术。该技术是一种基于缓存意识的二维索引，能够有效地处理高选择性查询。

（4）存在的问题。

数据空间中异构数据索引技术得到了国内外学者的广泛关注，并有一些研究成果问世，但普遍存在以下问题。

① 选择哪些词进行聚合只依赖于数据集中的"二八"偏斜现象。在实际应用中，用户查询往往也存在偏斜现象。因此，对在查询日志中经常一起出现在实体中的Tokens也应该进行聚合。

② 水平划分可能使得不同类别划分的实体列表集产生严重的偏斜，从而导致各类别实体的访问负载不均衡。

③ 在大数据量的环境下，内存的容量成为性能瓶颈，这直接影响着查询的性能。数据集过大，导致索引的空间开销非常大，从而使得内存无法加载体积庞大的索引。

1.3.2 数据空间异构数据查询技术

查询是数据空间应当提供的核心服务。传统数据管理技术大多管理着结构化的、模式化的数据，数据的查询只需要提供准确的关键字或查询结构即可。然而，数据空间管理的数据是异构的、分布式存储的，模式也极为松散，传统的关键字查询及结构化查询无法对数据进行准确定位。因此，数据空间的数据查询需要新的技术途径，支持丰富的查询方式，如关键字查询、结构化查询、导航等。

1. 查询方式

传统的关系数据库使用关键字查询及结构化查询作为主要查询手段，数据空间在数据对象的管理及数据的组织上与关系数据库有很大不同，数据空间的查询可借鉴关系数据库的查询技术。有研究基于 iDM 模型提出了数据空间查询语言 iQL，该语言在传统 SQL 的基础上针对数据空间进行了调整，不仅支持传统数据管理技术中的关键字查询，也可以基于语法进行语义匹配的模糊查询。语义查询是数据空间查询区别于传统数据查询的一个重要特点。

2. 查询结果

数据空间由于本身特点，提供的查询结果往往不是最优的而是近似最优，这就使得对数据空间查询结果的排序尤为重要。查询、分布式查询、网页排序算法等都对数据空间查询排序有一定的借鉴作用，但数据空间管理的数据是分布式存储的异构数据，并且数据空间本身是凸显数据的，这就使得数据空间的查询结果会充斥许多噪声数据，需要从语义等方面进行进一步优化。

3. 分布式查询

数据空间中的数据是分布式保存在异地的，各个数据源由于模式、数据结构等的不同，因此对不同数据源需要使用不同的查询方法，这也是数据空间查询的一个重要特点。数据空间的设计可以借鉴对不同数据源进行查询转换的方法，并且要考虑查询转换的复杂度等问题。

4. 基于图的查询优化技术

数据空间可以看作一个以数据对象为节点，以数据关系为边的图，基于图的数据搜索技术可以应用到数据空间查询。这方面的研究有很多，涉及图索引结构、图的相似性度量、图搜索优化等。关联查询是数据空间中重要的查询技术。图中每一条链上的节点都可以认为具有相关性，但关联程度会因节点之间的距离或权重不同而不同。这就为基于数据关联的查询带来了不确定性。数据空间中查询成本主要有两种，一种是数据源分布造成的数据传输成本，另一种是查询计算成本。通过对图的优化可以降低计算成本。虽然目前已有一些基于图的查询方法，但是，如何将这些方法应用到数据空间中，仍是需要进一步研究的问题。由数据源分布造成的传输成本问题，需要采用数据缓存或多副本的方式加以解决。

由于数据空间中的数据多样性，用户需要查询的数据可能分布在不同的数据源上,所以,对数据空间的查询将不可避免地被转换为对多个数据源的查询。当前有大量关于集成环境下查询转换的研究,还有一些研究描述了查询转换复杂度和数据模式转换语言之间的相互依赖关系。但是,这些研究的基础都是基于模式的集成系统,对于数据空间这种松耦合的情况有借鉴意义,但并不完全适用,需要根据数据空间的特点对算法进行调整。

5. 异构数据查询相关技术的研究现状

随着大数据、智能手机和云计算的兴起,异构数据的研究价值和应用需求逐渐增大,尤其是半结构化、非结构化数据。下面将从数据空间查询和近似子图查询两方面分析异构数据查询相关技术的研究现状。

(1)数据空间查询。

目前,数据空间查询已经在数据空间社区引起了广泛关注并成为研究热门。Dittrich和Vaz SaUeS最早研究数据空间中的查询问题,并提出了一种简单、统一的查询语言iQL,从而支持资源视图的查询。Dong和Halevy开发了一个Semex系统,不仅支持简单的关联浏览功能,还支持一系列查询功能,如邻域关键词查询、三元组查询和结构感知的语义查询。李玉坤等人则开发了一个OrientSpace系统,除支持浏览、关键字检索以及基于面的过滤查询外,还能识别反映用户行为特征的上下文语义关系,并在系统中支持一种基于上下文关系的查询和基于任务的浏览。Zhong等人提出了一种半结构化的查询语言3SQL,从而支持关键词查询、结构化查询以及关系路径查询,其查询结果是元组连接树形式,然而该方法无法识别用户查询意图,并且其关系路径查询语义较简单。为此,有研究人员提出了一种基于潜在角色的实体匹配方法,以适应不同用户的查询需求。另外,杨丹等人还提出了一种基于语义的数据空间搜索机制S-RSM,该机制主要利用外部的DBpedia语义库来丰富语义项间的关联,从而改善数据空间资源的语义搜索。针对关键词查询中查询意图不确定问题,Yang等人提出了一种面向用户查询意图的关键词语义实体搜索方法,该方法通过语义项映射、目标实体类识别和候选查询生成3个步骤来识别关键词查询背后的用户查询意图。Tchuissang等人提出了一种基于概率隐藏信息模型的数据空间检索与预测技术,从而提高检索的效率和精度。该技术利用信息隐藏模型(information hidden model,IHM)(包括用户隐藏习惯、用户隐藏背景与用户隐藏关键词语义)分割用户查询词,从而更有效地表达用户查询意图。Wang等人提出了一种模糊搜索方法,该方法近似地匹配内容搜索条件和结构搜索条件,以支持个人信息的统一搜索。然而该方法只考虑结果单元为文件,不能完全适用于数据空间。Fetcher等人深入地探讨了数据空间搜索查询的抽象理论模型,进一步从关联搜索角度扩展了抽象理论模型。针对数据空间查询问题，从非结构化数据的结构化查询角度进行的研究提出了一种查询转换方法，该方法主要基于信息性和代表性抽取结构化查询中的关键词，从而转化为关键词搜索问题。

（2）近似子图查询。

目前，在信息检索等领域已经存在许多关于近似子图查询的研究工作。例如，Tong等人提出了一种尽力而为（best-effort）的查询图模式匹配方法，旨在维护查询图的形状。Tian等人则提出了一种近似子图匹配工具TALE，该工具通过利用基于邻居的图索引结构来提高子图查询效率。Mongiovi等人提出了一种基于集合覆盖的近似子图匹配技术，该技术主要利用多集合覆盖MOM过滤规则来提高子图查询效率。这些方法均利用边缺失程度来度量匹配质量，而忽略了节点间的近邻性。为此，Mongiovì等人提出了一种基于邻域的快速图搜索方法，从而找出top-k近似应答，但该方法依赖于严格的节点标签匹配。Mongiovì等人进一步提出了一种基于顶点邻域结构和顶点标签的快速图搜索方法。针对面向集合相似性的子图查询问题，一种基于两阶段剪枝策略的子图匹配方法从顶点标签集合和图拓扑结构两个方面度量相似性。针对属性图查询问题，Ding等人提出了一种top-k近似子图匹配方法，该方法通过利用TALE中NH索引剪掉无希望的节点，然后将属性相似约束应用到结构中，从而发现top-k近似子图。与之不同的是，本书不仅考虑图中节点的属性，还考虑图中边标签信息。针对大图中的近似子图查询问题，Kim等人提出了一种基于共享的近似子图匹配方法，然而该方法依赖于"查询子图是高度重叠的"这一假设。此外，还有一些其他近似子图查询的研究工作，例如，基于同构的近似子图匹配、基于混合邻域单元索引的近似子图匹配、基于规则表达式的图模式匹配、面向数十亿节点规模的分布式并行子图匹配技术STwig等。

尽管数据空间查询已经涌现出许多研究成果，然而，已有的数据空间查询研究工作都只局限于表达力较为简单的查询，如关键词查询、谓词查询、路径查询等。这些查询要么查询语义简单，要么查询结构简单。然而现实中用户查询往往更为复杂，它不仅通过一组查询条件约束实体，还通过语义关系约束实体间的联系，因此迫切需要一种新型的、表达力更强的查询方式。在图管理领域中的大量研究表明，子图查询是一种表达力较强的查询。这是因为它能够表达具有一定关联、结构复杂的实体集。尽管在图管理领域中子图查询问题已经被广泛研究，然而在数据空间中，子图查询仍然面临重大挑战，原因如下：

① 数据空间是一个异构的、相互关联的数据集合，它不仅包含不同类型的实体，而且实体间存在大量丰富的语义关系，这加大了子图查询的难度。

② 数据空间缺乏或者没有完全统一的模式，此外，用户在查询时表达实体与实体

间的联系往往是模糊的、不准确的，这种模糊性约束进一步加大了子图查询的难度。

1.3.3 工业物联网数据空间查询方法

随着物联网和工业数字化技术的发展，工业数据的采集、存储、处理及共享需求的快速增加，工业物联网中的制造企业数据空间的数据量以指数级的速度增加，同时文本、图像、音频、视频等非结构化数据被大量应用，工业物联网数据空间还面临数据异构化与数据共享需求等问题。因此，数据的准确、适度搜索就成为工业数据使用共享的重要前提。

目前，如何实现数据空间异构数据的全面查询还是一个难题。现有技术能够实现相同结构数据的查询，但是不能基于异构数据实现对文本、图像、音频、视频等异构数据的相关查询，例如无法使用图片查询相关视频、音频等不同结构的数据。祖母细胞机制是由神经生物学家杰罗姆·莱特文提出的一个描述人类大脑如何进行记忆回想的概念，即人脑可以仅依靠任意类型数据，激活所属"祖母细胞"，由祖母细胞唤醒与之相关的记忆，并按照相关性的强弱排序。因此，提出一种基于大脑祖母细胞机制的工业物联网数据空间查询方法来解决上述问题很有必要，从而解决现有技术中工业物联网数据空间难以基于不同结构的数据对其他异构数据进行图谱查询的难题。

为实现以上目的，提出以下技术方案，具体包括：将采集的生产制造过程中工业物联网所产生的及所需要的不同结构类型的数据信息分类整理后，按类别存储到不同的数据存储区中；根据数据所属的具体产品或生产流程，为各个产品或生产流程设置根标签；为数据的不同特征划分不同的属性标签；根据数据查询构件所接收的数据查询请求，解析出其属性标签集合；根据属性标签的查询范围参数，确定属性标签集合中查询属性标签，由查询属性标签查询得到根标签；通过图谱展示构件，将查询所得根标签下所有结构数据以图谱形式进行显示，完成相关异构数据的图谱查询。

数据类型包括但不限于文档、文本、图像、音频、视频和网址。根标签是唯一的，一个根标签仅代表一个产品或一个生产流程。属性标签有多种，数据中的不同特征均具有与其相对应的属性标签，同一数据的多个属性标签按照特征的重要性排序，不同数据中相同特征拥有共有属性标签。属性标签的查询范围参数，在实际应用中根据实际查询结果数量的情况手动赋予，用于按照重要性确定属性标签集合中查询属性标签的数量。查询所得根标签按照其与查询属性标签的相关性排序。图谱展示构件，用于展示查询所得的根标签中所有数据类型，各数据类型中的数据按照其与属性标签的相关性排序，并根据查询范围参数隐藏相关性较低的数据。

与现有技术相比，基于大脑祖母细胞机制的工业物联网数据空间查询方法利用人类大脑祖母细胞的记忆回想机制，基于对数据的根标签、属性标签的划分，及标签的查询范围参数的确定，实现了根据不同结构数据对数据空间多种异构数据进行跨结构类型的查询，可有效提高工业物联网数据空间的查询效率，降低企业生产管理成本。

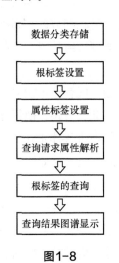

图1-8

基于大脑祖母细胞机制的工业物联网数据空间查询方法流程如图1-8所示。

其主要步骤如下。

（1）数据分类存储。将采集的生产制造过程中工业物联网所产生的及所需要的不同结构类型的数据信息分类整理后，按照结构的差异划分，数据类型包括但不限于文档、文本、图像、音频、视频、网址等，将不同类别的数据存储到不同的数据存储区中。

（2）根标签设置。根据数据所属的具体产品或流程，为各个产品或流程配置根标签，所配置根标签是唯一的，一个根标签仅代表一个产品或一个生产流程。

（3）属性标签设置。为数据的不同特征划分不同的属性标签，如图1-9所示。每个数据（单张图像或一组相关图像、一个文本或一组相关文本等）根据自身特征具有多个属性标签。

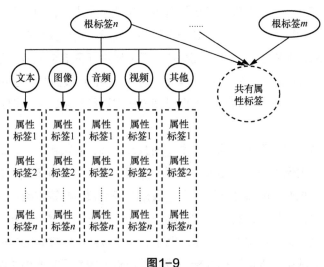

图1-9

（4）查询请求属性解析。由数据查询构件接收数据查询请求，解析出接收到的数据的属性标签集合。对于文本数据，通过提取关键词与标签关键词进行精确匹配、广泛匹配、知语匹配，确定多个属性标签，以此构成属性标签集合；对于图像数据，首先对图像进行特征提取，由颜色、纹理、形状等底层特征建立图像的特征向量，依据特征向量构成属性标签集合。

（5）根标签的查询。根据属性标签的查询范围参数，按照重要性确定属性标签集合中查询属性标签的数量，由属性标签查询得到根标签。

（6）查询结果图谱显示。按照属性标签与根标签的相关性，排列查询到的根标签，通过图谱展示构件将根标签下所有结构数据以图谱形式显示，各类型中的数据按照其与属性标签的相关性排序，并根据查询范围参数隐藏相关性较低的数据，完成相关异构数据的图谱查询。

1.4 集群容器化数据空间引擎设计

研究基于集群容器化的数据空间引擎设计，主要工作如下：在Docker技术的基础上，采用Kubernetes（k8s）容器集群管理系统为容器化的应用提供部署运行、资源调度、服务发现和动态伸缩等一系列完整功能，提高大规模容器集群管理的便捷性；然后利用大数据分布式存储技术，以对象为主体，将其全生命周期内围绕业务产生的关联数据进行标准化定义及梳理；通过动态标签技术构建三维数组，并使用数据加密、细粒度访问控制等技术保护数据安全，支撑业务需求。

当今互联网技术发展日新月异，应用系统架构也在不断更新迭代，从传统的物理机时代到虚拟机时代再到最新的容器化时代，从单一架构演变为如今的集群架构、分布式架构、微服务架构等，以便满足用户对系统的要求。

（1）物理机时代。单台物理主机，在这台物理机上需要进行一系列的应用部署安装和运行维护，其有如下特点。①部署非常慢：要采购主机，找地方存放，安装系统，安装各种组件。②成本高：一个外网的应用服务器的价格一般都上万元。③资源浪费：资源不平衡，比如A机上安装了一个应用服务，其对CPU的要求非常高，但是对内存的要求比较低，那我们的内存和磁盘就得不到应用，难于扩展和迁移。④对机器进行横向扩展是一件比较麻烦的事情，比如主机迁移受制于硬件。

（2）虚拟机时代。由于物理机部署的种种问题，虚拟化技术随之产生了，在一台物理主机上，通过硬件底层的虚拟化支持可以虚拟出多个虚拟机，每一个虚拟机都是独立的计算机，都拥有自己的硬件（如CPU、内存、硬盘）和操作系统（在操作系统上安装我们需要的软件）。虚拟化技术的出现可以让我们的物理机硬件资源得到更加充分的利用。虚拟化技术的特点如下：①多部署，一台主机上可以部署多个虚拟机，各个虚拟机间资源相互独立，任何一个虚拟机内部出现了问题都不会对其他虚拟机造成影响；②资源池，虚拟化时代把硬件资源看成一个池子，这个池子中的资源是可以共享的，会有一个虚拟机监视器 Hypervisor（VMware 是一种具体的实现）对物理机的所有资源进行统计，在需要进行新的虚拟机安装时由 Hypervisor 进行指定资源的分配，同时也对各个虚拟机进行管理；③资源隔离；④很容易扩展；⑤虚拟机需要安装操作系统。即使安装一个很小的应用，也需要单独部署，如果应用部署在虚拟机上，就需要先安装操作系统，只有安装了操作系统之后才能进行应用的部署。

（3）容器化时代。可以形象地将容器化看作不用安装操作系统的虚拟化，当然这么说并不是很准确但是很容易理解，如图 1-10 所示。

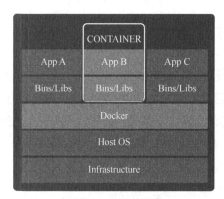 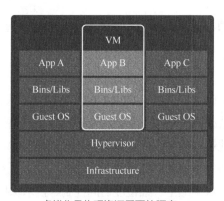

容器是 App 层面的隔离　　　　　　　虚拟化是物理资源层面的隔离

图 1-10

在图 1-10 中，右侧的虚拟机要运行需要安装对应的客户机操作系统，而左侧的就不需要，它直接构建在主操作系统上，在底层依赖 Docker 的沙箱机制，依赖主操作系统继续运行。

1. 容器化时代的应用场景

（1）标准化的迁移方式：开发环境打包给运维，运维展开后就能得到相同的环境。

（2）统一的参数配置：与运行程序相关的参数，在打包的时候就能进行设置。

（3）自动化部署：进行镜像还原的过程是自动化部署的，不需要人工参与。

（4）应用集群监控：提供了应用监控功能，可实时了解集群的运行状况。

（5）开发与运维之间的沟通桥梁：采用标准化的环境部署方式，可以减少不必要的由环境不一致导致的问题。

2. 容器化技术应用

容器变得越来越重要，尤其是在云环境中。许多企业甚至在考虑将容器替代虚拟机作为其应用程序和工作负载的通用计算平台。在如此广泛的范围内，与容器特别相关的关键用例如下。

（1）微服务：容器小巧轻便，非常适合微服务体系结构。在微服务体系结构中，应用程序可以由许多松散耦合且可独立部署的较小服务构成。

（2）DevOps：微服务作为架构与容器作为平台的结合，使许多团队将 DevOps 视为构建、交付和运行软件的共同基础。

（3）混合，多云：由于容器可以在笔记本计算机、本地和云环境中的任何地方连续运行，因此它们是混合云和多云方案的理想基础架构。

（4）应用程序现代化和迁移：使应用程序现代化的最常见方法之一是将它们容器化，以便可以将它们迁移到云中。

1.5 数据空间管理系统架构

鉴于传统数据库无法应对当前大数据时代的需求，数据库专家提出了数据空间概念，将某个组织或个体所关心的信息，以满足用户需求为目的，通过不同的数据源进行直接管理。这些信息主要包括各种类型数据和数据间的关系。在利用数据空间进行管理之前，数据可以是弱模式甚至是无模式的。无论是否具有严格的数据模式，数据库都统一进行管理，并以尽力而为的服务方式提供查询服务，且不断提高本身的性能。

数据空间是一种新的数据管理方式，不同于传统数据库管理系统（DBMS）的管理理念，数据空间提倡数据共存和数据演化，并不严格地要求确定数据的模式。数据空间的目标是管理用户所关心的所有数据，不局限于常见的结构化数据；提供多样化的数据应用功能，极大地减少数据处理的基础工作，降低处理信息的成本。其中，最具有代表性的领域是个人信息管理，如 ETH 开发的 iMeMex、华盛顿大学开发的 SEMEX、微软研究院开发的 MyLifeBits 等，都是基于数据空间概念设计的。

张相於等人基于数据空间概念设计了个人数据空间管理原型系统 Orient Space；

张勇等人将数据空间引入数字图书馆管理，开发了数字图书馆系统iDLib，以解决数据资源跨域、异构、不确定等问题；刘正涛基于数据空间的概念，提出了一种新的Web数据管理方法——Web数据空间；马修斯·席尔瓦等人提出了基于多尺度的数据空间体系结构，还有链接尺度（linked scales）模型，用来帮助生物学家理解和发现分散在具有不同异构程度的数据源中的数据关系。

数据空间提供的数据集成服务是数据优先，其不同于关系数据库管理系统（relational database management system，RDBMS）的模式优先。数据模式可以是不严格或不完整的，可在数据源使用和数据资源处理中不断完善，从而符合应用需求。然而，数据空间描述和操作异构数据模式的技术还不成熟。

1.5.1 数据架构

数据架构可以帮助企业消除"信息孤岛"，建立一个统一和共享的数据基础平台。数据架构从跨企业应用系统的视角统一对数据进行组织和规划，提高数据跨系统存储和共享的效率。数据架构如图1-11所示。

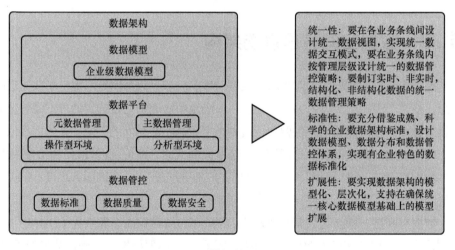

图1-11

1.5.2 数据平台设计参考架构

数据平台包括操作型环境、分析型环境、主数据管理、元数据管理，它是企业进行数据管控的平台，如图1-12所示。

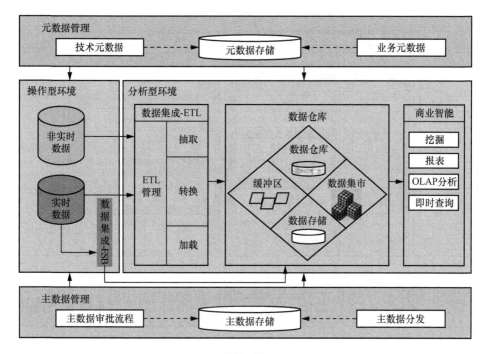

图1-12

1. 操作型环境

操作型环境的运行数据包括实时测量数据、模型数据以及图形数据等各种实时数据和非实时数据。操作型环境通过数据推送机制推送数据,有助于建立以CIM为基础的企业级数据模型,与其他管理信息进行交互,实现运行数据和企业运营管理数据的集成。一个典型企业级数据模型框架如图1-13所示。

2. 分析型环境

分析型环境可实现从原始数据到应用端的连接,通过数据ETL(extract-transform-load)、数据仓库、商业智能等技术或方法,最终帮助企业进行深入的数据分析和决策,进而改善业务运营,提高效率,降低成本等。

3. 主数据管理

主数据是企业核心的基本业务数据,描述整体业务的信息对象和分类。

主数据管理(master data management,MDM)是集成恰当的技术、组织和流程的持续过程,以便确保持续不断地监控、评估和管理各种类型的主数据,以及相关业务流程的影响,并为用户和应用系统提供统一的主数据服务接口。

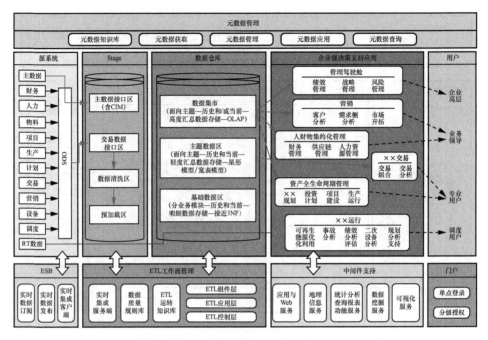

图1-13

① 企业的关键业务资产。主数据是描述企业关键业务的数据,例如会计科目、项目类型、资产类别、物料编码、供应商编码、组织机构编码等。

② 主数据描述。在联机事务处理(on-line transaction processing,OLTP)系统中,主数据是描述业务交易的数据——谁、什么、哪里;在分析系统中,从分析交易数据的角度,有如会计科目、物料编码等描述。

③ 跨部门及组织共享和重用。主数据一旦创建,可供不同用户/应用系统使用和重用来完成各自任务。

④ 可以唯一识别。每个主数据实例是唯一的,各不相同。

⑤ 主数据是缓慢变化的。相对于交易数据,主数据更不易变化,但不是一成不变的。

为了全面了解数据,企业必须建立主数据管理系统使企业内数据保持一致性,数据改变时将通过主数据库实现一致性。主数据管理系统架构如图1-14所示。

一个典型的主数据管理信息流如下:

① 营销系统的数据改动触发对企业主数据的改动;

② 主数据管理系统将整合之后完整、准确的主数据分发给所有相关应用系统;

③ 主数据管理系统为决策支持和数据仓库系统提供准确的数据源。

数据空间引擎设计与管理系统架构 —— 第1章

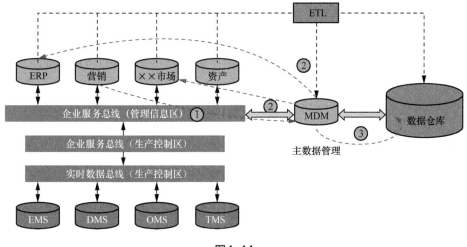

图1-14

4．元数据管理

元数据是定义数据的数据，负责记录、管理业务系统中所有数据的定义、规则、规范和流程，元数据管理平台架构如图1-15所示。

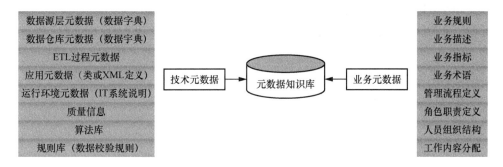

图1-15

元数据管理可以清晰、直观地了解数据的来源、变化过程、应用对象等信息。当数据源发生变化时，用户借助元数据管理工具可以分析出这些变化带来的影响。

- 技术元数据。技术元数据是为技术人员提供支持的元数据。当技术人员对系统进行维护和扩展时，技术元数据为他们提供所需的数据信息。技术元数据包括数据整合平台的数据结构描述、对数据映射规则的定义、数据集市定义描述与加载描述等。
- 业务元数据。业务元数据是为企业业务人员提供支持的元数据。业务元数

33

据为业务人员提供访问系统中信息的线路图和背景图。
- 元数据知识库。在存储层面，需要根据元数据的不同定义格式，以结构化或非结构化形式存储元数据，存储应考虑时间窗口、访问控制和发布等因素。

使用统一的元数据管理平台，对整个组织范围内的元数据进行管理，逐步实现对企业数据资产的统一查询和管控。元数据管理以业务视图和技术视图描述存储的各种结构化数据和非结构化数据。

- OLAP的指标管理：通过基于元数据的指标管理，掌控各种指标的异常波动情况。
- 血缘分析和影响度分析：追踪数据问题的根源，分析数据的关系和指标的关系。
- 表重要程度/无关程度分析：分析数据仓库中数据表的使用频率，有针对性地进行优化。

5. 数据管控

数据管控描述企业如何管理数据资产，保证数据准确性、一致性、完整性、可用性和安全性。数据管控体系是为了规范数据标准、提高数据质量和保证数据安全而建立的组织、流程、工具和评价考核体系。数据质量管理的目标是建立数据质量控制机制，及时发现数据质量问题，改善数据使用质量，提升数据的可用性和利用价值。数据质量是数据管控的基础。数据管控的范畴包括：

- 制定公司数据质量的衡量指标、分析工具及报告机制；
- 发现、评估和报告数据在使用中的质量问题；
- 解决数据质量问题，提升数据质量。

要利用各种技术工具和手段来加强对数据的检查、校验，加强数据结构分析和清理等各项工作，包括改进数据输入界面的有效性验证，定期利用工具发现数据问题等。技术只是保证数据质量的辅助手段，合理完善的数据管控流程才是提升数据质量的关键。

1.5.3 柔性化的数据空间管理系统

柔性化的数据空间管理系统分为业务架构、数据与服务架构、软件架构以及安全架构四个维度，如图1-16所示。

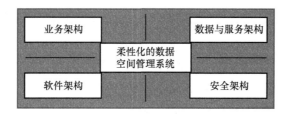

图1-16

1. 业务架构

业务架构从经济层面描述了数据空间的所有关键概念，这些概念可以分为数据治理（data governance）、协作数据管理（collaborative data management）和业务模式（business model）三个方面。数据治理定义了数据空间中不同角色的权利和义务（公有、私有、有限制或无限制等）；协作数据管理定义了组织间的数据管理流程（发布、数据使用等）；业务模式定义了数据评估、数据使用的补偿、额外服务（如智能数据服务）中数据使用的条款和条件。

2. 数据与服务架构

数据与服务架构构成数据空间的功能核心。它指定了现阶段的试点应用中必须要实现的功能，包括应用数据空间应用商店（App store）、代理（broker）和连接器（connector）三大功能模块。应用商店具有基础数据提供、数据服务管理和使用、词汇管理、软件管理等功能；代理提供数据源管理、数据源搜索、数据交换协议、数据交换监控等功能；连接器提供数据交换执行、数据预处理软件的注入、远程的软件执行等功能。

3. 软件架构

软件架构规定了数据空间现阶段试点应用中的数据和服务体系结构的实现。其中一个核心软件组件是数据空间连接器，包括外部连接器和内部连接器。外部连接器促进数据空间参与者之间的数据交换，单个外部连接器可以理解为数据空间的边界点；内部连接器与外部连接器非常相似，但内部连接器通常在受保护的企业内网中工作，它可以访问内部数据源，并使外部连接器可以从中获取数据。另一个核心软件组件是数据空间代理，它将数据提供和数据请求对接起来，创建有关数据源使用情况的报告，并执行清理功能（如交易回滚）。

4. 安全架构

数据空间的安全架构包括许多方面，如网络安全、身份认证、数据使用约束、安全运行环境、远程认证、应用层虚拟化等。可以单独设计几个安全方面的组合实现不同级别的安全。

采用"柔性化"思想设计的数据空间管理系统可以很好地适应当前海量数据的场景，通过数据采集、数据存储、数据管理、数据分析与挖掘、数据清洗与呈现等，可以发现很多有用的或有意思的规律和结论，这不仅可以提高我们的日常生活和工作质量，还可以提高企业的整体利润，同时为智能化打下坚实基础。

第 2 章

海量异构数据集成方法与技术

2.1 多源异构数据并行采集方法

随着云计算、大数据、物联网等新一代信息技术的发展以及信息化与工业化的深度融合，传统制造企业不断向智能制造的方向转型升级。数据是智能制造的关键要素，只有在制造工厂底层实现对生产数据的有效感知，才能有效地完成工厂资源管理、车间计划与排产、生产过程监控等重要工作。制造业分为流程制造业和离散制造业。在流程制造业中，数据采集方案主要针对生产过程中的模拟量和数字量；在离散制造业中，不同类型的制造车间数据采集需求差异较大，个性化需求强，不仅需要采集生产过程中的生产设备状态信息，还需要对现场工况（如生产人员、物料、生产环境等信息）进行监测。

2.1.1 数据采集概述

工业制造现场往往存在大量的、异构的、格式各异的数据，智能感知系统在对制造现场各生产要素信息进行采集时，必会录入大量的原始数据，这些原始数据中通常含有异常、重复、乱序、遗漏、不完整等错误类型的数据。大量的错误数据会带来高额的处理费用，延长系统响应时间，导致数据分析结果异常，降低决策支持系统的准确率，严重影响系统服务质量，难以支撑上层应用。生产车间中某些精密部件的加工对环境有一定的要求，车间现场需要部署大量传感节点获取环境信息。由于传感节点采用广播的方式进行无线通信，因而会产生大量数据在网络中传输，不可避免地产生网络拥塞、数据丢失及延迟的问题。监控系统对时间敏感，其要求传感节点将采集的数据实时传输到中心处理节点，过时的信息不仅对系统无用，还可能带来灾难性的后果。此外，大量冗余信息的传输加快了传感节点电池能量的损耗，严重影响网络的使用寿命。因此，采集数据入库前的清洗处理及融合处理必不可少，不仅要保证处理这些多变、未知数据的实时性，还要防止读写器在读多个标签时发生信息丢失、出错及数据重复等异常问题，同时还要对来自多个采集节点的数据进行融合处理，按特定算法融合并汇聚到中心处理节点，从而满足上层应用系统对数据采集可靠、高效的需求。

这里采集的数据主要指生产过程中通过环境采集器、标签读写器及设备采集器获取的数据。数据经过清洗、融合处理后存入数据库或临时缓存，为上层实时监控服务、数据管理服务及历史数据服务提供数据源。历史数据服务及数据管理服务所需数据从数据库中获取，实时监控服务所需数据从临时缓存（Web服务器动态缓存）中获取。本书采用消息机制和数据动态缓存的模式实现车间现场数据的动态采集。系统设计的数据采集模式包括周期性数据采集和按需实时数据采集两种。

1. 周期性数据采集模式

周期性数据采集模式是指对环境信息、设备信息及相应的状态信息按固定的周期进行数据采集的模式，大致流程如图 2-1 所示。环境采集客户机、标签采集客户机及设备数据采集器根据配置进行周期性的数据采集，然后将采集的信息进行初步融合、清洗等处理，最后将处理后的数据以消息的形式发送到消息服务器的消息队列中。消息服务器可对其进行二次清洗、融合处理后存入消息队列。消息处理服务采用多线程方式从消息服务器的消息队列中获取消息，并解析消息存入数据库或写入 Web 服务器动态缓存，供历史查询或实时查询。

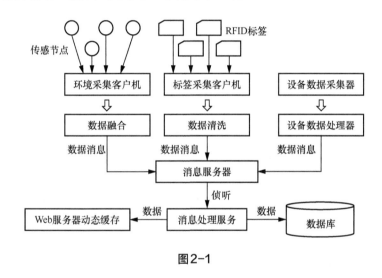

图 2-1

2. 按需实时数据采集模式

按需实时数据采集模式是为满足用户对某些数据的实时需求而设计的采集模式，大致流程如图 2-2 所示。系统首先在消息服务器为每个数据采集客户机建立一个数据获取消息队列，并维护一个长周期状态信息列表，每个状态信息标识一台数据采集客户机。客户端根据需要向系统发出请求，如要查询车间某些要素的实时信息（车间温度、机床转速等），客户端便向消息服务器发送获取数据消息以及获取的状态信息。消息服务器解析该信息，并将获取数据消息请求加入状态信息标识的数据采集客户机的数据获取消息队列。数据采集客户机检索自己的消息队列，获取采集指令后，按请求指令进行数据采集。采集后的数据经消息服务器解析后按实时信息发送至客户端，也可按周期性数据采集模式发送到消息服务器经处理后存入Web服务器动态缓存，供客户端应用检索并以可视化形式展示给用户。

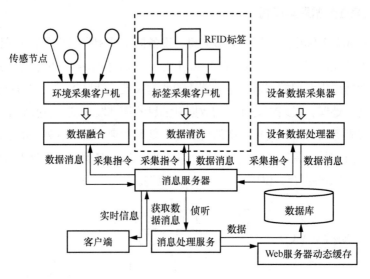

图 2-2

为更清楚地描述车间现场数据采集处理的工作流程，下面以图 2-2 中虚线框内的标签采集客户机为例，说明数据采集客户机的工作模式。标签采集客户机是通过传感器和电子标签工作的数据采集设备，它将按周期采集的信息经初步处理后以消息的形式发往消息服务器，并能从消息服务器的数据获取消息队列中获取采集指令，根据指令内容进行特定的数据采集，将采集的结果同样以消息的形式发送至消息服务器。例如，为采集分布在车间现场的各类信息，发往消息处理中心进行统一处理，车间现场部署了多台数据采集客户机，这些数据采集客户机按类别分别按 RS-485 总线方式及 ZigBee 方式组网，然后接入计算机进行数据采集。数据采集客户机的工作模式如图 2-3 所示。

图 2-3 中的消息封装及解释器用来对数据按规则库中的规则进行封装或解释。定时器用于设置数据采集客户机的采集周期。设备配置信息用于配置数据采集客户机的采集模式、工作频率等。数据采集客户机通过感应方式读取人员、刀具、机床等附带标签中的信息，并将信息按设定的工作模式发送到消息服务器的数据消息队列进行后续处理。数据采集指令消息队列和数据消息队列都位于消息服务器中，每个队列都是消息服务器开设的一个线程。消息服务器采用多线程方式实现多个消息队列的管理。

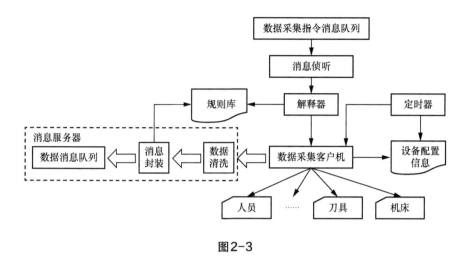

图 2-3

2.1.2 离散制造车间数据采集

离散制造车间一般从人、机、料、法、测、环（man, machine, material, method, measurement and environment，简称5M1E）的角度分析生产过程。因此，需在制造车间底层收集这6个方面的生产数据，提供给制造执行系统（manufacturing execution system，MES）层以实现对车间的管控。对于工作人员，需感知其姓名、职级、权限和上下班时间等信息，可以使用指纹传感器或RFID刷卡器采集信息，通过串口或USB等接口上传数据；机器信息包括机床运行状态、运行时间和运行参数等，可以使用Modbus TCP或EtherCAT协议通过以太网接口上传，可编程逻辑控制器（programmable logic controller，PLC）设备可以使用Profibus-DP协议通过RS-485接口上传数据；对于物料信息，可以通过扫描二维码标签感知物料编号、批次和生产日期等信息，通过Modbus RTU协议上传至RS-485总线，利用光电感应设备发送NPN（negative-positive-negative）开关量记录物料数量；方法数据与测量数据一般无法通过实体传感器感知，可以从车间数据库中调用相关信息；环境信息主要包括特定气体浓度信息、温湿度信息、空气质量、大气压力等，环境传感器可以通过RS-485/RS-422/CAN等现场总线上传数据，也存在小型传感器使用SPI/IIC协议等上传数据。

综上可知，离散制造车间数据存在多源异构的特点，即数据来源不同、传输接口不同、传输协议不同，这要求车间数据采集设备能够兼容多类型接口协议并实时地感知多源异构数据。随着智能制造的发展，数据采集情景愈发复杂。制造车间不断淘汰旧设备并引入新设备，使得待采集设备的数据传输接口与协议类型不断变化，这就要求数据采集设备能够根据采集需求的变化，快速更新采集功能。因此，当前离散制造车间的数据采集设备存在如下问题。

1. 多源异构数据难以并行采集

传统数据采集设备主要使用轮询或多线程的方式采集多源异构数据，导致响应时间随着待采集设备的增多而增长，难以满足制造工厂对数据采集实时性的要求。传统数据采集设备大多针对特定设备组进行设计，与待采集设备组存在一对一的对应关系，需多个数据采集核心协同完成多源异构数据采集工作，导致采集成本与布局布线复杂度增加，不符合数据采集设备向高集成和小型化发展的趋势。

2. 数据采集设备难以实时配置

传统数据采集设备无法根据采集需求的变化实时动态配置采集功能。当待采集设备的数据接口或传输协议发生变化时，待采集设备与原有数据采集设备不兼容，需重新设计数据采集设备的结构和功能，这导致原有数据采集设备难以继续使用，需中断采集过程进而影响生产。

2.1.3 基于 FPGA 的多源异构数据并行采集框架

针对在制造工厂转型升级中数据采集设备难以并行采集多源异构数据和数据采集设备实时配置难的问题，我们提出一种基于现场可编程门阵列（field-programmable gate array，FPGA）的多源异构数据并行采集框架，如图 2-4 所示。总体框架自下而上分为并行采集层、可配置采集层和应用验证层。

1. 并行采集层

这里从 5M1E 角度出发，选取异构传感器采集相应数据，实现制造工厂生产数据的感知与互联。针对异构传感器设计异构设备接入方案，基于 FPGA 设计多源异构数据并行采集方法。

2. 可配置采集层

这里将 FPGA 分为动态域与静态域，在静态域中实现基本的数据采集功能；在动态域中，利用 FPGA 的动态可重构功能，设计数据采集可配置方法，实现数据采集接口与帧格式的实时可配置。

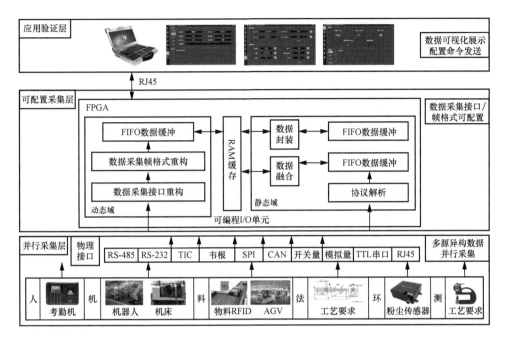

图2-4

3. 应用验证层

应用验证层的主要功能是监控数据采集过程和下发配置命令。数据采集过程的监控可实时显示当前制造工厂的生产状态,若某些数据达到报警阈值,则会发出警报信息,提醒工作人员查看。应用验证层会根据制造工厂对当前生产环境的采集需求,下发配置命令如数据采集接口/帧格式可配置、报警阈值设置、传输方案选择等,实现数据采集设备的整体可控。

2.1.4 基于FPGA的多源异构数据并行采集流程

针对传统数据采集设备存在的多源异构数据并行采集难的问题,这里提出一种基于FPGA的多源异构数据并行采集方法,这种方法能够实现异构数据并行采集与协议解析功能,将多协议数据集成为一种统一的格式上传,具体流程如图2-5所示,主要从以下几个方面实现。

1. 接口数据采集

这里将FPGA的可编程逻辑资源设计为能够采集不同接口的逻辑电路,并约束FPGA接口引脚的输入输出方向,完成对接口的驱动设计。以倾角传感器为例,其数据采集方案如图2-6所示。

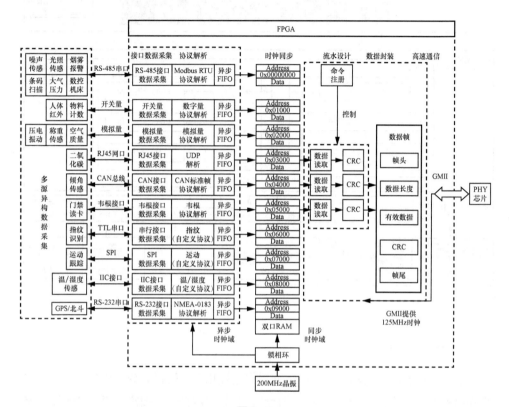

图2-5

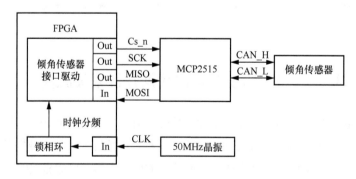

图2-6

图2-6中，CAN（controller area network，控制器局域网）总线接口采用差分电压，无法直接接入FPGA的I/O接口，需要使用MCP2515芯片协助FPGA完成数据采集工作。MCP2515芯片的主要功能是将CAN接口转换为能直接接入FPGA

的SPI。在FPGA端设计SPI Master驱动，实现对倾角传感器的数据采集。

2. 协议解析

通过FPGA采集到异构设备上传的数据后，需要针对不同的通信协议与数据格式设计协议解析方法。以倾角传感器为例，在FPGA中设计的数据协议解析状态机如图2-7所示。首先对MCP2515芯片进行初始化配置，如配置CAN总线的波特率、数据帧格式以及设置滤波器参数。接下来状态机进入空闲状态，等待指令发送，若指令为设置指令，需要设置传感器数据上传方式，设置完成后返回空闲状态；若指令为采集指令，FPGA发送ID为0x0605的问询帧，传感器返回ID为0x0585的应答帧，应答帧的数据段包含测量数据；若指令为采集结束指令，则退出状态机，结束数据采集工作。

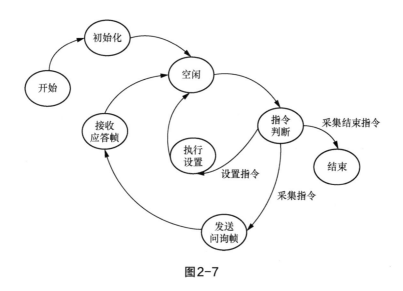

图2-7

3. 多源异构数据采集

时钟同步针对异构设备采集的设计为异步设计，即主控时钟不同，须将异步时钟同步化才方便进一步处理，否则会导致亚稳态等现象。这里采用异步FIFO（first in first out）有效地解决了该问题，即为每一个异构设备添加一个异步FIFO，在采集端使用该设备的主控时钟将采集到的数据存储到异步FIFO中，在另一端以统一的时钟将数据读出，实现时钟同步。之后通过轮询的方式实现并串转换，将所有异步FIFO中的有效数据存入不同地址的随机存储器（random access memory，RAM）缓存。

4. 流水设计

针对后续读取RAM数据和循环冗余校验（cyclic redundancy check，CRC）工作，采用流水线的设计方式，在第一个时钟周期读取第一个数据，在第二个时钟读取第二个数据并将第一个数据输入CRC模块进行校验工作，以此类推。相比于"先完成数据读取，再进行数据校验"的方案，该方法提升了系统的工作效率和吞吐量。

5. 高速通信

高速通信FPGA与上位机使用以太网实现数据高速通信，如图2-8所示。在FPGA芯片外连接以太网PHY芯片，该芯片实现了OSI 7层网络模型中的物理层。FPGA通过寄存器传输级（register transfer level，RTL）编程实现数据链路层、网络层和传输层，二者通过千兆媒体独立接口（gigabit medium independent interface，GMII）连接。至此，车间多源异构数据并行采集工作完成。

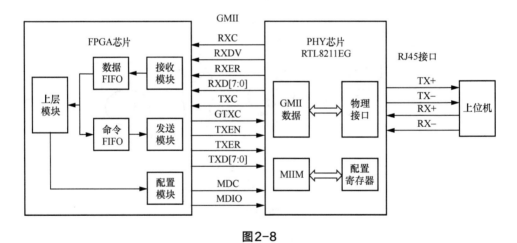

图2-8

针对制造车间中需要采集的共性信息，该方法纳入车间多源异构数据采集方法。通过并行采集与协议解析提取出异构数据的有效信息，实现了车间多源异构设备的感知；利用FPGA的时钟同步、并串转换、流水设计等设计方法，将异构数据封装为统一的数据格式，在硬件底层实现了车间多源异构数据的并行采集。

2.1.5 实验分析

多源异构数据等效器集成了制造工厂生产过程中具有代表性的多源异构数据，

能够将生产信息通过异构接口上传。多源异构数据感知与互联装置能够感知多源异构数据，实现多源异构数据的并行采集与协议解析、数据采集可配置以及远程传输功能。在上位机中设计了多源异构数据感知与互联系统，实现了数据的可视化展示以及配置命令的下发。将设备连接与上电后，可以观察到系统各层级运行状态良好，在软件中可以监测到数据的实时变换以及历史曲线。本方法可实现对18种多源异构数据、10种异构接口的并行采集，验证了本方法的有效性。

在多源异构数据并行采集方法验证中，数据采集设备每50 ms上传一次封装数据帧，一帧数据包大小约为500 B，因此并行采集数据需要通信接口以80 kbit/s的通信速率上传。这里所采用的以太网接口在125 MHz频率的时钟控制下，每个时钟周期可传输1 B数据，最高通信速率可达1 000 bit/s，满足数据通信需求。不同数据采集方法响应时间对比如图2-9所示。

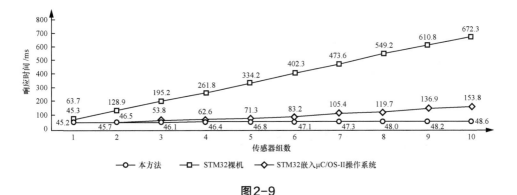

图2-9

通常制造工厂数据采集要求响应时间小于0.5 s，传统的数据采集系统使用轮询或多线程的方式采集数据，响应时间与传感器的数量有关。本方法实现了多传感器的并行采集，使得响应时间只取决于响应最慢的传感器。这里选取大气压力、运动跟踪和温/湿度3类传感器为一组进行试验验证。

大气压力传感器完成一次数据采集工作需要通过RS-485接口以9 600 bit/s的速率传输32 B数据；运动跟踪传感器完成一次数据采集工作需使用SPI以500 kHz的时钟频率采集30 B数据；温/湿度传感器完成一次数据采集工作需使用IIC接口以100 kHz的时钟频率采集97 B数据。但由于应答帧和问询帧之间、问询帧/应答帧的每字节数据之间存在间隔，最终测得完成数据采集时间分别约为45.1 ms、5.2 ms和4.4 ms。

可以发现，本方法设计的数据采集设备响应时间随着传感器组数的增多略微增长。这里的数据采集方式为FPGA并行采集，其原理是为某一特定传感器划分

FPGA部分硬件资源，利用这部分资源设计硬件电路采集该传感器数据，FPGA内部各功能模块相互独立、互不影响。因此，数据采集时间仅与数据采集速度最慢的传感器有关，传感器数量的增多仅增加FPGA硬件资源消耗而不增加采集响应时间。图2-9中时间略微增长是由于随着传感器的增多，FPGA实现数据协议转换与数据处理的时间增长，但比采集耗时小。

基于STM32裸机的数据采集方法使用了串行方式完成数据采集工作，随着接入传感器的增多，该方法的响应时间会线性增长，即系统采集响应时间为每个传感器采集响应时间的直接累加，当传感器组数超过8组后，该方法的响应时间不符合制造工厂要求。在STM32单片机中嵌入μC/OS-Ⅱ操作系统后，可以使用多线程的方式，实现伪并行的数据采集。STM32的CPU在采集单一传感器数据时，由于传感器时钟频率较低，CPU存在空闲状态，采用多线程采集方法将不同任务拆分成更细小的时间碎片填充到CPU的空闲状态中，可提高CPU的利用率。当传感器数量较少时，可以基本实现并行采集，但随着传感器数量的增长，并发线程之间的调度明显增多，需要占用更多的CPU资源。当CPU资源利用率较高时，系统并行性能下降，消耗时间明显增多。

2.2 基于XML的数据交换模型

在数据空间体系建设的过程中，主要目标是实现各系统间数据处理的协同性，但是在不同时期基于不同平台、不同技术开发了大量的信息管理系统，这些信息管理系统"各自为政"，不能很好地实现数据交换，形成了"信息孤岛"。为解决这一难题，本书分析了传统的数据交换技术的优缺点，结合XML的易扩展性、自适应性、平台无关性等特点，提出了基于XML的异构数据交换模型。该模型屏蔽了数据源的异构性，可以高效地实现数据交换。

2.2.1 数据交换模型概述

一个数据库中的数据要交换到另一个数据库中时，需要专用模块来完成数据交换的任务。这个模块首先需要把源数据库中的数据格式转换成目的数据库所要求的数据格式，然后把数据存入目的数据库。当整个交换体系内的数据库比较少时，这种交换形式的结构简单，并且转换速度快；但是当交换体系内的数据库比较多时，这种交换结构的缺点就暴露出来了。

　　首先，每两个数据库之间都需要有专用的模块负责数据交换，当数据库数量增多时会使得整个交换体系内存在大量的交换模块，维护成本剧增，并且这种专用模块的可重用性以及可移植性都非常差；其次，当有新的数据库加入时，新数据库与每个原有数据库之间需要添加交换模块，这使得整个交换体系不易扩展，结构臃肿。因此，需要一个统一的数据模型，这个数据模型可以和其他数据源进行良好的数据格式转换，在数据交换中起到很好的桥梁沟通作用。由于XML具备自适应性、易扩展性、结构性强、与平台无关性等优势，因此我们可以使用XML来定义一个结构良好的数据模型，通过数据源与XML数据模型进行相互的、良好的数据格式转换，从而实现数据源之间的数据交换。数据交换模型对比如图2-10所示。

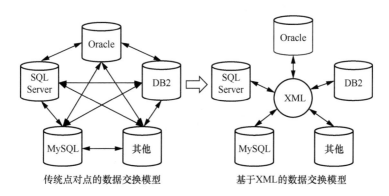

图2-10

　　XML已逐渐成为Web上数据表示和交换的标准，但在大多数企业尤其是在地域上分散而管理上又相对集中的大型企业中，每个部门都要维护与本部门有关的数据，并将数据存放在本部门建立的关系数据库中，这样企业的整个信息资产就被分裂成"信息孤岛"。如何将这些信息有效地集成起来，组成一个分布式数据库，并发布为符合用户要求（DTD或XML.Schema）的XML文档，是分布式数据库技术发展中亟待解决的问题。

　　XML文档必须符合一定的语法结构，它必须遵循以下几条规则。

（1）XML文档中必须有且只能有一个根元素，其他元素包含在根元素内。

（2）元素的标识必须成对出现，并且元素只可以嵌套，不可以交叉。

（3）当元素有属性时，属性值需要加引号，并且引号必须成对出现。引号可以是单引号，也可以是双引号。

（4）XML文档中有5个保留标识字符：&lt、&gt、&amp、&apos和&quot。它们分别代表<、>、&、" "和' '。

（5）在XML文档中对元素进行命名时需要遵守一些规则：名称只能以字母或者下画线开始；名称中只能包含字母、数字、下画线、句点和冒号，不能包含空格；名称区分大小写。

2.2.2 异构数据交换模型设计

本模型的系统结构采用应用系统中通用的三层架构来设计，如图2-11所示，这三层架构分别为表示层、逻辑层和数据层。

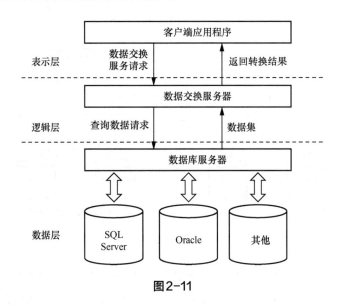

图2-11

1. 表示层

表示层也就是客户端的用户界面层。用户在表示层查看服务类型，输入相关参数（例如数据库服务器的地址、用户名、密码等信息），选择要进行交换的数据表和相应的约束条件，然后发送数据交换服务请求，查看交换过程和转换结果。转换结束后还可对XML文档进行接收和发送操作。

2. 逻辑层

逻辑层是异构数据交换模型的重点。逻辑层主要负责3个工作。第一，接收并分析表示层传来的数据交换服务请求，根据传递的服务参数生成查询数据请求并将其发送给数据层。第二，在接收到数据库服务器传来的数据集后，根据转换算法将数据集和XML文档进行转换，生成目的数据库端的建表语句和数据插入语句。第三，将转换结果返回到表示层呈现给用户。第二个工作是整个交换模型的核心和关键，我们的主要研究工作就是据此展开的。

3. 数据层

数据层与底层数据库进行连接，根据查询数据请求进行相应的连接和查询操作并返回数据集，或者根据逻辑层传来的建表语句和数据插入语句进行相应的数据表创建和数据插入操作。数据库服务器中有一个抽象数据库类，其根据数据连接语句判断是与何种具体类型的数据库管理系统进行连接，然后生成与该具体数据库管理系统进行连接的接口，最后进行连接工作。抽象数据库类是通过不同的接口来连接不同的数据库管理系统的，便于管理和操作，并且屏蔽了底层数据库类型的差异。

在进行数据交换时，数据交换中心节点对交换工作进行任务分配和调度。源客户端的数据交换子节点根据查询数据请求来连接源数据库并且查询出要进行交换的数据集，从数据集中提取出关系数据和关系模式，生成XML文档后发送。中心节点接收XML文档然后进行转发，目的客户端的子节点负责接收。目的端的子节点从接收到的XML文档中解析出XML模式，再将其转换成关系模式，从而连接目的数据库并进行相应的操作。

图2-12所示为数据交换模型的大致框架。

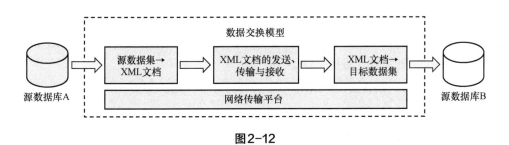

图2-12

数据交换模型的运行过程如图2-13所示。

（1）当源数据库A需要交换数据时，应用服务器A向数据交换节点A请求数据。

（2）数据交换节点A生成相应的数据库连接语句和查询语句，向数据交换中心节点发送服务请求。

51

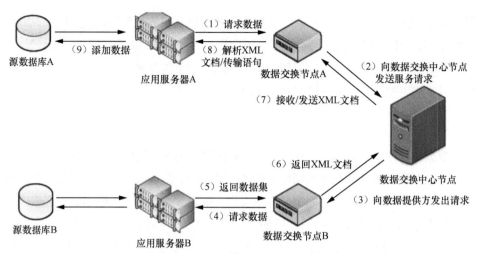

图2-13

（3）数据交换中心节点将服务请求转发给数据交换节点B。

（4）数据交换节点B向应用服务器B发送服务请求。

（5）应用服务器B连接源数据库B，并且将源数据库B返回的数据集发送给数据交换节点B。

（6）数据交换节点B进行数据交换操作，提取数据信息和数据关系模式，生成XML数据文档和XML模式文档，并且把生成的XML文档发送回数据交换中心节点。

（7）数据交换中心节点接收XML文档并将其发送回数据交换节点A。

（8）数据交换节点A进行数据交换操作，解析XML数据文档和XML模式文档，创建数据信息和数据关系模式，根据这些信息生成数据库建表语句和数据插入语句，把语句传输给应用服务器A。

（9）应用服务器A连接源数据库A，创建数据表，插入数据。

2.2.3 数据交换流程

在基于XML的异构数据交换模型中，XML文档作为一种中间数据格式，实现了在关系数据库之间进行完整、准确的数据交换。当需要将一个关系数据库中的数据交换到另一个关系数据库时，只需要把数据及其结构、约束等信息转换到XML文档中，通过XML文档就可以方便地转换到任何其他的关系数据库中了，并且同时保证了数据结构和各类约束的完整性。在这个过程中XML文档起到了中转和桥梁的作用。本交换模型的数据转换模块由两部分组成，第一部分是从关系数据库到XML文档的转换，第二部分是从XML文档到关系数据库的转换。两个部分的转换过程大致相反。关系数据库与XML文档的对应关系如图2-14所示。

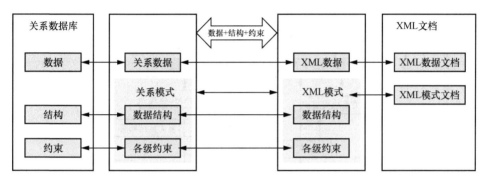

图2-14

从图2-14可看出，从大的方面来说对应关系可分为两个层次。第一层是数据的对应，这里的数据指的是关系数据表里的记录。从关系数据库里取出来的数据对应生成关系数据，关系数据再转换为XML数据并嵌入XML数据文档。第二层是模式的对应，从关系数据库里提取出关系模式，关系模式转换为XML模式，然后由XML模式生成XML模式文档。第二层又包含两个小层，第一个小层是结构的对应，这里的结构指的是数据表里每一列的数据类型、数据长度、数据精度、小数位数、默认值、能否为空等信息，这些结构信息从数据库中提取出来后对应到关系模式中的数据结构，关系模式中的数据结构再转换为XML模式中的数据结构；第二个小层是约束的对应，这里的约束指的是实体完整性、参照完整性和用户自定义完整性等约束条件，这些约束条件从数据库中提取出来后对应到关系模式中的各级约束，关系模式中的各级约束再转换为XML模式中的各级约束。

在转换过程中，不仅需要转换数据表中的数据，同时还要把数据表的结构定义和实体完整性约束、参照完整性约束、用户自定义完整性约束等内容一起进行相应的转换。因此在交换模型中应该把转换的内容分门别类，形成不同的层次，从而在转换过程中根据层次的对应关系进行针对性的转换。

从关系数据库向XML模式文档进行模式层次的转换时，首先从关系数据库中提取出关系模式，利用关系模式构造有向图，然后通过有向图建立数据表之间的关系结构图，最后通过有向图和表关系结构图生成XML模式文档。从XML模式文档向关系数据库进行模式层次的转换时，首先用DOM方式解析XML模式文档，用形式化的方法描述XML模式，然后利用XML模式构造元素有向树和表关系结构图，使用元素有向树建立关系模式，最后通过关系模式和表关系结构图生成目标数据库的建表语句。

整个异构数据转换流程如图2-15所示。

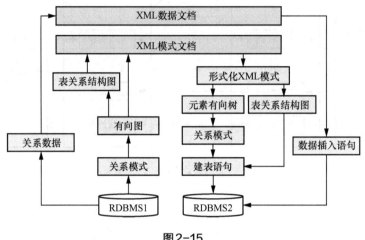

图2-15

1. 基于模型驱动的映射方法

将XML文档作为中间数据格式，可以实现关系数据库之间完整、准确的数据交换。而实现这一目标，就必须确保关系数据和关系模式在关系数据库和XML文档之间可以完整、准确地进行转换。关系数据库中的数据是一种结构化的数据，而XML文档是格式化的纯文本文件，其中的数据是半结构化的数据，若要对关系数据库中的数据和XML文档中的数据进行相互转换，就必然要建立结构化数据和半结构化数据之间的映射关系。因此，需要选择一种合适的映射方法，这种映射方法必须保证关系数据和关系模式转换过程的完整性和准确性。

目前，基于模型驱动的映射方法主要有两种：基于表的映射和基于对象的映射。基于表的映射（table based mapping）是一种简单的模型映射方法。具体映射步骤：把数据库名映射为XML文档中的根节点，把数据库中的数据表名映射为根节点的子节点，把数据表中的数据值映射为这些子节点的下一层子节点。用这种方法既可以快速地把关系数据库中的数据转换到XML文档中，也可以快速地将XML文档中的数据存入关系数据库中。

例如，可以把XML文档的结构定义为以下模型：

```
<?xml version="1.0" encoding="utf-8"?>
<database>
    <table>
        <row>
          <column1>......</column1>
          <column2>......</column2>
        </row>
    </table>
</database>
```

从关系数据库到XML文档进行数据转换时，只需要把数据表中需要转换的数据集插入到XML文档中相应的位置。而从XML文档到关系数据库进行数据转换时，只需要解析XML文档，生成插入语句，就可以把数据存入数据库中相应的数据表中。

基于对象的映射（object based mapping）是把XML文档的层次结构映射为树形结构，把XML文档中的元素映射为树中的节点。当关系数据库与XML文档之间进行异构数据转换时，可使用基于对象的映射技术。

2. 关系数据库到XML文档的转换

根据转换流程，将关系数据库中的数据转换到XML文档中时，需要分两步走，如图2-16所示。第一步比较复杂，首先需要从数据库中提取出关系模式，然后用关系模式构造有向图，根据有向图建立表结构关系图，最后根据有向图和表结构关系图的映射关系将关系模式转换成XML模式，进而生成XML模式文档。第二步是从关系数据库中查询出数据集，将数据集生成XML数据文档。

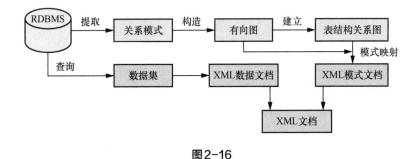

图2-16

3. XML文档到关系数据库的转换

将XML文档中的数据转换到关系数据库中时，也需要分两步走，如图2-17

所示。第一步首先解析XML模式文档，用形式化的方法来描述XML模式；然后用XML模式构造元素有向树和表关系结构图（这里的表关系结构图和前文的表关系结构图的定义是完全相同的）；最后根据元素有向树建立关系模式，结合根据表关系结构图确定的映射顺序生成建表语句，在目标数据库中建立数据表。第二步解析XML数据文档，生成数据插入语句，在新建立的数据表中插入数据。

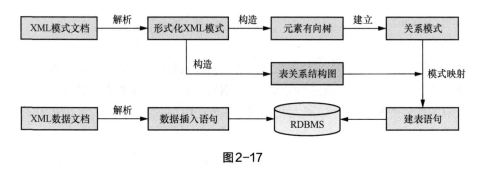

图2-17

2.3 海量异构数据预处理方法

2.3.1 数据预处理概述

多源异构数据类型和组织模式多样化、关联关系繁杂等内在的复杂性使得多源异构数据的感知、表达、理解和计算等多个环节面临着巨大的挑战。

数据预处理是一项繁杂的工程，它所涉及的抽取、清洗、集成、转换、规约和加载等步骤是紧密关联、互为交叉的，其模块设计如图2-18所示。

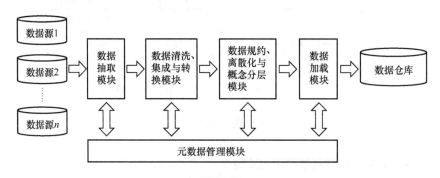

图2-18

2.3.2 数据清洗

数据清洗包括清除重复数据、填充缺失数据、消除噪声数据等。

1. 消除重复数据

为了提升数据处理的速度和准确度，有必要去除数据集中的重复记录。为了发现重复实例，通常的做法是将每一个实例都与其他实例进行对比，找出与之相同的实例。对于实例中的数值型数据，可以采用统计学的方法来检测，根据不同的均值和标准方差值，设置不同的置信区间来识别异常数值属性对应的记录，从而识别出数据集中的重复记录，并加以消除。相似度计算是重复数据清洗过程中的常用方法，该方法计算记录的各属性的相似度，同时考虑赋予每个属性不同的权重值，加权平均后得到记录的相似度。如果两条记录的相似度超过了某一阈值，则认为两条记录是匹配的，否则认为这两条记录指向不同实例。另一种相似度计算算法基于基本近邻排序算法，其核心思想是，为了减少记录的比较次数，在按关键字排序后的数据集上移动一个大小固定的窗口，通过检测窗口内的记录来判定它们是否相似，从而确定重复记录。

2. 填充缺失数据

在现实世界中，手动输入的失误操作、部分信息需要保密或者数据来源不可靠等各种各样的原因，使得数据集中的内容残缺不完整。当前有很多方法用于缺失值的处理，可以分为以下两类。

（1）忽略不完整数据。直接通过删除属性或实例忽略不完整的数据。在数据集规模不大、不完整数据较少的情况下，常常利用该方法来实现数据清洗，但数据集的可靠度也因此大大降低。

（2）基于填充技术的缺失值插补算法。目前常用的缺失值填充算法大体分为两大类，一类是统计学方法，另一类是分类、聚类方法。

① 采用统计学方法填充缺失值。分析数据集，获取数据集的统计信息，利用统计信息填充缺失值。其中最简单的方法是平均值填充方法，它把同一指标中所有其他数据的算术平均值作为缺失数据的值。

② 采用分类、聚类方法填充缺失值。分类是在已有类标号的基础上，通过输入训练样本数据集，构造出分类器（如分类函数或者分类模型）。常用的数据分类技术包括决策树、神经网络、贝叶斯网络、粗糙集理论、最近邻分类法等。分类器利用完整记录与缺失记录之间的相似度，通过最大相似度的计算，建立最大可能的完

整的数据模型。聚类是在不考虑类标号的前提下，寻求类间的相似性，目的也是在海量的数据聚集的基础上，构建较小的代表性的数据集，并基于该数据集进一步分析和研究。常见的缺失值填充聚类算法包括最大期望值法（expectation maximization，EM）、多重插补（multiple imputation，MI）算法和 k 最近邻（k-nearest neighbor，KNN）填充算法等。

3. 消除噪声数据

在数据收集、整理的过程中，会产生大量的、不在合理的数据域内的噪声数据，即"离群点"。常用的消除噪声数据的方法分为两种。一种是噪声平滑，常用的方法是分箱法。将预处理数据分布到不同的"箱"中，并参考周围实例"平滑"的噪声数据。分箱包括等宽分箱和等深分箱两大类。具体的分箱技术包括：按箱平均值平滑，即求取箱中的所有值的平均值，然后使用均值替代箱中所有数据；按中位数平滑，和按箱平均值平滑类似，采用中位数进行平滑；按设定的箱边界平滑，定义箱边界分别是箱的最大值和最小值，用最近的箱边界值替换每一个值。另一种是噪声过滤，即利用聚类方法对离群点进行分析、过滤，在训练集中明确并去除噪声实例。噪声过滤的常用算法包括迭代分割过滤（iterative-partitioning filter，IPF）算法、集合滤波（ensemble filter，EF）算法。

2.3.3 数据集成

数据集成是将多文件或多数据库运行环境中的异构数据进行合并处理，解决语义的模糊性。这个过程的主要难点包括如何选择数据，如何应对数据不兼容，如何根据不同的理论和规则将数据统一起来。例如冗余问题，常用的冗余相关分析方法有皮尔逊积矩相关系数、卡方检验、数值属性的协方差等。

2.3.4 数据变换

数据变换是指按照规则将数据进行转换，使其满足一定的条件以适用下一步的工作。数据变换的具体步骤：找到数据的特征表示，用维变换或转换来减少有效变量的数目或找到数据的不变式，操作包括规格化、切换和投影等。数据变换的主要形式如下。

（1）数据光滑，即运用分箱、聚类等进行数据光滑。

（2）数据聚集，即将数据进行集中汇总。

（3）数据概化，即用高一级的概念代替低一级的概念。
（4）数据规范，即把特征数据缩放，将原始数据映射到指定的区域。
（5）特征构造，即构造出新的特征并汇合到原特征集。
（6）规范化，包括最小—最大规范化、零—均值规范化、小数定标规范化。

2.3.5 数据归约

数据归约是指在对发现任务和数据本身内容理解的基础上，寻找依赖于发现目标的表达数据的有用特征，以缩减数据属性数量，从而在尽可能保持数据原貌的前提下最大限度地精简数据，促进数据的高效处理。其主要有两种途径：维归约和数量归约，分别针对数据库中的属性和记录。归约过程涉及的重要方法包括以下几种。

1. 针对高维数据的降维处理

针对高维数据的降维处理技术包括特征值选择和空间变换。维归约的核心是减少随机变量或者属性的个数。特征值选择的目的是获取能描述问题的关键特征的那部分属性，删除不相关的、冗余的属性。特征值选择方法包括各类启发式算法、贪心算法等，具体有向前选择法、向后删除法、决策树归纳法等。数量归约的重点在于减少数据量，从数据集中选择较小的数据表示形式。主流的数量归约方法包括对数线性模型、直方图、聚类、抽样等，常用算法包括LVF、MIFS、mRMR和Relief等。

2. 实例归约

实例归约在减少数据量的同时，并没有降低获取信息的品质。其通过移除或者生成新的实例的方法，大大减小了数据规模。实例归约涉及的技术如下。

（1）实例选择。实例选择算法能够生成一个最小的数据集，以移除噪声数据和冗余数据。常见的算法有浓缩最近邻（condensed nearest neighbor，CNN）、编辑最近邻（edited nearest neighbor，ENN）、迭代样本过滤（iterative case filtering，ICF）等。

（2）实例生成。建立各种原型用于实例生成，涉及的算法包括学习向量量化（learning vector quantization，LVQ）等。

3. 离散化

离散化的目的在于减少给定连续属性值的个数。离散化之前，首先要预估离散型数据的规模，接着对连续型数据进行排序，然后指定若干个分裂点把数据分为多个区间。将落在同一个区间内的所有连续型数据通过统一的映射方法对应到相同的离散型数据上。根据分裂点认定方式的不同，离散化分为自顶向下和自底向上两种；按照是否使用分类信息，离散化又分为监督和非监督两大类。目前大多数离散化方法分为两大方向，一是从属性出发，基于属性的重要性进行离散处理；二是利用分辨矩阵进行映射。

4. 不平衡学习

在构建数据模型时，很容易在不同类型的数据集上产生巨大的优先级差异，这也叫作分类不平衡问题。很多标准的分类学习算法经常会倾向于大多数实例而忽视少数特别实例。采用不平衡学习技术可以避免出现类型分布不平衡的情况，主要方法有两种：欠采样方法，在抽样创建原始数据集的子集时，尽量去除大多数实例；过度采样方法，在抽样时复制很多相同的实例或者创建新的实例。

2.3.6 基于机器学习的数据清洗方法

基于机器学习的数据清洗方法可以将数据看作分类问题。在数据比对阶段，计算组内每对数据在某些属性上的相似度，并表示成数据对形式的特征向量。在接下来的冗余判断阶段，利用训练集训练出分类模型，其中训练集中的正例和负例分别表示冗余和不冗余的数据对常见的基于机器学习的数据清洗方法有 KNN、支持向量机、决策树等算法。

1. KNN算法

KNN 算法被认为是一种非参数检验，它不对数据的正态性做任何假设。KNN算法的输入由整个训练数据集组成。为了评估新数据实例的相似性，KNN算法首先计算新数据实例与训练数据集中所有数据集的距离。然后，它返回与新实例距离最小的实例。实际上，距离函数是 KNN 算法中用于搜索数据集的 k 最近邻的最相似性度量之一。KNN 算法可能涉及大量的距离函数，如欧几里得距离函数、余弦函数、汉明距离函数、曼哈顿距离函数等。可以根据研究数据的特点选择合适的距离函数。例如，如果研究的变量有不同的类型（如年龄、身高等），那么曼哈顿距离函数是最适用的；如果研究的数据可以分类或具有二进制类型，则汉明距离函数更适用；对于实值数据，而且类型相似（如所有测量的温度或湿度），使用最多的则是欧几里得距离函数。而本书主要针对的是传感器数据，主要解决的是消除相邻节点收集的数据冗余问题。

计算训练集中一个集合与所有集合之间的距离是应用 KNN 算法时的一个基本过程。在数学中，欧几里得距离是普通距离，例如两个点、集合或对象之间的直线距离。让我们考虑两个数据集，R_i 和 R_j，那么它们之间的欧几里得距离（E_d）可以计算如下：

$$E_d(R_i, R_j) = \sqrt{\sum(r_i - r_j)^2}$$

其中，$r_i \in R_i$ 和 $r_j \in R_j$。

然而，在传感器级别使用的平均值的权重使得欧几里得距离的计算不是一项简单的任务。为了应对这一挑战，我们必须将每组代表性读数 $V_{R_i^p}$ 转换为一个向量，然后，基于它们的读数向量 $V_{R_i^p}$ 和 $V_{R_j^p}$ 计算任意两个代表性读数 $v_{R_i^p}$ 和 $v_{R_j^p}$ 之间的欧几里得距离。

k 值的选择在 KNN 算法中非常关键，它可由用户定义。一般来说，k 值越大，分类越准确。启发式技术是用于选择由专家确定的适当 k 值的方法之一。选择 k 值的另一种方法是试验不同的值（例如 1～20 的值），看看哪个最合适（即得到最准确的结果）。事实上，最佳 k 值通常在 [3,10] 内变化。

算法 2-1 描述了 KNN 算法搜索前 k 个相似数据集以查找作为算法输入的新数据集的过程。该过程首先计算新数据集与训练集 R^p 中的每个数据集之间的欧几里得距离（第 3 行）。因此，如果列表尚未满（第 4 行）或它与新数据集的距离小于现有距离的最大值（第 8 行），则将数据集添加到新集合的前 k 个相似集合的最终列表中。

算法 2-1：采用欧几里得距离的 KNN 算法

要求：数据集列表 $\boldsymbol{R}^p = \{R_1^p, R_2^p, \cdots, R_n^p\}$、新数据集 R_j^p、k

1： $Top_{R_j^p} \leftarrow \varnothing$
2： for 每个数据集 $R_i^p \in \boldsymbol{R}^p$ do
3：　计算 distance = $E_d(R_i, R_j)$
4：　if $Top_{R_j^p}.length < k$ then
5：　　$Topk_{R_j^p} \leftarrow Top_{R_j^p} \cup \{(R_j^p, R_i^p, ?distance?)\}$
6：　else
7：　　找到与 R_j^p 的最大距离对应的 $R_l^p \in Topk_{R_i^p}$
8：　　if $E_d(R_j^p, R_l^p) > E_d(R_i^p, R_j^p)$ then
9：　　　用 R_i^p 代替 R_l^p
10：　　end if
11：　end if

12: end for
13: renturn $Topk_{R_j^s}$

2. 支持向量机

支持向量机（support vector machine，SVM）理论是Corinna Cortes和Vladimir Vapnik等人在1995年提出的一种非常有潜力的分类算法，它的理论基础是统计学理论。SVM在小样本数据、非线性数据以及高维数据方面有明显的优势，并能够推广应用到函数拟合等其他机器学习问题中。

对于一个数据集，如果样本是可分的，则空间中存在超平面将两类样本分开。分类超平面可能有多个，但在实际应用中希望找到最优的分类超平面。最优分类超平面为"分类间隔"最大的超平面，因此通过计算每个样本点到分类超平面的距离来衡量哪个分类超平面是最优分类超平面。若直线有参数w和b，则在SVM中样本点到分类超平面的距离d可以表示为

$$d = \frac{wx^{(i)} + b}{\|w\|}$$

数据集中样本的形式为$A = \{(x_1, y_1), (x_2, y_2), (x_3, y_3), \cdots, (x_n, y_n)\}$，值即每个样本点的属性值。在样本数据集中，距离分类超平面最近的样本点应被选为支持向量，支持向量与直线间的距离即过渡带。因为SVM在做分类时，过渡带越大对分类结果越有利，最终参数w和b的选择可以表示为

$$w^*, b^* = \arg\max \left(\min_{i=1,2,\cdots,n} \frac{wx^{(i)} + b}{\|w\|} y^{(i)} \right)$$

因此，通过数据集的训练，构造出分类模型，通过"分类间隔"最大化可以找出最优的分类超平面，其公式为

$$y(x) = \boldsymbol{w}^\mathrm{T} \phi(x) + b$$

相应的分类决策函数为

$$f(x) = \text{sign}\left(\boldsymbol{w}^\mathrm{T} \phi(x) + b \right)$$

除用于求解分类问题之外，SVM还可以用于回归预测以及作为核函数与其他机器学习算法结合使用，因此SVM算法在机器学习领域应用广泛。

3. 决策树

在数据清洗中，决策树是一种重要的有监督机器学习算法，该算法不仅可以用于分类，还可以用于模型回归。而在运筹学中，决策树是决策及其结果的层次模

型，决策者使用决策树来确定最可能达到其目标的策略。当决策树用于分类任务时，通常被称为分类树；当它被用于回归任务时，通常被称为回归树。决策树模型呈树形结构，表示基于特征对实例进行分类或回归的过程，它可以认为是定义在特征空间中的条件概率分布。决策树的主要优点是易于理解和解释、对存在缺失值的样本不敏感、学习速度快等。通常，树的复杂性由以下指标之一来衡量：节点总数、叶子总数、树深度和使用的属性数量。决策树学习通常包括3个步骤：特征选择、决策树的生成和决策树的修剪。而随机森林则是由多个决策树所构成的一种分类器，更准确地说，随机森林是由多个弱分类器组合形成的强分类器。常用决策树算法有ID3、C4.5和CART。

ID3算法是最常用的构建决策树学习的方法之一。ID3算法使用自上而下的贪婪搜索方案来搜索所有可能的树空间，该算法从整个训练集开始，选择最好的特征作为根节点，然后将集合分割成具有相同特征值的子集，当一个子集中的所有实例具有相同的分类时，那么算法将停止该分支，算法将返回具有该分类的叶子节点。如果子集确实包含多个分类，并且没有更多的特征需要测试，那么算法将返回分类最频繁的叶子节点，否则，算法将用数据子集递归地调用自身。但是ID3算法存在一些固有的问题，比如没考虑缺失值问题以及无法解决过拟合问题。

C4.5算法是针对ID3算法的改进版本，针对ID3算法不能处理过拟合问题，C4.5算法通过使用剪枝技术对ID3生成的树进行剪枝。基本上，C4.5首先为从根到树的叶子节点的每个路径生成if-then规则，然后检查每个规则的条件，查看移除条件是否会提高分类准确率，最后根据分类精度对剪枝后的规则进行排序和应用。

为了简化决策树的规模，提高生成决策树的效率，出现了根据基尼系数来选择测试属性的决策树算法即分类回归树（classification and regression tree，CART）算法。不同于其他经典决策树算法，CART算法不仅可以作为分类树，还可以作为回归树，该算法的求解过程比一般决策树算法的复杂一些。当知道每个实例的类别时，就使用分类树。使用CART算法构建分类树与使用ID3算法相似。在CART算法中，使用基尼指数G而不是熵作为信息度量。G的定义如下：

$$G(S) = 1 - \sum_{C}^{i=1}(p_i)^2$$

式中，C表示所有的类别；p_i是在整个集合S中第i类的分数。

在CART算法中，当实例具有连续的目标属性值而不是类别时，则使用回归树。CART算法回归树特征的选择基于误差平方和，一般认为，最好的CART算法回归树特征是误差平方和最小的特征。

2.4 基于深度学习的多模态数据融合技术

2.4.1 多模态数据概述

多模态数据是指对于同一个描述对象，通过不同领域或视角获取到的数据，并且把描述这些数据的每一个领域或视角称为一种模态。例如，在新闻传播中，每则新闻可以利用多种语言进行描述，得到同一则新闻的不同模态表示；在社交网络平台中，一条社交信息可以表示成文本、图片和链接等多种模态。与传统数据分析不同，当利用大数据解决实际问题时，需要同时考虑相关的所有模态信息。相比于单个模态，基于多模态建立模型的优点是，多个模态之间可以提供互为补充的信息，从而提高模型的稳健性，并且各个模态特征之间的联系并不是孤立存在的，而是彼此相互关联的。

多模态数据融合技术可以通过模态间信息的互补来学习更加准确的复杂数据特征，以支撑后续的大数据决策、预测。多模态融合分为早期融合（基于特征）、晚期融合（基于决策）和混合融合。早期融合在提取特征后立即集成特征（通常只需连接各模态特征的表示），晚期融合在每种模式输出结果（例如输出分类或回归结果）后才执行集成，混合融合结合早期融合方法和单模态预测器的输出执行集成。

目前注意力机制被广泛用于融合操作。注意力机制指的是由小型"注意力"模型在每个时间步长动态生成的一组标量、权重向量的加权和。通常使用多个输出生成多组动态权重以进行求和。这组注意力的多个输出可以动态产生求和时要用到的权重，因此最终在拼接时可以保存额外的权重信息。在将注意力机制应用于图像处理时，对不同区域的图像特征向量进行不同的加权，最终可得到一个整体的图像向量。

2.4.2 多模态数据融合技术

基于深度学习的多模态数据融合框架如图2-19所示。我们根据文本、图像和音频的不同特征信息特点，分别选用不同的深度学习网络对特征进行编码，然后将其作为多模态融合模块的输入。多模态融合模块主要分为模态间信息交互模块和模态内信息增强模块。

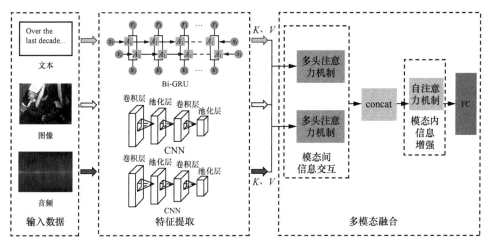

图2-19

1. 特征提取

（1）图像特征提取。

卷积神经网络（convolutional neural networks，CNN）由于其特有的网络结构而被广泛地应用于计算机视觉领域，其中的核心——卷积结构成为它能够在图像处理上发挥巨大效用的关键。CNN是一种结合了卷积计算和多层数的前馈神经网络。CNN的隐含层包含卷积层和池化层，输出层通常会加入分类器。传统神经网络依靠全连接的方式相连接，在处理图像问题时往往会因为图像较大而造成参数量巨大以及计算复杂，并且忽略局部特性及图像的二维属性。为解决此类问题，将卷积计算的特性引入CNN。卷积层和池化层可以根据不同的任务取不同的层数。

卷积层（convolutional layer）的主要用途是通过卷积操作来提取输入数据的特征。卷积层中具有多个卷积核，其与传统的图像处理中人工设计的卷积算子具有相似的作用，其本质是一个权值阵列。输入图像后，卷积核在卷积层中与图像数据进行卷积操作，具体步骤：卷积核在图像上按预先设定好的步长进行移动，其覆盖区域的值与卷积核相对应位置的值分别相乘后进行累加，最后与卷积核的偏置项参数相加形成新的特征图。卷积的结果一般需要经过激活函数转换后再输出。

池化层（pooling layer）进一步压缩卷积层获取的特征图，缩小其尺寸，减少其参数，缩短计算时间以及增强特征的稳健性。同时池化操作可以缓解参数量大造成的网络模型过拟合的问题。池化函数用于获取某一区域相邻输出的总体统计特征，计算过程与卷积类似，但是滑动时窗口不会重叠；可以在不影响特征图像质量的情况下，减少计算量、过滤冗余信息以及压缩特征。池化层需要预先设定池化滤波器中的尺寸、池化步长等参数。一般地，为了保证参数的完整性，会预先在特征图外层填充一定的像素。常见的池化运算有最大池化和平均池化。

输入图像V，使用CNN捕捉图片中的n个对象，然后通过全连接层（full connected layer）将维数调整为与特征矩阵相同的数值，最后输出由图像特征组成的视觉矩阵$\boldsymbol{O}$（$\boldsymbol{O} \in R^{n \times d}$），每行向量相当于一个图像潜在特征。

（2）语音特征提取。

语音特征提取是以帧为单位进行的，采用梅尔频率倒谱系数（Mel frequency cepstral coefficient，MFCC），基于人类听觉感知范围进行特征提取。之后再采用CNN进行抽象特征提取。

人耳对声音信号的感知程度，与频率呈非线性关系。随着声音信号频率的降低，人耳愈发敏感。为使人耳对信号敏感程度与信号频率呈线性关系，MFCC对信号频谱做映射处理，映射后的刻度称为梅尔刻度。映射函数的表达式如下：

$$M(f) = 2595 \times \lg \left(1 + \frac{f}{700}\right)$$

式中，$M(f)$为梅尔频率；f为声音信号的频率。

（3）文本特征提取。

双向门控循环单元（bidirectional gate recurrent unit，Bi-GRU）用于构建文本特征提取网络。使用预训练的GloVe词向量作为Bi-GRU的输入对文本的词特征进行编码。

门控循环单元（gate recurrent unit，GRU）网络是循环神经网络（recurrent neural network，RNN）的一种变体，它简化了结构，只需3组参数，运算时间和收敛速度与RNN相比都有较大的提升。GRU结构如图2-20所示。

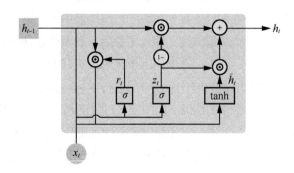

图2-20

根据GRU的结构，得到以下前向传播的重要公式：

$$\overline{h}_t = \tanh(W_b \cdot [r_t \cdot h_{t-1}, x_t])$$

$$h_t = (1-z_t) \cdot h_{t-1} + z_i \cdot \overline{h}_t$$

$$r_t = \sigma(W_r \cdot [h_{t-1}, x_t])$$

$$z_t = \sigma(W_z \cdot [h_{t-1}, x_t])$$

$$y_t = \sigma(W_a \cdot h_i)$$

其中，x_t 为当前的输入，h_{t-1} 为上一个节点传递下来的隐藏状态单元，它包含之前所有节点的有关信息；h_t 为当前的隐藏状态单元；$\overline{h}_t$ 为候选时刻的隐藏状态单元；y_t 为当前节点状态下的输出；σ 和 tanh 为激活函数，σ 函数可以将数据变为 0 或 1 值，充当门控信号，tanh 函数可以将数据结果限制在区间 [-1, 1]，得到候选时刻的隐藏状态单元 $\overline{h}_t$。

虽然单向的 GRU 能提取文本的长距离特征，但是只从一个方向提取的特征不够充分。因此要利用 Bi-GRU 从前向和后向提取文本的长距离特征，充分考虑上下文文本信息特征。Bi-GRU 由两个反方向的单向 GRU 组成，单向 GRU 和传统的单向 RNN 一样只能关联历史数据，不能充分学习上下文。单向 RNN 及其变体只能根据前面的时序信息预测下一个时刻的输出。Bi-GRU 的输出由两个反方向的 GRU 状态共同决定，在每一个时刻 t，输入会同时提供给两个反方向的 GRU。

2. 多模态融合

多模态融合基于多头注意力机制实现，用于不同模态之间的信息交互，从而交叉模态之间的关系。将不同模态间的对象特征转换成 Query、Key、Value，然后利用多头注意力机制来执行不同的线性映射以获得多维注意力权重。将使用多头注意力机制后获得的输出作为模态内信息增强模块的输入。

模态内信息增强模块主要基于自注意力机制实现，与模态间信息交互模块不同的是，Query、Key、Value 均取自自身模态。完成模态自身信息增强后，融合形成后续分类器的输入，实现多模态融合特征的利用。

注意力机制用来更好地表示特征，通过使用缩放点积操作计算模态间的权重，得出模态的注意力分数，如下所示。

$$H_i = \text{SDA}(X) = \text{softmax}\left(\frac{Q \cdot K^\mathrm{T}}{\sqrt{d_k}}\right) gV$$

$$Q, K, V = f_x(X)$$

$$\begin{cases} Q = X \cdot W_q \\ K = X \cdot W_k \\ V = X \cdot W_v \end{cases}$$

其中，X为输入层的嵌入矩阵；Q、K、V分别表示Query、Key、Value由X乘以权重矩阵$W_q \in R^{d_w \times d_q}$、$W_k \in R^{d_w \times d_k}$、$W_v \in R^{d_w \times d_v}$；$d_q$、$d_k$、$d_v$表示权重矩阵的维度，均为$d_w/h$；$h$为注意力头的个数。

将所有注意力头学习到的注意力表示拼接后进行矩阵转换：

$$X_{att} = \text{MHSA}(X) = \tanh(\{H_1 : \cdots : H_h\} \cdot W)$$

其中，$X_{att} \in R^{n \times d_w}$表示经过注意力层后的向量矩阵；$H_1$, $\cdots$, H_h表示h个注意力头学习到的注意力表示；：表示所有向量拼接；$W \in R^{hd_o \times d_w}$表示多头注意力的权重矩阵；$\tanh(\cdot)$为非线性函数，作为激活函数加入，以增强网络学习能力。

2.5 基于Elasticsearch的数据检索机制

企业数据空间是以整个企业的数据为主体，以分布在企业中各个部门的数据信息管理系统和网络中的数据为其管理对象的数据空间。我们建立针对企业数据空间数据检索的整体体系架构，开展企业数据空间数据检索的索引机制、数据查询方式研究，使得检索结果更加贴近企业数据空间的检索需求，提高企业数据空间中企业信息查询和检索的性能。

2.5.1 企业数据空间现存的问题

科技的发展促使个人数据和企业数据激增，数据管理已成为一个非常严峻的问题。对个人来说，电子邮件信息、文本、PPT等相关信息管理相对简单。对企业而言，不同部门的数据分布在不同的计算机及数据库上，但是需要统一收集和管理的是结构化数据；企业组织由许多个人组成，因此内部有许多个人数据文件，与个人信息管理相比，企业信息管理多了一些人与人之间的关联信息管理，企业新形成的是一个更为复杂的数据空间环境，传统的结构化类型数据库对企业数据管理并不适用。数据翻天覆地的变化促使人们去寻求一种全新的数据管理技术，这就是数据空间技术。相比现有的数据空间，企业数据空间更加复杂，其数据多源、异构的特性给企业数据空间的数据检索服务方面带来的问题主要体现在以下3个方面。

（1）企业数据空间服务于整个企业，其中存在大量不同部门或者组织的数据源，且分布在不同的地方，现有数据空间的索引机制，无法同时对大量不同数据源进行索引，也很难得到所需要的信息或服务。

（2）存储在企业数据空间中的结构化数据较多的是稳定的、规范的，同时也存在半结构化数据和非结构化数据，而现有的数据空间更侧重于结构化数据的查询、存储，导致现有数据空间的查询机制无法满足企业数据空间对不同数据类型的查询过程的稳定性和查询结果的精准性、灵活性的要求。

（3）企业数据空间的数据和企业领域相关，关联关系复杂，进行相关性查询时个人数据空间无法将企业内部跨地区、跨数据库的数据的关联关系表示出来，也不能将结构化、半结构化、非结构化数据之间的关联关系表示出来，不能对关联关系进行推理。

2.5.2 数据检索机制的体系架构设计思路

企业数据空间的数据首先经过数据源处理模块以 Elasticsearch 的 Logstash 数据源同步机制同步到企业数据空间的索引库中，然后通过数据索引模块为注册到企业数据空间中的数据源建立索引，后续索引的增、删、改、查都在此模块中完成。然后通过查询方式模块对数据查询过程进行分析，并通过数据搜索的基本查询和复合查询来满足企业数据空间搜索的基本需求。在经过 Elasticsearch 搜索一遍得到的结果基础之上，进行搜索后处理，对搜索结果进行排序，进一步将结果集进行缩小得到最优结果集。最后，在用户操作模块提供对用户的基本操作服务，包括输入检索内容，接收、展示检索结果。

2.5.3 分布式索引架构

企业数据空间的分布式索引架构主要分为4个模块，分别为数据源处理模块、数据分片处理模块、文本分析模块、倒排索引模块，如图2-21所示。通过数据分片、文本分析再到评分分析的流程，完成企业数据空间分布式索引架构的设计。

1. 数据源处理模块

在该模块中，主要对企业数据空间中的数据源进行处理，将企业数据空间中各种类型的数据源同步到企业数据空间的索引库中。使用的工具为 Logstash，以 logstash-input-JDBC 方式，实现 MySQL、Oracle 数据源直接同步到 Elasticsearch 中，可以配置使用增量同步的方式，实现数据库中数据增加并自动同步到 Elasticsearch 中。使用 Logstash 的 input-pipeline 执行设定好的 SQL 语句，可实现批量导入数据。

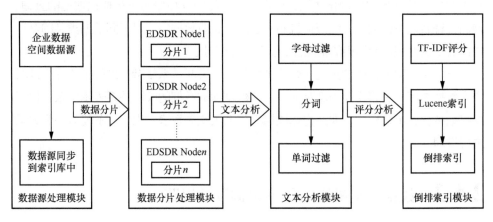

图2-21

2. 数据分片处理模块

数据分片处理模块对企业数据空间中的索引库进行数据分片，将一个索引分割成若干更小的索引，从而能够在同一集群的不同节点上散布它们。查询结果是索引中每个分片返回结果的汇总。一般情况下，默认为每个索引创建 5 个分片，即使在单节点环境下也如此。这种冗余称为过度分配（over allocation）。节点最大数量的计算公式如下：

$$节点最大数量 = 分片数量 \times (副本数量 + 1)$$

3. 文本分析模块

在企业数据空间的数据索引分片完成后，需要对索引文档进行文本分析。数据分片的处理相当于将数据分发给每个节点，而文本分析则相当于将索引文档转化为字符流，这样将便于对索引文档进行增、删、改、查操作。文本分析模块通常的流程：先对索引文档的字母进行过滤，然后对过滤后的文档进行分词处理，最后经过单词过滤，完成对索引文档的文本分析过程。

4. 倒排索引模块

进行了文本分析之后，需要对索引文档进行评分，由于我们的研究依托于 Elasticsearch 分布式索引技术及其相关原理，其底层仍是基于 Lucene 框架进行索引的，因此对索引文档评分完成之后，需要转化为倒排索引进行存储，最终存储在倒排索引库中。

2.5.4 数据查询框架

在 Elasticsearch 查询处理的基础之上，我们提出了企业数据空间数据查询的框架。这里的查询，主要指在用户输入检索内容之后，企业数据空间中数据查询所做的操作。

1. Elasticsearch 查询流程

Elasticsearch 的查询流程：先分散查询多个节点，得到结果，合并查询结果，再获取有关文档并返回结果。使用查询 API 可以完成查询的大部分操作，主要包括如下：

（1）使用各种类型的查询进行查询操作；
（2）组合简单查询构建复杂查询；
（3）文档过滤，丢弃不满足查询条件的结果文档；
（4）查找与特定文档相似的文档；
（5）使用预搜索（prospective search）并查找与指定文档匹配的 query 集合。

2. 企业数据空间的数据查询框架

用户先输入检索内容，然后通过 Elasticsearch 搜索一遍，得到检索结果；接下来对检索结果进行处理，最后对得到的检索结果进行解析处理，并展示给用户。企业数据空间的数据查询框架如图 2-22 所示。

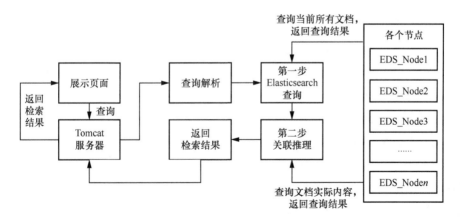

图 2-22

3. 数据查询结果排序规则

把查询结果发送到 Elasticsearch 后，需要分析返回的数据。现在，这个数据的组织顺序是由得分决定的。在大多数情况下，这正是企业数据空间数据检索服务所需要的。搜索操作首先应该给出相关性最强的文档。然而，如果想让查询更像一个数据库操作，或想要设置一个更复杂的算法对数据进行排序，需要 Elasticsearch 具有更好的排序规则。

因此，需要考虑文档何时被匹配上。输入查询结果后，让整个文档经 Lucene 返回，则意味着该文档与用户提交的查询是匹配的。在这种情况下，每个返回的文档都有一个得分。显而易见，同一个文档针对不同查询的得分是不同的，而且比较某文档在不同查询中的得分是非常有意义的。需要注意的一点是，同一文档在不同查询中的得分不能作为唯一参考，不同查询返回文档中的最高得分同样也不能作为唯一参考。因为文档得分依赖于多个因素，除了权重和查询本身的结构，还包括匹配的词项数目、词项所在字段，以及用于查询规范化的匹配类型等因素。在一些比较极端的情况下，同一个文档在相似查询中的得分非常悬殊，仅仅是因为使用了自定义的评分查询或者命中查询数发生了很大的变化。

计算文档得分，需要考虑以下因子。

（1）文档权重（document boost）：给不同文档赋予不同的权重值。

（2）字段权重（field boost）：给不同文档的字段赋予不同的权重值。

（3）协调因子（coord）：赋予词项命中个数的参数，一个文档命中查询中的词项越多，得分越高。

（4）逆文档频率（inverse document frequency）：通过评分公式计算，用来显示词项的罕见程度。逆文档频率越低，词项越罕见。评分公式利用该因子为包含罕见词项的文档加权。

（5）长度范数（length norm）：每个字段的基于词项个数的归一化因子（在索引期计算出来并存储在索引中）。一个字段包含的词项数越多，该因子的权重越低，这意味着 Apache Lucene 评分公式更"喜欢"包含词项少的字段。

（6）词频（term frequency）：基于词项的因子，用来表示一个词项在某个文档中出现的次数。相应地，词频越高，文档得分就越高。

（7）查询范数（query norm）：一个基于查询的归化因子，它等于查询中词项的权重平方和。查询范数使不同查询的得分能相互比较，尽管这种比较通常是困难且不可行的。其中，Lucene 理论评分公式如下：

$$\text{score}(q,d) = \text{coord}(q,d) \cdot \text{queryBoost}(q) \cdot \frac{V(q) \cdot V(d)}{|V(q)|} \cdot \text{lengthNorm}(d) \cdot \text{docBoost}(d)$$

实际使用公式如下：

$$\text{score}(q,d) = \text{coord} * \text{queryNorm}(q) * \sum_{t \text{ in } q} \text{tf}(t \text{ in } d) * \text{idf}(t)^2 * \text{boost}(t) * \text{norm}(t,d)$$

公式是一个关于查询q和文档d的函数，t in d指t在文档d中出现的次数，tf指词频，idf指逆文档频率。另外两个因子（coord和queryNorm）并不直接依赖查询词项，而是与查询词项的和相乘。当越多罕见的词项被匹配上，文档得分越高；当文档字段越短，文档得分越高；当权重越高，文档得分越高。

第3章 智能数据服务方法

3.1 面向集装箱码头智能闸口监测的跨模态数据检索方法

随着互联网技术的高速发展与大数据时代的来临，企业数据呈指数级增长且数据种类多样，存储系统需要存储各种结构化、半结构化及非结构化的不同模态的数据，如文本、图片、视频等。我们设计一种跨模态检索模型，通过跨模态检索可快速获取所需的各种模态的数据，能对集装箱码头智能闸口监测任务进行检验。

3.1.1 码头闸口监测跨模态检索任务概述

闸口作为码头与外界连接的关口，需要对进出的集装箱卡车（以下简称"集卡"）进行监测，记录集卡及其所运载集装箱的各类信息，并与码头系统中的信息进行比对以确保其顺利通行。闸口根据集卡预约信息和堆场作业情况，指示集卡前往目的堆场。集卡进出闸口的通行能力在很大程度上影响着码头的整体作业效率。智能闸口的运作方式为集卡经过闸口时，红外感应检测到车辆后唤醒监测系统，摄像机进行拍摄并将集卡图像传回系统，由不同的人工智能算法分别完成集卡车牌识别、箱号识别、箱型识别等任务，再比对司机刷卡信息与预约信息，确认有效后打印进场小票，车辆通过。进闸流程如图3-1所示。监测系统会同时对闸口处的其他过往车辆、行人进行全天候监视并录像，视频数据会存入数据库并保留一定时间。

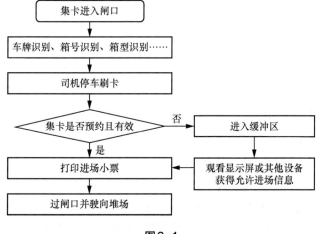

图3-1

我们将跨模态检索技术引入集装箱码头智能闸口监测系统，专注于集卡图像和相关文本描述的跨模态检索，即集卡图文检索。集卡图文跨模态互检将起到智能监测闸口的作用。集卡在到港之前须在码头业务系统中填写预约信息，该预约信息中包含集卡、集装箱及司机等的各类信息，可将集卡及集装箱信息抽取出来以固定格式的文本语句形式存放于数据库中；当集卡到达码头闸口时，通过在不同方位放置的摄像头获取集卡的多视角图像，此时可通过跨模态检索算法检索集卡图像，并检索文本数据库中的相关预约信息，若无法检索到对应信息则说明当前集卡未有效预约，若检索到对应信息则将检索结果与司机刷卡后系统出现的信息进行比对，两者一致即说明集卡已进行有效预约可顺利通行。

区别于当前智能闸口利用多种智能算法获取集卡与集装箱精确信息（如车牌号、箱号）的监测方式，集卡图文跨模态互检采用检索比对的方式实现闸口智能监测。该方式的优势在于两个方面，一方面不需要多种算法，仅在检索算法运行一次后，便可以通过多视角图像检索出闸口进出集卡的相关文本描述信息，辅助监测系统与已有闸口集卡预约信息（文本形式）进行比对确认，不需要人工校核，这加快了集卡的转运效率；另一方面可以通过文本描述在完整监控视频（图像帧）中快速检索目标图像，实现对目标集卡的有效监视、查询。集卡图像与其文本描述的跨模态互相检索如图3-2所示。

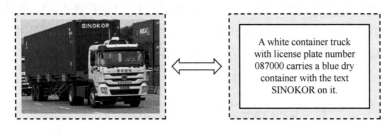

图3-2

跨模态图文检索以图像作为查询输入，目的在于通过设计良好的检索模型来检索与其最匹配的文本，同时，也可以采用文本作为查询输入来检索对应的图像。虽然图像由多个像素点组成，而文本由字母组成，但两者表达的含义是一样的。然而，不同模态的底层结构和性质存在内在差异，导致模态间具有"语义鸿沟"，使得跨模态的信息比较与关联具有挑战性。目前实现图像和文本检索任务的主流方法通常包括两个主要步骤。首先，通过特征提取从图像和文本中提取相关的语义信息，由于不同模态间的底层结构存在差异，必须根据数据类型和特定任务来选择特征提取的网络结构，卷积神经网络如VGG和ResNet，通常被用于提取图像特征，文本特征提取器包括长短期记忆网络和门控循环单元等；其次，通过跨模态关系建模将图像-文本特征映射到潜在的公共特征空间，获取具有相似特征结构的嵌入表示，建立这些特征之间的相似性度量。

3.1.2 多重注意力集卡图文跨模态检索算法设计

针对闸口监测所需集卡信息种类较多且尺度不一（如整体箱型/局部箱号），导致图文特征对齐困难的问题，我们提出多头注意力网络跨模态检索（multi-attention networks for cross-modal retrieval，MNCR）算法，充分利用注意力机制实现多模态信息的交互融合。MNCR是衡量集卡图像和对应文本描述之间相似度的检索模型，其总体框架如图3-3所示，包含两个关键组成部分：模态内特征提取和跨模态特征交互。对于模态内特征提取，旨在通过先进的神经网络模型获取优秀的图文特征表示；对于跨模态特征交互，通过多头自注意力和多头交叉注意力将丰富的文本特征与图像特征对齐融合，利用余弦距离来测量给定图像-文本对的相似性，通过多元损失函数在训练中不断优化模型，准确实现集卡图文数据的相似性度量。

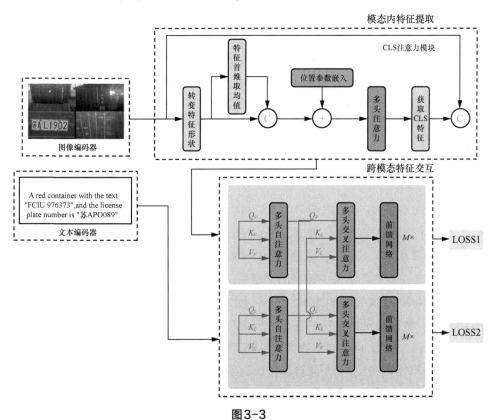

图3-3

（1）图像特征提取。

深度学习模型依靠骨干网络从输入数据中提取特征来完成各种任务，而特征提取的质量极大地影响了模型的性能。计算机视觉领域的主流特征提取网络为卷积神经网络，如AlexNet、GoogLeNet；在自然语言处理领域，常用循环神经网络和长短期记忆网络处理文本数据，近年来完全使用注意力机制的Transformer网络因其出色的性能和效率而成为主流选择。甚至在计算机视觉领域，Transformer也得到成功的应用，如Dosovitskiy等人提出的Vision Transformer和Liu Ze等人提出的Swin Transformer，后者在ICCV 2021上获得了最佳论文奖。基于Swin Transformer结构，Liu Zhuang等人提出ConvNeXt纯卷积神经网络，该网络在图像分类、目标检测等任务中，在相同的计算成本下被证明优于Swin Transformer。ConvNeXt的最大特点是参考Transformer模型结构进行创建，因此由ConvNeXt提取的图像特征与应用Transformer架构提取出的文本特征具有一定的关联性。相比于其他图像特征提取网络，ConvNeXt更有利于图文特征融合交互。

ConvNeXt由卷积块和下采样块堆叠而成，卷积块的特点是输入数据的前向特征提取通道采用逆瓶颈结构的"解码-编码"过程，通道数先增加再减少；使用深度卷积替换传统卷积，以减少模型参数量；以更大感受野的7×7卷积核替换标准的3×3卷积核，使用GELU激活函数和层归一化（layer normalization，LN）减少激活函数和归一化层的数量。卷积块的具体结构如图3-4所示。

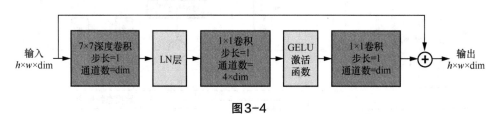

图3-4

ConvNeXt网络主要由卷积块和下采样块堆叠而成，主要有T、S、B、L这4个版本，计算量依次提升。考虑到模型的计算复杂度以及现有设备性能，选用ConvNeXt-T版本，其相关参数设置为$C=(96, 192, 384, 768)$，$B=(3, 3, 9, 3)$；其中C代表4个主要卷积阶段中输出的通道数，B代表每个阶段重复堆叠卷积块的次数。ConvNeXt整体结构如图3-5所示，输入数据为$H×W$（长×宽）的三通道RGB图片。数据首先通过4×4卷积、步长为4的卷积层进行下采样，长、宽被分别缩小到$H/4$、$W/4$，同时通道数增加到96，接着进行层归一化。随后，数据经过3个ConvNeXt卷积块及1个下采样块，长、宽被分别缩小到$H/8$、$W/8$，通道数增加到192。之后，数据经过3个ConvNeXt卷积块，特征维度不变。此后，数据经过1

个下采样块及9个ConvNeXt卷积块，长、宽被分别缩小到$H/16$、$W/16$，通道数增加到384。最后，数据经过1个下采样块及3个ConvNeXt卷积块，得到$H/32 \times W/32$、通道数为768的输出特征。

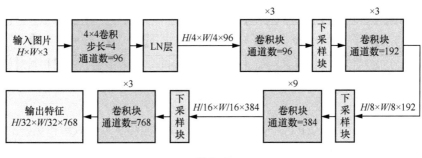

图3-5

（2）文本特征提取。

对于集卡文本描述语句，首先通过预处理操作去除标点符号、空格等，然后构建词汇表使得各词元与数字索引一一对应，最后将各词元对应索引送入所选择的语言模型中进行特征提取，获取文本的原始高级语义表达。

BERT是一种基于Transformer架构的预训练语言模型，通过对文本数据进行双向编码学习更为丰富的上下文信息，具有更强的语言表示能力。BERT模型结构如图3-6所示。通过对大规模无标注文本进行预训练，从而学习到通用的文本表示，并且对于大多数的自然语言处理任务只需要最少的架构改变，具有较强的迁移能力，进一步提高了多项自然语言处理任务的技术水平。

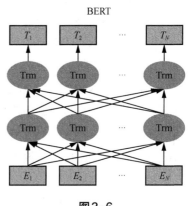

图3-6

BERT模型的输入向量是词元嵌入（token embeddings）、片段嵌入（segment embeddings）和位置嵌入（position embeddings）的和，词元嵌入是将输入文本中的每个单词（或子词）映射为一个向量，包含单词在预训练模型中的编码信息。片段嵌入是用于区分文本对的特定向量，对于句子对分类任务，BERT需要区分两个句子的信息，对于每个单词，BERT模型需要知道它属于哪个句子。位置嵌入是一种可学习的向量表示，包含每个单词在文本语句中各自的位置信息。BERT模型的输入如图3-7所示。

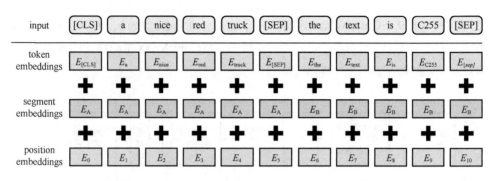

图3-7

RoBERTa模型是BERT的一种改进版本,具有更高的训练效率和更好的性能表现。其结构同BERT一致,主要改进包括以下几个方面:采用更大规模的训练数据集,包括更多的未标注语料;去掉了BERT中的next sentence prediction预训练任务,只保留masked language model任务;采用更长的训练序列长度;动态调整学习率以及使用更多的训练步数。

对于文本模态数据,采用在包括CC-NEWS等大型数据集的160 GB纯文本上预训练的RoBERTa模型进行文本特征提取;最终特征维度为[句子长度,单词维度],即[30,768],表示为F^L。

(3)图像文本特征交互。

集卡图文互检的难点在于如何对齐所提取到的两种不同模态的特征,以便更好地进行图像和文本数据的相似性度量。因此两种模态的特征不仅要包含关键性的语义信息,当图像和文本数据相匹配时,提取到的特征向量所含的语义信息也应一致且能被准确辨别。传统方法仅考虑如何提取出不同模态数据更优质的特征表示,而后通过计算特征间距离进行数据的相似性度量,忽略了模态数据间底层结构差异所造成的数据特征向量的结构差异,缺乏特征间的信息交互导致检索性能较低。

本算法引入可学习的多模态融合模块,使不同模态特征所含有的语义信息相互流通、对齐,促进模态间的特征交互。在集卡图像和文本数据中不同信息的重要程度不同,通过注意力机制使关键信息得到更好的表达和利用。如图3-8所示,选取图像中的相关信息来丰富文本特征表达,从文本描述中过滤出关联信息并与图像的原始特征进行融合。通过多模态融合模块实现图像-文本数据的特征交互,语义信息的流通对齐有助于满足集卡图文互检的细粒度检索需求。

针对不同模态选用合适的特征提取网络,在得到良好的图像特征F^V和文本特征F^L后,引入可学习的多模态融合模块,文本特征和图像特征被独立地输入到不同的Transformer块中,并使用交叉注意力等技术来实现跨模态交互。本研究提出的多模态融合模块由6个独特的Transformer编码层堆叠而成,每一层由一个多头自注意力块、一个多头交叉注意力块和一个前馈网络块组成。隐藏单元大小设置为768,多头注意力头数设置为12,在图像分支和文本分支之间没有解码器和参数共享。

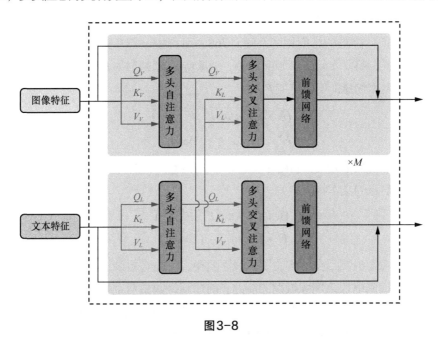

图3-8

在自注意力块（Self-Attn）中,查询、键和值都来自同一组输入,将其映射为三组向量:Q (query)、K (key) 和 V (value)。具体执行注意力操作的缩放点积注意力实现过程为

$$\mathrm{Attn}(Q, K, V) = \mathrm{softmax}(\frac{QK^{\mathrm{T}}}{\sqrt{d}})V$$

为获取更丰富的语义信息,引入多头注意力,其将输入向量分成多个头,然后在每个头中学习到一个独立的注意力权重,最终将所有头的结果连接起来。使模型在不同的位置关注不同的特征,并融合不同的信息,从而提高模型的表现力和泛化能力。对于图像分支,将图像特征 F^V 映射为 Q、K 和 V,采用多头自注意力计算获得新的图像特征 $F^{V'}$ 为

$$\mathrm{Head}_i^v = \mathrm{Attn}(F^V, F^V, F^V)$$

$$F^{V'} = [\mathrm{Head}_1^v | \cdots | \mathrm{Head}_h^v]$$

类似地,对于文本分支,文本特征 F^L 被映射为 Q、K 和 V。最后得到全局融合相关的文本特征 $F^{L'}$ 为

$$\text{Head}_i^l = \text{Attn}(\boldsymbol{F}^L, \boldsymbol{F}^L, \boldsymbol{F}^L)$$

$$\boldsymbol{F}^{l'} = [\text{Head}_1^{l'} | \cdots | \text{Head}_h^{l'}]$$

考虑到文本与图像内容的对应关系，通过交叉注意力块（Cross-Attn）实现文本各词元及词元组合与细粒度图像区域的信息交互与融合。经过自注意力块后，图像及文本特征最高维的维度相同，同为768，可直接进行多头交叉注意力的计算。对于图像分支，将文本特征 $\boldsymbol{F}^{l'}$ 映射为 $\boldsymbol{Q}$，图像特征 $\boldsymbol{F}^{v'}$ 映射为 $\boldsymbol{K}$ 和 $\boldsymbol{V}$，执行注意力操作得到关联文本信息的图像特征 $\widehat{\boldsymbol{F}}^v$ 为

$$\text{Head}_i^v = Attn(\boldsymbol{F}^{l'}, \boldsymbol{F}^{V'}, \boldsymbol{F}^{V'})$$

$$\widehat{\boldsymbol{F}}^v = [\text{Head}_1^{v'} | \cdots | \text{Head}_h^{v'}]$$

同理，对于文本分支，将图像特征 $\boldsymbol{F}^{v'}$ 映射为 $\boldsymbol{Q}$，文本特征 $\boldsymbol{F}^{l'}$ 映射为 $\boldsymbol{K}$ 和 $\boldsymbol{V}$，得到融合图像信息的文本特征 $\widehat{\boldsymbol{F}}^l$ 为

$$\text{Head}_i^{l'} = \text{Attn}(\boldsymbol{F}^v, \boldsymbol{F}^{l'}, \boldsymbol{F}^{l'})$$

$$\widehat{\boldsymbol{F}}^l = [\text{Head}_1^{l'} | \cdots | \text{Head}_h^{l'}]$$

考虑注意力机制自身结构主要是线性变换，可能对复杂过程的拟合程度不够，通过增加前馈网络块来增强模型的能力。前馈网络块由两个相连的全连接层组成，经过第一层全连接层后图像和文本特征的最高维的维度变为1024，之后经过第二层全连接层后各特征最高维的维度重新调整为768。通过前馈网络块，先将数据映射到高维空间再映射到低维空间的过程，可以学习到更加抽象的特征，使得模型的表达能力更强，更加能够表示同种特征内部及不同特征之间的作用关系。

（4）损失函数。

对提取出的不同模态特征进行交互融合后，得到的特征值仍是多维向量，难以直接计算相似度，故选取单个图像特征、文本特征的首维（即一维实数向量）作为它们的最终表示。使用距离函数度量不同样本之间的相似性，并根据相似度对检索结果排序，完成图文检索任务。

在跨模态检索任务中，一般采用欧氏距离或余弦相似度进行计算，欧氏距离度量的是两个向量之间的欧几里得距离，而余弦相似度计算的是两个向量之间的夹角余弦值。这里使用余弦相似度作为度量函数，因为其对数据的缩放和偏移具有不敏感性，更适合处理文本和图像的高维特征，计算公式如下所示，式中 δ 为缩放系数，t 代表向量矩阵的转置，$\otimes$ 为矩阵乘法。

$$\text{Sim}^v = \delta \times \widehat{\boldsymbol{F}}^v \otimes \widehat{\boldsymbol{F}}^l.t$$

$$\text{Sim}^l = \text{Sim}^v.t$$

接下来设计多元损失函数监督检索模型的训练优化。损失函数由两部分组成：

①辨别性损失,对单个集卡图像-文本对进行辨别,样本对匹配时损失值较小,不匹配时损失值较大,这样可增强模型的细节辨别能力;②不变性损失,相匹配的不同模态数据应具有一致的高阶语义特征,通过缩小图像-文本整体特征间的偏差,模糊特征边界以突出语义不变性。

辨别性损失使用对比学习的理念,将真实匹配的那一辆集卡的图像-文本对作为正样本,其余图像-文本对均作为负样本,故文本特征损失与图像特征损失互为对称,总体损失则为模型的损失函数,如下所示,其中CEL为交叉熵函数。

$$L_v = \text{CEL}(\text{Sim}^v, \text{labels})$$
$$L_l = \text{CEL}(\text{Sim}^l, \text{labels})$$
$$L_1 = (L_v + L_l) / 2$$

辨别性损失函数包括:文本特征损失,即使用单张图像对所有文本数据计算损失并求和;图像特征损失,即使用单个文本对所有图像数据计算损失并求和。

不变性损失:如果不同模态数据的整体特征结构存在较大差异,便难以准确度量特征间的相似度,可通过缩小集卡图像-文本对的整体特征间的偏差,保证数据特征在语义上的不变性。不变性损失使用F范数进行计算,公式为

$$L_2 = \frac{1}{n} \left\| \hat{\boldsymbol{F}}^v - \hat{\boldsymbol{F}}^l \right\|_F \tag{3-1}$$

综上所述,模型整体的损失函数定义为

$$\text{Loss} = \alpha L_1 + \beta L_2 \tag{3-2}$$

其中,α、β代表超参数,体现不同损失的贡献度。

3.1.3　基于联合嵌入的集卡图文跨模态检索算法设计

在实际闸口工作环境下,影响检索模型效率的关键在于模型参数量和运行时间,为优化模型实际部署,进一步简化跨模态集卡图文检索模型并减轻训练负担,满足移动跨模态检索任务需要轻量级、低延迟和满足设备资源约束的精确模型的要求,我们提出一种轻量化模型,称为基于联合嵌入的跨模态检索(joint embedding for cross-modal retrieval,JECR)算法。使用轻量化模型MobileViTv3作为图像特征提取器,将图像特征与文本特征拼接作为联合嵌入送入特征融合模块,通过多项预训练任务综合训练模型的特征对齐融合能力,如图3-9所示。其中联合嵌入是集卡图像和文本描述两种模态特征拼接后的嵌入表示,嵌入表示是数值型的实数特征向量。

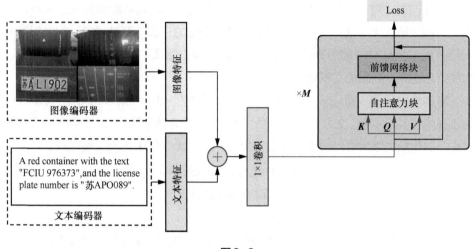

图3-9

（1）图像特征提取。

目前主流的图像特征提取方式是利用卷积神经网络获取特征嵌入，但是性能较好的卷积神经网络通常具有模型较为复杂、训练耗时较长以及对运行设备要求较高的特点。Vision Transformer对图像进行切片并直接展平为可训练的多维特征向量，但该方法并不能很好地提取图像特征。在跨模态图文检索中，由于图像信息自身冗余的特性，在进行特征融合前必须较好地提取出相应的图像特征，这又需要较为"重量"的特征提取器，综合考虑模型性能与模型复杂度，我们选用MobileViTv3这一可用于移动设备的轻量级通用视觉转换器作为图像特征提取器。

卷积神经网络善于提取局部特征信息，具有空间归纳偏差和对数据增强不太敏感的特性；Vision Transformer善于提取全局特征信息，具有输入自适应加权和全局处理的特性。MobileViTv3也具备这种优势，而且在具有良好特征提取能力的同时自身也是一种轻量级模型。

MobileViTv3的具体结构参数如表3-1所示，其中Input指模型各阶段输入的维度，Operator指各阶段的具体运算操作，Out指模型各阶段输出的通道数，N指MVIT运算中的Transformer单元个数，S指各阶段运算的步长，MV2指MobileNetV2模块，MVIT指MobileViT模块。

表3-1　MobileViTv3的具体结构参数

Input	Operator	Out	N	S
$256^2 \times 3$	conv2d	16	—	2
$128^2 \times 16$	MV2	32	—	1
$128^2 \times 32$	MV2	64	—	2

续表

Input	Operator	Out	N	S
$64^2 \times 64$	MV2	64	—	1
$64^2 \times 64$	MV2	96	—	2
$32^2 \times 96$	MVIT	96	2	1
$32^2 \times 96$	MV2	128	—	2
$16^2 \times 128$	MVIT	128	4	1
$16^2 \times 128$	MV2	160	—	2
$8^2 \times 160$	MVIT	160	3	1
$8^2 \times 160$	conv2d	640	—	1

（2）文本特征提取。

对于集卡文本描述语句，前文已有详细描述，此处需要再强调的是，对于文本模态数据，本书采用在包括CC-NEWS等的160 GB纯文本上预训练的RoBERTa模型进行文本特征提取；最终特征维度为(句子长度,单词维度)，具体数值为(30,768)，表示为F^L。

（3）图像文本特征交互。

图像文本跨模态语义关联致力于弥合视觉模态和语言模态之间的语义鸿沟，目的是实现异质模态（底层像素组成的图像和高层语义向量表示的文本）间的准确语义对齐，即挖掘和建立图像和文本的跨模态语义一致性关联对应关系。本方案在得到图像特征及文本特征后，通过模态融合实现集卡图像和对应文本描述之间的语义信息的流通对齐，更准确地进行集卡图文数据的相似性度量，如图3-10所示。

如前文所述，基于特征提取网络已得到初始的图像特征F^V和初始文本特征F^L，引入可学习的多模态融合模块，文本特征和图像特征拼接后作为联合嵌入被输入相同的Transformer块中，使用多头自注意力机制便可实现跨模态交互。多模态融合模块由6个独特的Transformer编码层堆叠而成，每一层由一个自注意力块和一个前馈网络块组成。为了避免多头注意力没有很好地捕获特征以致丢失初始信息，引入残差连接将前馈网络输出与初始输入进行求和得到最终输

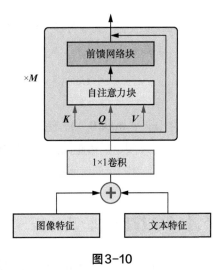

图3-10

出。隐藏单元大小设置为768，多头注意力的头数设置为12。

为区分两种模态，使模型进行更有针对性的训练，分别对图像嵌入及文本嵌入增加模态类型嵌入m_V和m_L；之后将两种嵌入拼接，得到联合嵌入F。

$$F = \left[F^V + m_V ; F^L + m_L \right]$$

联合嵌入通过6个连续的Transformer编码层后，取整个嵌入的首维向量作为最终输出F^0，送入全连接层通过sigmoid激活函数得到整个图像-文本对的相似度得分S。

$$S = \text{sigmoid}(F^0, W)$$

式中，W为全连接层的权重矩阵。

（4）损失函数。

针对集卡图文互检任务，首先对JECR模型开展两项预训练任务，然后在完整的集卡数据集上进行实际的跨模态检索训练，模型的最终输出是单个图像-文本对的相似度得分$S(V, L)$。

在模型训练过程中，应使正样本对分数$S(V_P, L_P)$尽可能高，负样本对分数$S(V_N, L_P)$和$S(V_P, L_N)$尽可能低，其中N不等于P。在实际检索时，无论是将输入集卡图像还是文本描述作为查询项，都会与不同模态数据集中的样本进行相似度计算，根据得分大小对检索出的图像或者文本进行排序，将得分高的检索样本排在前面，得到最终检索结果。

在JECR模型中，采用带有最难负样本的双向三元组损失作为损失函数。对于一对采样的正图像-文本对(V_P, L_P)，在一组小批量数据而不是整个训练数据中选择其中最难的负图像-文本对(V_N, L_P)、(V_P, L_N)，并使负样本对之间的距离大于预定义边距Δ，计算公式如下：

$$\text{Loss}(R, V) = [\Delta + S(V_N, L_P) - S(V_P, L_P)]_+ +$$
$$[\Delta + S(V_P, L_N) - S(V_P, L_P)]_+$$

式中$[x]_+ = \max(0, x)$。使用最难负样本避免模型受到负样本过于容易辨别的影响，同时通过预定义边距的约束，优化模型的训练效果，使模型实现更为准确的集卡图像-文本对的相似度衡量。

3.1.4 算例实验及分析

在以前的工作中广泛用于评估跨模态图像文本检索性能的评价指标包括检索排

名中位数（median retrieval rank，MedR）和前K位的召回百分比（recall percentage at top K，R@K）。

MedR是指在多个查询样本上，模型预测的结果中各样本真实标签的排名中位数。MedR的值越小代表模型在检索任务中的性能越好，具体计算方式如下：对于同一训练批次的每个查询样本，将模型预测结果与真实标签进行比较，得到各样本真实值所在次序的排名列表。将列表按照排名从小到大排序，计算排序列表的中位数作为该批次查询样本的MedR。对所有训练批次的MedR求平均值，得到模型的平均MedR。

R@K是指在前K个检索结果中，可得到正确结果的样本数所占数据集的比例。该指标用于评估检索系统的召回率，即检索到的相关结果与所有相关结果的比例。通过在前K个结果中计算正确结果的比例，可以更快速地评估检索系统的效果，并且可以根据应用场景设置合适的K值来进行评估，从而更加准确地评估系统的性能。R@K值越大代表模型的检索效果越好，计算方式如下：

$$R@K = \frac{C_K}{N} \tag{3-3}$$

式中，C_K表示真实匹配项出现在检索结果前k位的样本数目，N表示数据集的大小。本研究取1、5、10三类K值，记为R@1、R@5、R@10，分别表示真实匹配项出现在第1位、前5位以及前10位。

以下为实验结果及分析。

为减少模型测试过程中的不确定性与偶然性，采样1050组集卡图像-文本对，重复10次以报告平均结果。为确保对算法效果评价的客观性，将我们提出的MNCR和JECR算法得到的实验结果与当前较优秀的基线模型进行对比，具体检索结果如表3-2所示。

表3-2　在Image-to-Text任务上，JECR算法同当前一些基线模型的实验结果对比

方法	Image-to-Text			
	MedR	R@1	R@5	R@10
CCA	14.7	13.2	29.5	41.2
ACMR	3.7	44.3	55.8	69.5
SCAN	3.2	48.4	67.6	76.7
UNITER	1.8	52.8	74.4	83.2
ViLT	2.1	51.2	72.6	82.6
MNCR	1.5	53.5	79.1	84.6
JECR	1.5	53.2	74.8	83.5

在大小为1050的测试集中，JECR在各类指标上的表现均优于现有方法。对于MedR指标，MNCR和JECR比ViLT提高约28%；在R@K指标方面，与模型UNITER相比，MNCR和JECR同样具有一定优势。

在Text-to-Image任务上的实验结果如表3-3所示。

表3-3 在Text-to-Image任务上，同现有方法的实验效果对比

方法	Text-to-Image			
	MedR	R@1	R@5	R@10
CCA	23.7	10.3	25.3	35.1
ACMR	3.4	45.9	56.4	69.7
SCAN	2.8	49.5	68.1	78.5
UNITER	1.8	54.1	74.5	83.6
ViLT	2.0	52.0	72.8	82.6
MNCR	1.4	55.1	79.3	85.0
JECR	1.5	54.3	75.3	84.2

与UNITER相比，对于MedR指标，MNCR达到1.4，带来约22%的改进；JECR达到1.5，带来约17%的改进。MNCR和JECR在R@K指标上同样表现良好，具有一定提升。

MNCR和JECR的主要优点在于进一步探索集卡图像的细粒度区域与对应文本单词之间的相关性，通过多模态融合模块进行不同模态数据间的特征交互，利用多重注意力将丰富的文本特征与图像特征进行多尺度对齐融合，使信息可以在不同模态间流动，缩小了图像和文本之间的语义差距。

为了更加直观地展示MNCR的检索性能，我们在自建的集卡数据集上进行图文互检测试，展示部分检索结果并对其进行分析。首先，输入文本描述在图像数据集中查询对应的集卡图像，MNCR在Text-to-Image任务上检索结果实例如图3-11所示。实验中选择3个不同的文本描述作为查询样本并显示通过MNCR检索到的前5张集卡图像，结果中与输入的文本描述相匹配的正确图像用实线框标注，否则用虚线框标注。由图3-11可知，每段输入文本都检索到与自身对应的图像，且都排在第一位，表明模型的检索效果良好。

其次，测试以集卡图像作为检索输入从而输出检索到的对应文本描述，MNCR在Image-to-Text任务上的检索结果如图3-12所示，第一行是检索样本，第二行是真实匹配文本，第三行是实际检索到的文本。实验选择3张不同的集卡图像作为查询样本，由检索结果可知模型具有较好的检索性能，在检索得到的文本描述中，多

数都含有与真实匹配文本相同的关键性细节词汇。具体来说，对于第一个样例，集卡颜色、集装箱号码前数位"TCLU7304"完全一致，车牌号码中也具有多个相同字母，MNCR很好地捕捉了这些全局及细节信息。对于第二个样例，检索到的文本是正确文本。对于第三个样例，集装箱颜色相符，集装箱号码及车牌号码中也含有部分正确字符。以上结果表明MNCR在Image-to-Text的任务上同样具有较好的检索效果。

图3-11

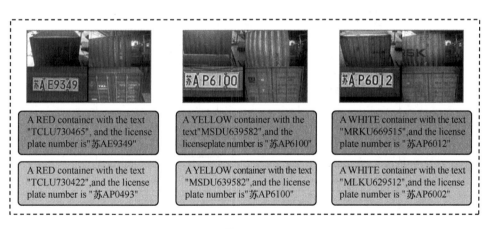

图3-12

3.1.5 闸口监测跨模态检索验证平台设计

集卡进出闸口的通行能力在很大程度上影响着码头的整体作业效率，在对闸口监测相关技术研究分析的基础上，我们设计并实现智慧化的闸口监测系统，缩短集卡的通关时间并提供图文互检服务，提升码头的转运效率和综合服务能力。开发集卡图文跨模态检索模块实现闸口的智能监测，将该模块以微服务的形式嵌入系统中，保证系统具有良好的可用性与可扩展性。由于检索数据的来源以及检索技术的宽泛应用涉及进港预约、堆场管控、设备管理等常规港口模块，故设计开发相应模块并进行展示。

1. 闸口监测系统硬件布局与选型

（1）闸口监测系统硬件布局。

闸口监测系统由摄像装置、网络传输装置、设备控制系统和跨模态检索系统组成，能够与码头操作系统（terminal operating system，TOS）进行信息交互。设备控制系统通过网络交换机对摄像头下达指令，不同方位放置的摄像头在获取集卡的多视角图像后，将其传给跨模态检索处理器，跨模态检索系统通过集卡图像进行文本模态数据的检索，若检索到对应信息则将检索结果与TOS中的预约信息进行比对，两者一致即说明集卡已进行有效预约可顺利通行。闸口监测系统主要硬件结构如图3-13所示。

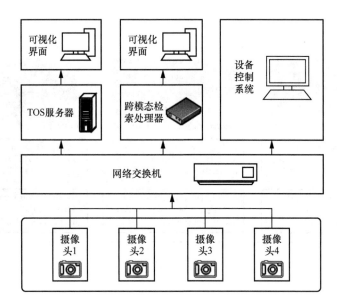

图3-13

在闸口监测系统中，摄像头的具体布局方位决定其能够监测到的区域和范围，进而影响所获取的集卡图像的质量。我们对摄像头进行合理布局选择，避免死角和盲区的存在，以提高监测系统的有效性和可靠性，具体布局方案如图3-14所示。

在闸口的进出口等待区的前后左右4个方位各放置1个摄像头，以确保能获取到多角度、高质量的包含集卡完整信息的图像数据。当集卡车头靠近闸口的线圈区域时,红外感应检测到车辆的存在后唤醒监测系统,摄像头进行拍摄并将获取的多视角集卡图像传回系统。跨模态检索模块以集卡图像作为输入,在文本库中检索出与集卡相匹配的文本描述信息,再与系统中司机刷卡后所得到的预约信息进行比对,两者比对一致后电子挡杆升起,集卡可以高效地通过闸口,实现智能化通行。

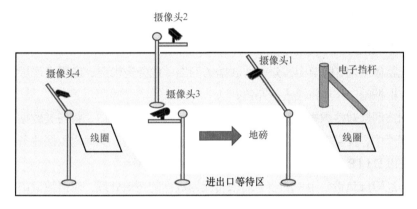

图3-14

(2)闸口监测硬件选型。

闸口监测系统中最重要的硬件选型是确定摄像头的型号及参数,因为其所获取的图像质量直接影响系统的监测性能。考虑到闸口进出口通道处的实际作业环境以及检索模型对集卡图像质量的要求,同时综合清晰度、视角、光线感应、可视距离等性能指标,我们选择型号为DS-2CD3T25FD-I5SGLE的高清摄像头。其适合在室外环境工作,低照度条件下可使用日光灯补光,此外还具有红外夜视模式,具体参数如表3-4所示。

表3-4 摄像头主要参数

名称	产品参数
传感器类型	CMOS
清晰度	4MP
焦距	8mm
水平场角	40.9°
垂直场角	22.5°
对角线视场角	47.4°
红外补光距离	50m
日光灯补光距离	30m
最大图像尺寸	1920px × 1080px

续表

名称	产品参数
主码流帧率	25f/s
工作温度/湿度	-30℃~60℃；湿度小于95%（无凝结）
电压、电流及功耗	DC 12V，1.0A，最大功耗13.5W

2. 闸口监测系统软件框架设计

（1）系统架构。

系统整体采用3层架构，分别为数据访问层、业务逻辑层、应用表现层，并在此基础上根据闸口作业特性进行完善。

数据访问层对接数据采集硬件设备，通过配置数据库接口，将各类数据存储至特定数据库中，提供简单的数据访问接口供上层模块使用，保障对上层业务的数据支持，并以HTTP传输数据，提高数据传输效率和可靠性。

业务逻辑层负责将用户的业务需求转化为数据的逻辑处理，对接数据访问层对外的数据接口，将数据封装为实体对象，搭建核心业务集群，并制定业务规则和完整性约束，业务流程设计依托实体对象间的逻辑关系。

应用表现层负责渲染业务数据，结合Web服务器为用户提供可视化操作界面。基于系统的功能需求，应用表现层的前端控制器调用业务逻辑层接口提取相关数据并进行处理，然后回调处理后的数据进行前端展示，以直观、准确的形式实现人机交互，使业务逻辑和底层设备紧密结合。

（2）功能模块。

本章主要展示集卡图文跨模态检索模块的开发过程，该模块可实时获取系统中的相关图像及文本数据，并根据检索人员上传的图文样本进行跨模态的检索，最终显示检索结果。通过该模块可实现高效的闸口智能监测，其主要功能需求如下。

① 查询样本输入功能。

用户可以通过系统的查询输入接口上传不同模态的待检索数据，支持图像和文本混合查询，系统读取完上传数据后对其进行预处理操作。

② 跨模态检索功能。

通过调用检索模型完成检索，对图像、文本两种模态数据分别提取其特征嵌入，通过特征交互实现图文数据间语义信息的流通对齐，最终获得上传样本与数据库中不同模态数据间的相似性得分。

③ 检索结果可视化功能。

通过相似性得分对检索结果进行排序，然后根据实际需求将检索到的排名前列的图像或文本以可视化的方式展示给用户，帮助用户快速、直观地理解检索结果。

集卡图文跨模态检索模块由3个主要模块组成，具体功能及结构如图3-15所示。

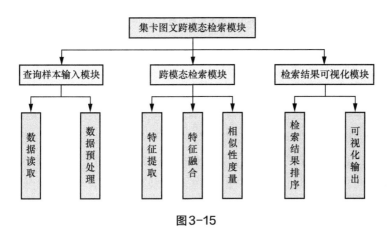

图3-15

查询样本输入模块用来读取待检索数据，并对其进行预处理。对于输入的集卡图像，通过中心裁剪、标准化等操作获取大小为224px×224px的优质图像；对于文本描述，首先删去句子中的标点符号、空格等，然后将句子长度按照文本自身结构特点调整为30字符。

跨模态检索模块通过调用JECR完成集卡图文互检，具体步骤包含特征提取、特征融合及相似性度量，这是验证检索模型实用性的部分。

检索结果可视化模块根据相似性得分对检索结果进行排序，根据需要对排名前列的数个结果进行可视化展示，作为最终结果呈现。

检索数据的来源涉及集卡进港预约信息，同时跨模态检索技术也可应用于码头堆场中的运转车辆监测、港口设备管理中的各设备状态监测，我们设计和开发了相应的模块。各模块之间在结构设计上较为独立，但在系统的整体功能性上相辅相成，共同推进港口的智慧化发展，各模块的关系和结构如图3-16所示。

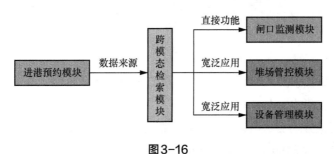

图3-16

3. 功能开发与展示

（1）数据库设计。

集卡图像由闸口摄像头采集，近一个月的存于本地服务器，超过一个月的图像检索需求降低，故移入阿里云 OSS 存储系统中，以保证数据安全并降低运维成本；文本数据从港口预约模块中读取，由于文本存储空间占用较少，因此直接存于本地服务器。

在实际的检索过程中，用户上传待检索样本后，跨模态检索模块将样本与对应的不同模态数据库中的数据进行相似度计算，返回符合查询要求的图像或者文本数据的存储地址集合，并将该集合交由前端页面解析后进行可视化展示。我们使用主流的 MySQL 数据库进行数据管理，这些数据包括集卡预约信息以及监测系统中图像、文本数据的存储地址信息等，便于模型调用及系统展示，以及对存储主要功能模块信息的数据表进行说明。

（2）跨模态检索模块展示。

跨模态检索模块支持两种模态数据之间的互检，即"上传文本检索对应图像"和"上传图像检索对应文本"，系统主界面如图3-17所示，用户可上传不同模态的本地文件进行检索。

图3-17

单击"文本检索图像"按钮后，系统界面出现"文本输入"栏，此时用户可输入文本检索相匹配的集卡图像。

输入想要检索的文本信息，系统会读取上传的文本数据，通过调用 JECR 在图像数据集中检索对应的集卡图像。检索完成后，系统将会跳转到结果页面，展示输入的文本与检索得到的集卡图像，如图3-18所示。

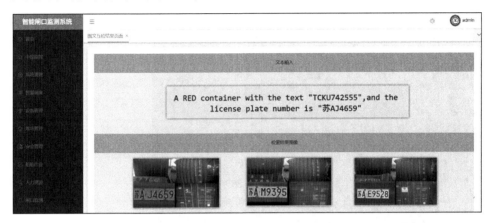

图3-18

单击"图像检索文本"按钮后，系统界面出现"图像输入"栏，此时用户可输入集卡图像来检索相匹配的文本描述。在图像输入栏单击"点击上传"按钮可以上传本地集卡图像。选定要上传的查询图像后，系统界面会出现该图像的预览图，便于用户更直观地对所选图像进行确认。

预览无误后，单击"确定"按钮，系统读取上传的图像数据，会首先进行预处理操作，然后通过调用JECR在文本数据库中检索对应的文本描述。检索完成后，系统将会跳转到结果页面，展示输入的集卡图像与检索到的最匹配的文本描述语句，如图3-19所示。

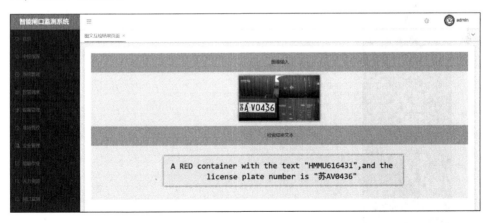

图3-19

（3）登录界面。

系统采用浏览器-服务器模式，用户在Web浏览器上通过自己的账号登录监测系统，获得匹配自身角色的系统访问权限，具体界面如图3-20所示。

图3-20

（4）设备管理模块。

设备管理模块负责监控和管理港口中的各种设备，存储设备的各项信息，如设备种类、目标工作地点、形状/规格、数目、能耗等；管理和维护设备间的上下级关系，便于作业调度。可通过在跨模态检索模块中上传文本形式的设备信息，从港口监控中实时检索其位置，同时也可通过上传各类设备图像得到其具体描述信息。具体界面如图3-21所示。

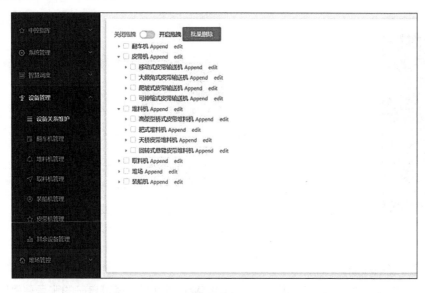

图3-21

（5）进港预约模块。

进港预约模块界面如图3-22所示，在集卡、船舶到港之前，需登录系统，在系统预报模块填写预约信息，进行预报。在预报模块中，可以查看到港集卡或船舶的详细信息并可进行修改。

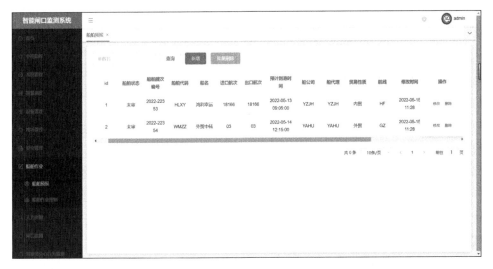

图3-22

3.2 数字标识与应用服务

3.2.1 数字标识概述

数字标识体系是工业互联网网络体系的重要组成部分，是支撑工业互联网互联互通的神经枢纽，是关键的网络基础设施之一。在传统互联网上，网民可以借助域名系统通过输入网址来访问网站。在工业互联网中，政府、企业和用户可以通过工业互联网标识获取机器、物料、零部件和产品等相关信息，并通过标识实现对异主、异地、异构信息的智能关联，为信息共享以及全生命周期管理提供重要手段和支撑。

工业互联网标识解析体系的核心包括标识编码、标识解析系统、标识数据服务等3个部分。

标识编码能够用于识别机器、产品等物理资源和算法、工序等虚拟资源的身份符号，每一个标识编码都是唯一的，类似于"身份号码"。

标识解析系统能够根据标识编码查询目标对象的位置或者相关信息，对机器或物品进行定位和信息查询，是实现全球供应链系统和企业生产系统的精准对接、产品全生命周期管理和智能化服务的前提和基础。

标识数据服务能够借助标识编码资源和标识解析系统开展工业数据管理和跨企业、跨行业、跨地区、跨国家的数据共享共用。

3.2.2 数字标识规范

数字标识作为工业互联网的重要手段，在从产品的原料加工、生产到物流配送、使用全流程中扮演着重要的角色。

当前部分龙头工业企业已针对数字标识开展样板应用，对于供应链上下游数据不互通问题，主要采取中间件及接口开发的解决方案，但这样做工作任务重、费用高、解决方案可扩展性较低，造成了一定的资源浪费，缺乏通用的标识数据开放机制。

由于建设缺乏全局性统一规划，企业建立的数字标识也遇到同样的情况。首先，数字标识流程不一致，内容信息不规范，标识软件相互不兼容，造成数字标识只能在一定的区域内发挥作用，无法覆盖整个产业链的不同需求。其次，实体对象在不同行业、垂直领域的用途不同，造成这个实体对象的表达方式不同。此外，企业在使用数字标识信息时，存在不同的语境、上下文，这也对数字标识信息的理解有影响。当前很多有实力的企业拥有一套自己的数字标识信息管理平台和解析平台，但对外开放程度不足。

数字标识规范应包含总体标准、编码标准和载体标准。

1. 总体标准

主要内容应包括数字标识应用场景和范围、数字标识体系组成、标识体系责任主体组成、数字标识体系建设原则。

（1）数字标识应用场景和范围。对数字标识体系应用的场景和范围进行界定，对不同应用场景下标识实体赋码、信息系统编码映射等使用方式提出指导原则。

（2）数字标识体系组成。规定数字标识体系的组成部分，包括标识编码、标识采集、标识识读、标识解析、标识注册、相关安全要求等。规定每个组成部分的基本定义，描述各组成部分的关联关系。

（3）标识体系责任主体组成。对数字标识体系建设中的管理、运营服务、开发运维、使用等角色进行定义,描述每个角色在数字标识体系建设、应用中的相关行为。

(4)数字标识体系建设原则。对数字标识体系建设的原则进行界定,保证标识体系的安全性、适用性、唯一性、兼容性和扩展性。

在总体标准方面,已有的包括国家标准 GB/T 37032—2018《物联网标识体系总则》、国际标准 ITU-T Y.4462《开放物联网身份标识协作服务要求及功能架构》、国际标准 ISO/IEC 15459《信息技术 自动识别与数据采集技术唯一标识》、国际标准 ITU-T X.1365《电信网络 物联网标识密码安全方法》、行业标准 YD/T 2437—2012《物联网总体框架与技术要求》等。

针对特定的应用场景,可以在对相关标准进一步梳理的基础上,对数字标识应用需求进行总结提炼,形成数字标识体系架构的指导规则。

2. 编码标准

主要内容应包括标识编码通用规则和标识对象分类标准。

(1)标识编码通用规则。是保障标识适用性和唯一性的基础,规定数字标识的数据结构和编码规则。数据结构应明确编码的组成、间隔符号、表示符号等内容,编码规则应规定每个组成部分的节点数量、节点长度、间隔符号、表示符号等内容。编码规则适用于各类机构组织对物体对象进行编码标识,能够实现为各部门、各行业、各系统平台的物体对象统一分配全球唯一的数字标识。在标识编码方面,已有的标准主要包括国际标准 ISO/IEC 15459《信息技术 自动识别与数据采集技术唯一标识》、GB/T 26231—2017《信息技术 开放系统互连 对象标识符(OID)的国家编号体系和操作规程》、GB/T 31866—2015《物联网标识体系物品编码 Ecode》、T/CECC 3—2018《二维码对象标识符通用要求》等。

(2)标识对象分类标准。应明确分类的基本原则,规定对标识对象分类的方式,制定标识对象的分类代码。按标识对象的所属行业、相关属性、使用场景等分类,再在同一维度下进行多级分类,适用于对各行业、各领域的标识对象进行分类编码,以及标识对象数据的整理、建库、发布和查询等。在对象分类方面,已有的标准主要包括 GB/T 7027—2002《信息分类和编码的基本原则与方法》、GB/T 4754—2017《国民经济行业分类》、GB/T 20529.2—2010《企业信息分类编码导则 第2部分:分类编码体系》等。

3. 载体标准

主要制定载体技术要求,主要内容应包括标识载体标准、标识载体存储规范、标识载体识读规范、标识载体外形规范。

（1）标识载体标准。规范标识载体的类型，包括一维条码、二维码、RFID、NFC等，同时包括一些具有计算存储能力和联网通信功能的设备模块，例如集成电路卡（UICC）、通信模组、微处理器单元等，这类载体除了可以存储标识编码，还可以存储证书、算法和密钥，并能够对相关数据进行加密传输、支持接入认证等，并可能伴随科技创新出现一些新的标识载体。

（2）标识载体存储规范。规范数字标识编码在不同类型的标识载体中的存储；规范存储格式，包括文本、ASCII、二进制代码等；规范存储时采用的纠错编码、存储位置等。

（3）标识载体识读规范。规范标识载体可采用的识读、加密等一系列技术；规范可用于数字标识体系中的识读设备类型，例如手机、RFID读写器等；对标识可识读的条件提出要求，包括环境光线、识读空间距离、可用频段等。

（4）标识载体外形规范。对载体标签的外观、印刷规格、安装位置等进行规范，以保证在相应场景下可以被准确识读。

在载体技术要求方面，已有的标准主要包括一维条码标准，GB/T 18347—2001《128 条码》；快速响应二维码标准，ISO/IEC 18004：2015《Information technology-Automatic identification and data capture techniques-QR Code bar code symbology specification》；超高频RFID标准，ISO 18000-6：2010《Information technology-Radio frequency identification for item management-Part 6: Parameters for air interface communications at 860 MHz to 960 MHz》；高频RFID标准，ISO/IEC 15693：2018《Cards and security devices for personal identification-Contactless vicinity objects》；国际标准 ISO/IEC 7816-1-1998《信息技术 识别卡 带触点的集成电路卡 第1部分：物理特性》等。

3.2.3 标识解析

在数字标识体系缺乏顶层设计和兼容共享的大环境下，有技术有能力的大企业只能基于自身业务理解，开发建设满足自身生产、销售实际需求的标识解析系统，解决自身面临的上下游供应链问题和销售问题，缺乏向社会主动开放数据和追溯服务的意愿和驱动力。

2019年工业和信息化部组织开展了标识解析发展情况摸底调查，累计收到700多份调查问卷，覆盖31个省、自治区、直辖市，调查显示超过一半（61.16%）的企业应用了标识，产品追溯是目前最典型的应用，绝大部分企业是自定义的编码方案，Ecode、Handle与OID几种编码方案的使用率都未超过9%，企业对标识的使用还比较基础，标识解析系统尚未大规模建设。标识解析技术在工业应用中广泛存在，但当前主要停留在信息获取的浅层应用，端与云的互操作带来的深刻创新应用还有待发展。规模化的、稳定的标识解析系统是工业互联网重要的网络基础设施，工业互联网标识解析框架如图3-23所示。

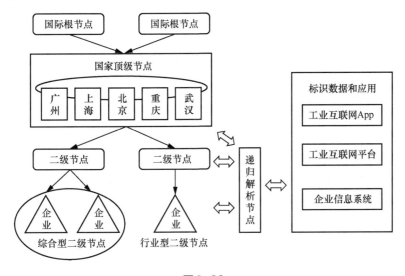

图3-23

标识的解析包含标识解析规范和安全标准。

（1）标识解析规范。

本规范应对标识解析的数据转换方式进行定义和规范，规定标识解析的架构、路由方式、开放接口以及终端用户查询方式，实现标识编码到标识服务地址的转换。本规范适用于数字标识的解析服务、应用系统与标识平台的解析接口调用。本规范制定时应参照得到广泛认可的国际标准及国内现有标准，结合未来数字标识的发展趋势，制定出适用于工业场景，并能逐步拓展到各行业各场景的数字标识体系发展的解析规则。

在标识解析方面，已有的标准主要包括GB/T 36605—2018《物联网标识体系 Ecode解析规范》、GB/T 35299—2017《信息技术 开放系统互连 对象标识符解析系统》、T/CECC 3—2018《二维码对象标识符通用要求》等，正在制定中的《交通运输二维码 第2部分：技术要求》《农业机械二维码对象标识符通用要求》《信息技术 二维码标识通用规则》等行业标准涉及相关内容。

（2）安全标准。

安全标准主要制定数字标识安全的规范和要求。数字标识体系以信息化系统为基础，以数字标识为主要研究对象，因此数字标识体系的安全应包含数据安全、标识本体安全及隐私安全。

数据安全。确保标识数据得到有效保护和安全使用，并符合国家规定和行业内规定的数据安全建设原则的要求。

标识本体安全。数字标识为工业互联网的每一件物体赋予"身份"，需要通过信息安全技术实现标识可信，保证标识使用安全。标识本体安全应根据标识载体采取相应等级的安全防护手段：针对二维码，应采用安全载体或其他技术实现二维码的不可伪造；针对RFID，应采用安全的通信协议，可参考GB/T 37033《信息安全技术 射频识别系统密码应用技术要求》；针对智能节点，应满足两个要素，一是具备联网能力，二是节点本身具备标识业务功能，包括存储、解析等。

隐私安全。针对显性区分国家和地区、管理主体、资源分类等管理信息的标识编码方案。对管理者而言，上述信息便于管理标识的生成、分配、备案；对攻击者而言，上述信息暴露了用户的身份、重要用户的分布，因此需要根据具体场景采用相应的信息安全技术手段。

3.2.4 标识服务

随着工业互联网的发展，产业上下游协作越来越紧密，对采用公共标识实现信息自动关联获取的需求越来越强烈，加快建设统一的工业互联网标识体系已经成为产业共识。工业互联网标识服务商业模式如图3-24所示。

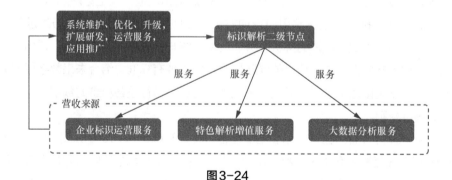

图3-24

标识服务包含标识注册管理规范和应用规范。

（1）标识注册管理规范。

本规范应规定工业互联网数字标识注册管理机制的整体框架，规范注册机构和申请机构的职责，规范标识的申请、审核、解析、认证等流程，规范标识注册接口、通信协议、注册信息等内容，规范标识的安全监测、屏蔽访问、废止下线、管理分析等方式。本规范适用于数字标识的统一注册和管理。本规范制定时同样应参照得到广泛认可的国际标准及国内现有标准，结合未来数字标识的发展趋势。

在标识注册管理方面，已有的标准主要包括ISO/IEC15459-2:2015《信息技术 自动识别与数据捕获技术唯一标识 第2部分：注册程序》、GB/T 35422—2017《物联网标识体系Ecode的注册与管理》、GB/T 26231—2010《信息技术 开放系统互连 OID的国家编号体系和注册规程》、T/CECC3—2018《二维码对象标识符通用要求》等；正在制定中的《交通运输二维码 第4部分：注册规范》《农业机械二维码对象标识符通用要求》《信息技术 二维码标识通用规则》等标准涉及相关内容。

（2）应用规范。

上述标准规定了数字标识的通用规范，但数字标识体系在行业应用中会面对复杂、多样的行业特点，应在遵循上述标准的基础上，对各行业、各领域的标识应用制定相应的规范。

此类应用规范众多，宜在数字标识体系建设过程中结合实际逐步健全。

3.3 基于图像语义的工业机器人环境感知技术

随着计算机与人工智能技术的快速发展，智能移动机器人的应用日益深入工业制造领域。在车间、仓库等室内场景中使用工业机器人可极大提高作业的稳定性和生产效率，加快制造智能化的进程。室内移动机器人实现高度自主化和智能化运行的前提在于其能够高效地感知、理解周围环境，实时掌握道路状况以及障碍物信息。我们考虑图像语义信息，以BiSeNet为基础分割网络，在其双边网络路径中融合了可变形卷积及特征金字塔结构，提出了有效的基于改进BiSeNet的室内多类障碍物分割模型，提高了对于不规则形状障碍物及细小类障碍物的检测能力，可为后续根据多类障碍物分割信息进行室内机器人安全避障策略的研究提供重要依据。

3.3.1 室内环境感知技术概述

相对于室外场景，室内的障碍物更加密集，对机器人的障碍物感知分割能力具有更高要求。在室内场景中，存在大量形状不规则的障碍物，如水渍类障碍物，该类障碍物形状、纹理等特点较难进行检测，却易妨碍机器人正常移动，使其出现打滑、颠簸等问题。此外还存在众多细小类障碍物，对机器人的运行也具有一定影响。若能及时识别出细小类障碍物，有利于机器人规划行驶路径。因此室内机器人的目标分割算法应当能够较好地定位和分割形状不规则的障碍物与细小类障碍物。

环境感知系统是移动机器人的重要组成部分之一，为避障和智能导航提供了重要的前提条件。因此，大多数学者把环境感知系统作为移动机器人研究的重点。目前的移动机器人主要依靠自身传感器来对周围信息做出判断。根据传感器的种类，可以将障碍物检测方法分为基于红外线、超声波、激光雷达和机器视觉4种。这4种基于不同传感器的障碍物检测方法有各自的优势和缺陷，4种不同传感器的优点和缺点如表3-5所示。

表3-5 4种不同传感器的优缺点

传感器类型	优点	缺点
红外线	结构简单，实现方便，反应灵敏，响应快	检测距离有限，抗干扰能力差，无法检测透明物体
超声波	安装简单，价格低，不易受光线、灰尘和电磁波的影响	易受温度、湿度和气压影响，易产生超声串扰现象
激光雷达	不受光线影响，响应快，精度高，探测距离远	应用环境受限
机器视觉	探测范围大，能够获取色彩、面积、纹理等信息	由于处理的数据太多，因此对处理器和算法的实时性要求较高

相对于机器视觉方法，基于红外线、超声波或激光雷达的障碍物检测方法具有以下3个共同缺点：一是对细小类障碍物检测率极低，而对移动机器人而言，这类障碍物通常对机器人的运作有着较大的影响；二是对环境的要求较高，因为三者都是通过发射信号-接收信号来检测障碍物的，若环境会影响信号的传输或接收则会直接影响障碍物的检测精度；三是三者都是基于障碍物的测距技术来识别障碍物的，缺少对障碍物的语义信息和其本身的分析，忽略了不同类的障碍物对机器人和环境的威胁程度。相比之下，由于室内光源条件稳定，采用机器视觉方法能够有效获取障碍物色彩、面积、纹理等多种信息，对障碍物进行更加有效的分割。

3.3.2 图像语义分割技术概述

图像语义分割指的是根据图像的一般性特征，例如亮度、色相、灰度、纹理或形状等，将图像切分成几个互不相交的区域。根据特征提取方式的不同，图像语义分割可以分为传统的图像分割和基于深度学习的图像语义分割。

传统的图像分割算法大都基于灰度值的不连续和相似的性质，其主要过程一般是，先手动提取图像的特征，然后基于这些特征建立分类或聚类模型实现图像的分割。传统图像分割方法存在较大弊端，一方面传统的图像分割技术缺乏对图像像素级别的语义识别，它只能根据应用场景做到将图像分割成不同的区域，若要识别出某区域内为何类目标，还需要进一步根据目标的一些特征分析该区域，从而实现语义的识别；另一方面传统图像分割方法需要手动进行特征的提取，提取的过程较为复杂，耗时耗力。因此，复杂场景下传统图像分割技术难以实现较好的效果。

随着神经网络的快速发展，相较于传统的机器学习方法，深度卷积神经网络对图像特征的提取能力更强，基于深度学习的图像分割方法已经成为国内外学者研究的热门方向。基于深度学习的图像语义分割方法会对图像中的每个像素划分出对应的类别，即实现像素级别的分类，其具体做法一般是通过对图像进行轮廓的标注即制作真值图，将大量的原图作为输入，经过卷积、池化、上采样等操作，自动提取图像特征并不断地优化网络参数，从而学习原图到真值图的映射。

当前基于机器视觉的语义分割方法主要分为两大类。一类采用经典的编码-解码结构，如U-Net通过跳跃连接将编码与对应解码网络的特征图进行拼接；SegNet通过添加池化索引保留经过池化后的剩余元素的初始位置，实现边界特征的精准定位。此类方法通过堆叠池化层来缩小特征图尺寸，以此获得较大的感受野，但也会失去图像的空间信息，降低障碍物的分割精度。另一类方法引入多尺度特征融合的思想，如PSPNet通过金字塔池化模块融合不同区域的上下文信息，SPNet通过条纹池化和混合池化模块获取上下文信息。采用这些方法可以获取图像的多尺度信息，提高障碍物的分割精度，但是不能很好地恢复图像边缘的细节，分割结果较粗糙。

3.3.3 图像语义分割模型设计

我们选择BiSeNet作为多类障碍物语义分割的基础网络模型。BiSeNet是一种双边分割网络，拥有空间路径和语义路径两个并行网络，兼顾多尺度特征和感受野的同时拥有较快的检测速度。其中空间路径采用小步长卷积来生成高分辨率的特征图，以保留空间信息；语义路径采取快速下采样的策略来获取较大的感受野。模型利用这两个并行网络分别提取低级的空间特征和高级的上下文特征，经过特征融合，借助辅助损失函数优化来提高网络的性能，最终得到精确的分割结果。

原BiSeNet的空间路径使用3组规则采样的标准卷积、池化与激活，而CNNs模块固有的结构——卷积单元与池化层都是按照固定的模式进行的，这导致

BiSeNet面对大型的、形状变换未知的建模存在一种固有的结构缺陷。例如，在同一层卷积中，不同位置对应的尺度不同或者物体是变形的，但原BiSeNet中所有激活单元的感受野相同，导致难以对未知的形状变换和尺寸进行精确定位。在面对多类型障碍物数据集中存在的可通行区域和水渍这类形状不规则的目标时，原有的BiSeNet并不能很好地进行定位分割。

为此，我们设计一种可变形空间路径网络，将原空间路径网络中的标准卷积核替换成可变形卷积核，使模型在面对物体的不同形变和尺度时能够做到自适应。

标准卷积可主要分为以下两部分。

（1）在输入的特征图X上使用规则网络R进行采样。

（2）利用权重W对采样点进行加权运算。

R定义了感受野的大小和扩张，即

$$R = \{(-1,-1),(-1,0),\cdots,(0,1),(1,1)\}$$

对于在输出特征图Y上的每个位置p_o，计算方法如下：

$$Y(p_o) = \sum_{p_n \in R} W(p_n) \cdot X(p_o + p_n) \quad (3\text{-}4)$$

式中，p_n是对R中所列位置的枚举。而在可变形卷积中，在常规的规则网络R中增加一个偏移量v_{p_n}进行扩张，可变形卷积的采样位置变成了不规则位置，此时对于输出特征图Y上的每个位置p_o，计算方法如下：

$$Y(p_o) = \sum_{p_n \in R} W(p_n) \cdot X(p_o + p_n + v_{p_n}) \quad (3\text{-}5)$$

在可变形卷积的网络结构中，将原来的卷积分为两路，且共享输入特征图，其中一路用一个额外卷积层来学习偏移量，得到尺寸为$H \times B \times 2N$的输出偏移量。其中，H、B及$2N$分别表示偏移量在3个维度上的数值大小，且$2N$还表示x轴和y轴两个方向的偏移。得到偏移量后，另一路可变形卷积的窗口不再是标准卷积中的滑动窗口，而是经过偏移后的窗口，即输入特征图和偏移量共同作为可变形卷积层的输入，采样后的计算过程和常规卷积相同。可变形卷积的加入使模型更加适应目标的几何形变，提高了模型对可通行区域及水渍等不规则形状目标的特征提取能力和分割精度。

考虑到室内场景中存在较多细小类障碍物，原BiSeNet无法准确识别此类目标。我们在其语义路径网络的早期嵌入多尺度特征金字塔模块，使网络获得不同尺寸物体的语义信息。特征金字塔模块会将原BiSeNet语义路径中4倍下采样和8倍下采样的特征图分别经过卷积得到两张低水平的预测图。为了使得预测图大小一致，需要将经8倍下采样得到的预测图进行2倍上采样。最后将得到的两张尺寸一样的低水平预测图与其他层次的预测图相加后卷积并上采样,得到最终的预测结果。改进后的 BiSeNet 整体结构如图 3-25 所示。

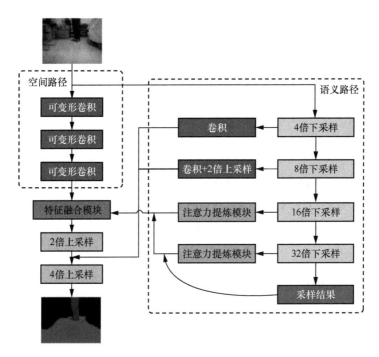

图 3-25

其中,深底色部分为改进部分。网络依然延续双路网络模式,其中一路为空间路径网络,使用的可变形卷积使模型更容易抓取到可通行区域和水渍这类不规则目标的边缘细节。另一路为语义路径网络,用来提高模型对小尺寸目标的分割精度。

3.3.4 算例验证及分析

1. 评价指标

我们使用交并比(I_{oU})、像素准确率(P_A)、F_1 得分作为障碍物检测模型的评价指标,各项指标定义如下。

I_{oU}(intersection over union,交并比)——某一类的预测区域和实际区域交集与预测区域和实际区域并集两者的比值,计算方法如下:

$$I_{oU} = \frac{T_P}{T_P + T_N + F_P} \quad (3\text{-}6)$$

P_A（pixel accuracy，像素准确率）——预测正确的像素量占总像素量的比例，计算方法如下：

$$P_A = \frac{\sum T_P + \sum T_N}{\sum T_P + \sum T_N + \sum F_P + \sum F_N} \quad (3\text{-}7)$$

F_1 得分——综合了精确度和召回率的结果，当 F_1 较高时说明实验方法比较有效，计算方法如下：

$$F_1 = \frac{2}{\dfrac{1}{P} + \dfrac{1}{R}} = \frac{2PR}{P+R} \quad (3\text{-}8)$$

在上述两个公式中，T_P 为被正确分类到前景的像素数量，T_N 为被错误分类到前景的像素数量；F_P 为被正确分类到背景的像素数量，F_N 为被错误分类到背景的像素数量；R 为召回率，指所有被正确预测为前景的像素数量与实际前景的像素总数量的比值；P 为精确度，表示所有被正确预测为前景的像素数量与所有被预测为前景的像素数量的比值。

2. 模型训练过程

模型需选择一个主损失函数来监督整个网络的学习。由于改进的 BiSeNet 中使用了特征金字塔结构，在语义路径中对 4 倍下采样和 8 倍下采样得到的特征图进行预测，因此使用两个辅助损失函数来监督这两个预测图的学习。选择交叉熵损失和 I_{oU} 损失之和作为主损失函数 L，即

$$L_{I_{oU}} = 1 - I_{oU}(X, Y) \quad (3\text{-}9)$$

$$L_{ENT} = -\sum_{i=0}^{n} \left[y_i \log(\hat{y}_i) + (1 - y_i) \log(1 - \hat{y}_i) \right] \quad (3\text{-}10)$$

$$L = L_{ENT} + L_{I_{oU}} \quad (3\text{-}11)$$

其中，L_{ENT} 为交叉熵损失；y_i 为某个像素的真值（二分类任务中真值为 0 或 1）；$\hat{y}_i$ 为某个像素的预测值；n 为每次计算损失选择的样本量。

网络采用带动量的随机梯度下降算法作为优化器，动量设置为 0.95，批次数量为 8，200 个批次为一轮，每一轮计算一次模型在验证集上的指标值。设置初始学习率为 0.001，若模型训练 8 轮时对验证集的指标仍未提高，则学习率降低一个数量级，直到经过连续 20 轮后模型精度仍未提高则完成训练，最大迭代轮数为 100。

3. 实验结果分析

（1）模型总体分割效果。

将模型在验证集上进行分割指标评估，表 3-6 所示为障碍物分割模型的评价指

标对比。由表3-6可知,背景和8类障碍物的像素准确率(P_A)都很高;F_1得分在一定程度上可以代表模型的像素预测精度,在这8类障碍物中,纸箱和垃圾篓这两类的F_1值较高,因为这两类障碍物的形状和颜色等特征明显,更易识别;I_{oU}代表模型的定位分割性能,F_1得分与I_{oU}指标相差最大的为易碎物品,原因在于易碎品障碍物种类较多,且易碎品一般有外包装,容易被误识为碎纸,因此模型对易碎品这类的I_{oU}值会明显高于F_1得分。

表3-6 障碍物分割模型的评价指标对比

背景和障碍物类型	I_{oU}/%	P_A/%	F_1得分/%
背景	91.63	93.49	95.40
易碎品	74.67	97.35	54.57
垃圾篓	85.07	99.21	80.54
塑料瓶	48.85	98.32	59.18
椅子	44.46	99.30	41.12
纸箱	75.26	98.35	74.95
碎纸	64.12	98.24	60.31
水渍	33.78	89.95	32.46
人	53.87	96.74	50.22

(2)验证可变形空间路径的有效性。

为验证提出的可变形空间路径网络在多类障碍物与可通行区域分割任务中的有效性和重要性,将改进的BiSeNet与原BiSeNet在相同数据集上进行训练,并将这两个网络对验证集的预测结果进行对比。由于可变形空间路径网络主要用于优化不规则形状目标的识别,故将改进的BiSeNet与原BiSeNet在水渍类障碍物上进行比较。图3-26展示了改进的BiSeNet与原BiSeNet对验证集中部分水渍图像的预测结果,其中图3-26(a)中的椭圆框展示了未被水渍覆盖区域的纹理细节。可以看出,使用原BiSeNet对水渍进行分割时,水渍目标定位不准确,水渍轮廓预测误差较大,如图3-26(c)所示,而使用改进的BiSeNet可以较好地分割水渍区域,如图3-26(d)所示。

表3-7为模型在水渍类障碍物上的性能评估结果。由表3-7可知,改进的BiSeNet在P_A、I_{oU}及F_1得分这3项指标上均优于原BiSeNet,其中像素准确率P_A提升约3.5个百分点,交并比I_{oU}值提升约2.5个百分点,而F_1得分提升约1.8个百分点。实验结果表明,改进的BiSeNet通过可变形卷积空间路径网络获得了特征图中更加细致的信息,可以很好地适应目标形变,能较为准确地区分水渍像素和非水渍像素。

表 3-7　BiSeNet 在水渍类障碍物上的性能评估结果

算法	P_A/%	I_{oU}/%	F_1 得分/%
原 BiSeNet	86.49	31.21	30.58
改进的 BiSeNet	89.95	33.78	32.46

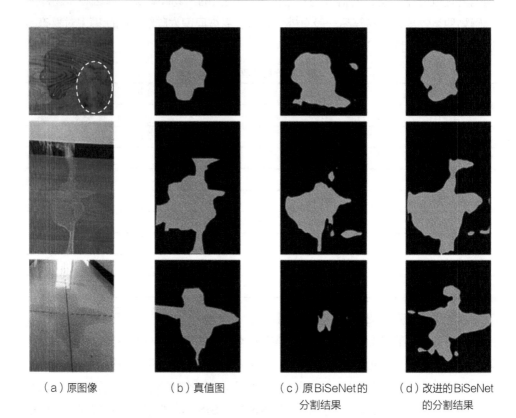

（a）原图像　　　（b）真值图　　　（c）原 BiSeNet 的分割结果　　　（d）改进的 BiSeNet 的分割结果

图 3-26

（3）验证特征金字塔结构的有效性。

为了获得细小类障碍物更为准确的边缘细节，在原 BiSeNet 的基础上增加了特征金字塔结构，图 3-27 展示了改进的 BiSeNet 与原 BiSeNet 对验证集中矿泉水图像的预测结果。可以看出，原 BiSeNet 分割结果中尺寸较小的塑料瓶障碍物的边缘细节十分不清晰，这是由于原 BiSeNet 语义路径中只使用了 16 倍、32 倍以及全局池化降采样的特征图，忽略了低水平特征中的局部信息，从而降低了细小类障碍物的分割精度。在原 BiSeNet 中融合特征金字塔结构后，模型对小尺寸物体识别更为准确。

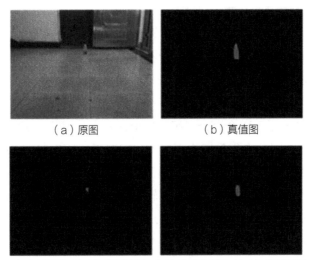

(a)原图　　　　　　　(b)真值图

(c)原BiSeNet的分割结果　(d)改进的BiSeNet的分割结果

图3-27

（4）验证可通行区域分割的有效性。

模型完成对多类障碍物分割数据集的拟合后增加可通行区域目标，在多类障碍物与可通行区域分割数据集上微调，实现多类障碍物与可通行区域的分割。图3-28所示为训练好的模型在多类障碍物与可通行区域分割验证集上的3个预测实例。可以看出，模型可以较好地分割不同类别的障碍物与可通行区域。

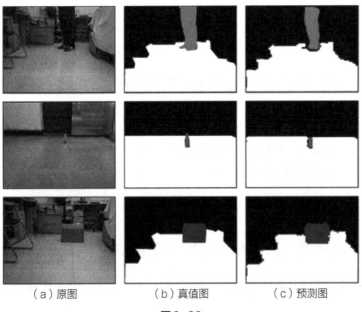

(a)原图　　　　(b)真值图　　　　(c)预测图

图3-28

（5）与其他经典语义分割模型对比。

为了进一步保证算法评价的客观性，将改进的BiSeNet算法与UNet、PSPNet等算法在多类障碍物图像数据集上进行对比实验，具体结果如表3-8所示。由表3-8可知，改进的BiSeNet在I_{oU}和P_A指标上数值分别为57.91%和97.32%，相较于UNet在I_{oU}和P_A指标上提升了10.03个百分点和1.01个百分点，相较于PSPNet在I_{oU}和P_A指标上提升了7.18个百分点和1.29个百分点，相较于SPNet在I_{oU}和P_A指标上提升了1.05个百分点和0.15个百分点。相较于原BiSeNet在I_{oU}和P_A指标上提升了3.32个百分点和0.33个百分点。同时本研究改进的BiSeNet在F_1得分上也具有一定优势。实验数据表明，相较于上述经典语义分割模型，改进的BiSeNet模型在室内障碍物图像分割任务中更具有优势，再次证明模型融入可变形卷积和特征金字塔的重要性。

表3-8 不同算法在障碍物数据集上的评价指标对比

算法	I_{oU}/%	P_A/%	F_1得分/%
FCN8s	38.26	87.91	40.86
UNet	47.88	96.31	50.74
PSPNet	50.73	96.03	53.55
SPNet	56.86	97.17	59.87
原BiSeNet	54.59	96.99	57.84
改进的BiSeNet	57.91	97.32	60.56

3.4 基于多传感器融合的危险品仓库安全监测技术

大多数危险品的化学特性不稳定，危险品存储与运输过程中环境条件不适或管理不当极易引发事故，甚至对生态环境造成不可恢复的影响。国家十分重视危险化学品的管理，并鼓励采用创新性的措施保障危险品生产、存储与运输过程的安全，实现危险品监测预警系统信息化、自动化和智能化。

3.4.1 数据融合监测预警系统的总体框架

危险品仓库监测系统大致架构如图3-29所示。ZigBee终端监测节点与监测数据采集设备、信息管理设备、联动控制设备连接，通过CC2530核心控制器采集监测区域的环境参数。原始数据由NB-IoT通信模块封装成MQTT协议报文，发送到物联网云平台，由云平台管理各种设备与系统的运行状态，便于数据转发和存储。应用层的用户可以调用数据融合引擎对数据进行分析，获得最终的识别结果，还可以通过可视化监测平台查看监控区域内各节点的实时参数，并通过远程监测管理系统对报警区域内的联动控制设备进行操作，采取应急措施，消除事故风险。

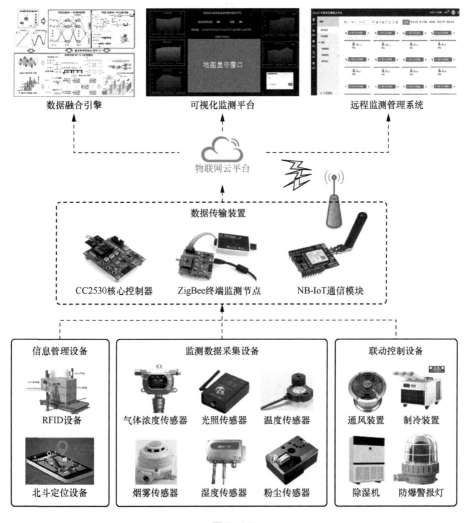

图3-29

具体来说，危险品仓库监测系统分为4层，分别是数据感知层、网络传输层、数据融合层和监测应用层。

1. 数据感知层

数据感知层负责将仓库内环境信息转换为可传输的数字信息，主要设备包括监测数据采集设备、信息管理设备及联动控制设备3种。

（1）监测数据采集设备。

数据采集终端封装了多种类型的传感器，其中，温/湿度传感器采集温度和湿度数据，保障危险品的化学稳定性和氧化分解特性在安全可控范围；气体浓度传感器用于检测仓库中泄露的氢气、甲烷、乙烯等危险气体，以及燃烧释放的一氧化碳和二氧化碳的浓度；粉尘传感器可用于检测封闭空间内的粉尘浓度。

（2）信息管理设备。

RFID设备。危险品种类繁多，且不同类型危险品的环境指标也不相同。因此，可以将危险品的详细信息导入RFID标签中，在仓库入口部署RFID设备，在危险品入库时获取相关信息，并与系统中预先制定的监测方案中的信息进行匹配，便于仓库的信息化管理，提高监测系统的自适应性。

北斗定位设备。北斗定位模块提供采集节点的准确坐标，在大范围监测的危险品仓库中，可以快速定位发出危险预警的监测节点，采取有效应急措施，联动控制附近区域的应急设备，提高应急响应效率。

（3）联动控制设备。

联动控制设备主要包括通风装置、制冷装置等，当监测到危险状况后自动启动应急措施，疏散工作人员，快速降低温度及危险气体浓度，防止更严重的险情发生，为后续人工排险工作争取时间。

2. 网络传输层

网络传输层负责建立通信网络，保证数据高效、实时、稳定地传输到处理平台。由于监测系统的数据采集节点部署量大且范围广，采用有线传输的方式工作困难且维护成本高，因此，我们采用ZigBee无线通信的方式搭建终端通信网络，这种方式传输功耗低、实时性强、容量大且易于扩展，其大致架构如图3-30所示。ZigBee终端节点负责控制传感器数据的采集和传输，并将数据汇集至ZigBee协调器。ZigBee协调器通过NB-IoT通信模块将数据上传到物联网云平台，以确保数据完整性和实时性。

3. 数据融合层

数据融合层负责对原始数据进行高级处理，传感器采集的数据的特征信息可以反映仓库的状态，数据融合就是挖掘特征信息间的联系，探索特征输入与状态输出的映射关系。我们提出分层式数据融合闭环反馈模型，框架结构如图3-31所示，由低到高将多源原始传感数据提取为特征信息，并完成综合决策，再由高到低对数据采集区域进行反馈，对重点区域实时监测并采取应急措施。

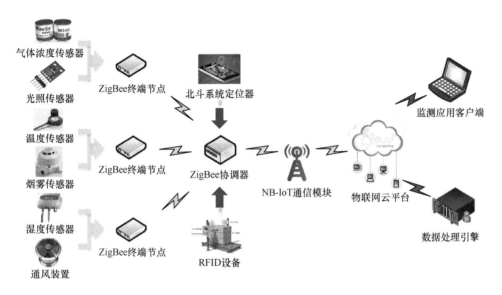

图3-30

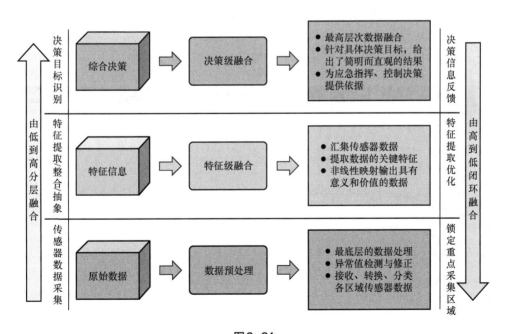

图3-31

多区域分层数据融合算法的基本流程如图3-32所示，提取同一时刻不同区域的特征数据后，采用BP神经网络和SVM分类器完成特征融合，得到状态识别的初始证据源，并转换为基本概率分配函数，最终采用D-S证据理论综合识别出仓库的监测状态。

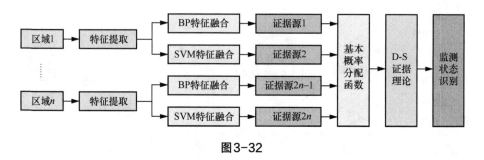

图3-32

4. 监测应用层

监测应用层主要满足用户的功能需求，提供个性化的智能监测服务，我们依托物联网云平台开发基于B/S架构的危险品仓库监测系统，其界面如图3-33所示。系统的基本功能包括：①设备管理，监控已接入设备的运行状态，及时排查设备故障；②数据分析与预警，订阅云平台发布的各项数据，通过RFID设备获取危险品类型，采用数据融合算法综合评估仓库当前状态，发出危险预警；③数据可视化，支持设备的定位显示，并实时获取数据变化，定制个性化数据展示界面；④应急响应，对危险等级评估后，手动或自动控制联动设备采取应急措施。

图3-33

3.4.2 基于 BP 神经网络与 SVM 分类器的特征层数据融合

BP 神经网络是一种信息正传播和误差逆传播的自反馈学习算法，具有输入层、中间层及输出层，输入层向中间层传递正向信号，输出层向中间层反馈修正连接权值的信号，使误差最小化。激活函数负责网络神经元的非线性映射，常采用 sigmoid 函数 $f(x) = 1/(1 + e^{-x})$。

正向传播时，设三层结构中节点个数分别为 n、p、q，则输入向量可表示为 $X^k = (x_1^k, x_2^k, \cdots, x_n^k)$，$k = 1, 2, \cdots, m$，对应的期望输出为 $Y^k = (y_1^k, y_2^k, \cdots, y_q^k)$。则隐含层节点 j 的输出 b_j^k 以及输出层节点 t 的输出 c_t^k 分别如式（3-12）和式（3-13）。

$$b_j^k = f\left(\sum_{i=0}^{n-1} \omega_{ij} x_i^k - \theta_j\right), \quad j = 1, 2, \cdots, p \quad (3\text{-}12)$$

$$c_t^k = f\left(\sum_{j=1}^{p} v_{jt} b_j^k - \gamma_t\right), \quad t = 1, 2, \cdots, q \quad (3\text{-}13)$$

其中，ω_{ij} 和 θ_j 分别为输入层到隐含层的连接权值和阈值，v_{jt} 和 γ_t 为隐含层到输出层的连接权值和阈值。

逆向反馈时，误差函数 E_k 可以表示为各个输出层节点实际输出 c_t^k 与期望输出 $Y^k = (y_1^k, y_2^k, \cdots, y_q^k)$ 的差值平方和的一半：

$$E_k = \frac{1}{2} \sum_{t=0}^{q-1} (y_t^k - c_t^k)^2, \quad t = 1, 2, \cdots, q \quad (3\text{-}14)$$

根据 Widrow-Hoff 学习规则，可以通过修正中间层和输出层的连接权值及阈值来减少误差，根据梯度下降法寻找出误差函数在给定点上升或下降最快的方向，则隐含层偏移量为 $\Delta\omega_{ij}$、$\Delta\theta_j$ 更新计算公式如下：

$$\begin{cases} \Delta\omega_{ij} = \mu \dfrac{\partial E(\omega, \theta)}{\partial \omega(j, t)} = \mu x_i^k \left[\sum_{t=0}^{q-1} d_t^k c_t^k (1 - c_t^k)\right] b_j^k (1 - b_j^k) \\ \Delta\theta_j = -\mu \dfrac{\partial E(\omega, \theta)}{\partial \theta(j, t)} = -\mu \left[\sum_{t=0}^{q-1} d_t^k c_t^k (1 - c_t^k)\right] b_j^k (1 - b_j^k) \end{cases} \quad (3\text{-}15)$$

输出层偏移量 Δv_{jt}、$\Delta\gamma_t$ 根据梯度下降法更新，计算公式如下：

$$\begin{cases} \Delta v_{jt} = \eta \dfrac{\partial E(v, \gamma)}{\partial v(j, t)} = \eta(y_t^k - c_t^k) b_j^k \\ \Delta\gamma_t = -\eta \dfrac{\partial E(v, \gamma)}{\partial v(j, t)} = -\eta(y_t^k - c_t^k) \end{cases} \quad (3\text{-}16)$$

其中 μ、η 为修正系数。修正后的输出层权值使误差反向传播，以提高网络的收敛速度。虽然误差反馈可以提高 BP 神经网络的效率，但由于目标误差函数比较复杂，训练时间过长，并且在收敛过程中无法突破局部最优解，训练稳定性较差。因此，必须采取有效措施对 BP 神经网络进行改进。

1. BP 神经网络的改进

（1）AdaGrad 自适应梯度调整学习率。

学习率代表 BP 神经网络每完成一次训练迭代时，模型参数调整的步长。学习率会影响模型的收敛速度，但实际使用中很难选择最佳学习率，常设定为常数 η。权值曲面根据梯度变化分为平坦区域和震荡区域，经过平坦区域时增大 η 可以优化迭代次数，在震荡区域时需要减小 η，防止跨越最低点。权值调整公式为

$$\omega(k+1) = \omega(k) + \eta g(k) \qquad (3\text{-}17)$$

为了提高神经网络收敛效率，采用 AdaGrad 算法动态调整学习率。AdaGrad 优化算法通过累加平方梯度的方式调整学习率，在梯度值小的平缓区域，学习率的下降幅度逐渐减小，可保持较大步长快速穿越；在梯度值大的震荡区域，学习率的下降幅度逐渐增大，可缩小步长寻找最优解。参数更新速率可以概括为

$$\Delta \omega_t = -\frac{\eta}{\sqrt{G+\delta}} g_t \qquad (3\text{-}18)$$

$$G = \sum_{k=1}^{t} g_k^2 \qquad (3\text{-}19)$$

其中，η 为初始学习率，G 为平方梯度累积，g_t 为 t 时刻的梯度，δ 为常数。学习率更新权重随着时间 t 不断变化，平方梯度累积逐渐增加，η 就越来越小，符合模型训练时前期慢、后期快的变化规律。AdaGrad 算法伪代码如表 3-9 所示。

表 3-9 AdaGrad 算法伪代码

算法：AdaGrad 自适应梯度调整算法

input：初始默认学习率 η，当前时刻梯度 g_t，权值初始值 ω，最小常量 δ
output：更新后的权值 ω^*
初始化梯度累积变量 $G = 0$
while 没有达到停止准则 **do**
从训练集中提取包含 n 个样本 $\{x^{(1)}, x^{(2)}, \cdots, x^{(n)}\}$ 批量，对应目标为 $y^{(i)}$。
计算梯度：$g_t \leftarrow \dfrac{1}{n} \nabla_\omega \sum_i L(f(x^{(i)}; \omega), y^{(i)})$
平方梯度累积：$G \leftarrow G + g_t \odot g_t$
调整权值计算：$\Delta \omega \leftarrow -\dfrac{\eta}{\sqrt{G+\delta}} \odot g_t$

权值更新：$\omega^* \leftarrow \omega + \Delta\omega$
end while

（2）EAR步长修正。

AdaGrad算法对学习率进行自适应调整时，平方梯度累积G增大到一定程度后，η趋于0，训练提前结束。这里我们基于误差进退法进行步长调整，最优步长是非线性变化，变化的目标是使误差$E(k)$不断减小，并且避免震荡。首先引入附加动量项，其作用相当于一个低通滤波器，将每个权值的变化量增加上轮权值变化的正比值，通过反向传播影响新权值变化，以此来改善训练时的震荡趋势。

$$\begin{cases} \omega(k+1) = \omega(k) + \Delta\omega(k+1) \\ \Delta\omega(k+1) = \eta(k+1)[\alpha\Delta\omega(k) + g(k+1)] \end{cases} \quad (3\text{-}20)$$

式中，$\alpha\Delta\omega(k)$即附加动量项，α表示动量因子。

其次采用误差激励调整步长，$k+1$次迭代完成后，将当前误差$E(k+1)$与上次迭代误差$E(k)$进行比较，误差突然增大时需要立即降低步长，下降因子为μ，误差逐渐减少时需要逐渐加大步长，上升因子为β，每次迭代完成就进行一次判断，步长跳跃式变化可以避免陷入局部最优解，提高收敛速度。

$$\begin{cases} \eta(k+1) = \mu\eta(k) & E(k) \leqslant E(k+1) \\ \eta(k+1) = (1+\beta)\eta(k) & E(k) > E(k+1) \end{cases} \quad (3\text{-}21)$$

（3）sigmoid激活函数调整。

BP神经网络的激活函数采用sigmoid函数，函数图像如图3-34所示，其输出范围是(0, 1)，函数两端极限取值时输出变化梯度趋于0，导致权值调节很少甚至不更新，无法完成网络的深层训练。

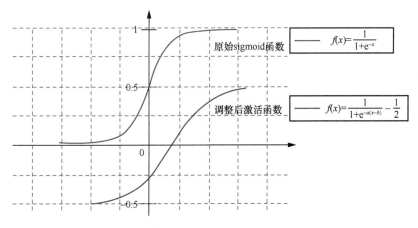

图3-34

我们将激活函数输出范围调整为 $(-\frac{1}{2}, \frac{1}{2})$，对自变量 x 附加偏移因子 a 和倾斜因子 b，提高函数两端梯度变化量。调整后的激活函数及一阶导数如下：

$$f(x) = \frac{1}{1+e^{-a(x-b)}} - \frac{1}{2} \qquad (3\text{-}22)$$

$$f'(x) = (\frac{1}{1+e^{-a(x-b)}} - \frac{1}{2})' = \frac{-ae^{-a(x-b)}}{\left[1+e^{-a(x-b)}\right]^2} \qquad (3\text{-}23)$$

（4）布谷鸟寻优算法优化BP神经网络。

BP神经网络训练时采用随机的初始权值和阈值，模型精度和收敛性较差。布谷鸟寻优（cuckoo search，CS）算法是一种模拟布谷鸟飞行和寻巢行为的参数寻优算法，可以提高算法寻优效率。CS算法的寻优过程采用莱维飞行，飞行方向及步长以正态分布概率变换，可以根据适应度函数对初始权值和阈值等关键参数寻优，得到初始最优解，并传递给神经网络完成模型训练，可以有效地提高BP神经网络的收敛速度和训练质量，避免陷入局部最优解，算法过程如图3-35所示。

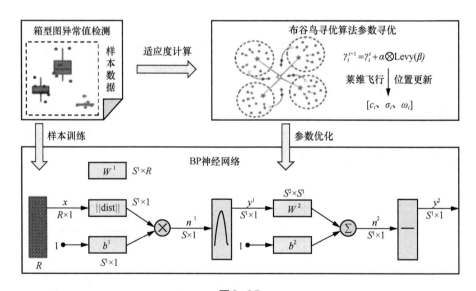

图3-35

CS算法的目标为适应度函数最优解，以小步长飞行为主，高精度完成局部寻优，以大步长飞行为辅，快速跳出局部最优范围。莱维飞行更新鸟巢位置的公式如下：

$$\gamma_i^{t+1} = \gamma_i^t + \alpha \otimes \text{Levy}(\beta) \qquad (3\text{-}24)$$

其中，γ_i^{t+1} 为经过 $(t+1)$ 次迭代获得的第 i 个初始权值和阈值解；$\alpha = \alpha_0(\gamma_i^t - \gamma_{best})$ 表示步长，控制搜索范围变化，$\alpha_0 = 0.01$，是常数，γ_{best} 表示当前最优解；$Levy(\beta)$ 表示服从莱维分布的随机路径函数：

$$Levy \sim \mu = t^{-1-\beta}, \quad 0 < \beta \leq 2 \qquad (3\text{-}25)$$

初始权值和阈值作为鸟巢位置更新的参数，目标适应度函数为训练误差，不断迭代更新参数寻找最优适应度，CS-BP算法流程如图3-36所示。

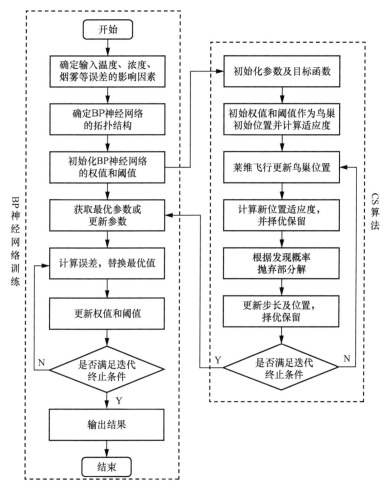

图3-36

2. 基于SVM分类器的特征数据融合

（1）超平面数学模型。

SVM是一种支持特征空间最大间隔距离的线性分类器，即在二维甚至高维空间中，寻找一条直线或者一个超平面，可完全分割随机分布在样本空间的数据，并使数据点距离分割线或平面的距离最大化。

在高维空间中，分布样本数据 $T = \{(x_i, y_i), x \in R^d, y_i \in \{1, -1\}\}$，$y_i$ 表示数据的分类标签，则任意超平面可以表示为 $\varphi(x)$ 且满足：

$$w^T x + b = 0 \qquad (3\text{-}26)$$

其中 w 是超平面权值的特征向量，b 是偏置参数，样本点到超平面的距离可以表示为

$$d = \frac{|w^T x + b|}{\sqrt{w_1^2 + \cdots + w_n^2}} \qquad (3\text{-}27)$$

样本数据中距离分割超平面最近的点称为支持向量。设最近距离为 d，根据分类标签 y 可知，以支持向量距离为临界值，当 $y = 1$ 时，表示数据分布在平面正方向；当 $y = -1$ 时，表示数据分布在平面负方向。

$$\begin{cases} \dfrac{w^T x + b}{\|w\|} \geqslant d, & y = 1 \\ \dfrac{w^T x + b}{\|w\|} \leqslant -d, & y = -1 \end{cases} \qquad (3\text{-}28)$$

并且样本数据满足 $y_i(w^T x_i + b) \geqslant 1$，因此，假设正、负方向支持向量所在的平面为分界平面 $\varphi_{y=1}$: $<w,b>$: $w^T x + b = 1$ 和 $\varphi_{y=-1}$: $<w,b>$: $w^T x + b = -1$，最优超平面 $\varphi<w,b>$ 为 $w^T x + b = 0$，则 SVM 的目标转化为寻找 w、b，使两个分界平面间的距离最大化。SVM 分类器工作原理如图 3-37 所示。

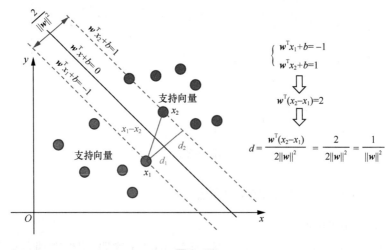

图 3-37

设支持向量分别为 x_1 和 x_2，分别满足：

$$\begin{cases} \boldsymbol{w}^\mathrm{T} x_1 + b = -1 \\ \boldsymbol{w}^\mathrm{T} x_2 + b = 1 \end{cases} \quad (3\text{-}29)$$

则可以得到 $\boldsymbol{w}^\mathrm{T}(x_2 - x_1) = 2$，根据平面距离公式可知，支持向量到超平面距离 d 相等，分别占两个分界平面垂直间距 D 的一半：

$$d = \frac{\boldsymbol{w}^\mathrm{T}(x_2 - x_1)}{2\|\boldsymbol{w}\|^2} = \frac{2}{2\|\boldsymbol{w}\|^2} = \frac{1}{\|\boldsymbol{w}\|^2} \quad (3\text{-}30)$$

$$D = 2d = \frac{2}{\|\boldsymbol{w}\|^2} \quad (3\text{-}31)$$

则寻优目标转化为寻找 $\boldsymbol{w}$、b 满足 $y_i(\boldsymbol{w}^\mathrm{T} x_i + b) \geqslant 1$，并使得 D 存在最大值，表达式如下：

$$\begin{cases} D(\boldsymbol{w}, b) = \max \dfrac{2}{\|\boldsymbol{w}\|^2} = \min \dfrac{\|\boldsymbol{w}\|^2}{2} \\ \text{s.t.} \quad y_i(\boldsymbol{w}^\mathrm{T} x_i + b) \geqslant 1 \end{cases} \quad (3\text{-}32)$$

（2）对偶函数求解。

由于在高维空间寻找最优解难度较高，往往利用拉格朗日将其转化为对偶问题，并引入核函数，转化为非线性分类问题。但由于样本数据中往往存在异常值或脏数据，导致无法寻找到完全超平面对样本进行分割，因此引入松弛变量 ξ，表示样本数据允许可偏离间隔，在可接受程度内接收部分数据分类错误。采用惩罚因子 C 来控制最大的偏移点松弛程度，可以根据实际应用自由调节，目标函数如下：

$$\begin{cases} \varphi<\boldsymbol{w}, b> = \min_{\alpha, b, \xi} \dfrac{1}{2}\|\boldsymbol{w}\|^2 + C\sum_{i=1}^{m} \xi_i \\ \text{s.t.} \quad y_i(\boldsymbol{w}^\mathrm{T} x_i + b) \geqslant 1 - \xi_i, \quad i = 1, 2, 3, \cdots, m \end{cases} \quad (3\text{-}33)$$

根据拉格朗日乘数法公式，构造拉格朗日函数：

$$L(\boldsymbol{w}, b, \alpha, \xi, u) = \frac{1}{2}\|\boldsymbol{w}\|^2 - \sum_{i=1}^{m} \alpha_i \left(y_i(\boldsymbol{w}^\mathrm{T} x_i + b) + \xi_i - 1 \right) + C\sum_{i=1}^{m} \xi_i - \sum_{i=1}^{m} u_i \xi_i \quad (3\text{-}34)$$

当 $L(\boldsymbol{w}, b, \alpha, \xi, u) = 0$ 时，对目标变量求偏导：

$$\begin{cases} \dfrac{\partial L}{\partial \boldsymbol{w}} = 0 \\ \dfrac{\partial L}{\partial b} = 0 \\ \dfrac{\partial L}{\partial \xi} = 0 \end{cases} \Rightarrow \begin{cases} \boldsymbol{w} = \sum_{i=1}^{m} \alpha_i y_i x_i \\ 0 = \sum_{i=1}^{m} \alpha_i y_i \\ C = \alpha_i + u_i \end{cases} \quad (3\text{-}35)$$

代入式(3-34)可以得到对偶问题的数学表达式：

$$L = \max \sum_{i=1}^{m} \alpha_i - \frac{1}{2} \sum_{i=1}^{m} \sum_{j=1}^{m} \alpha_i \alpha_j y_i y_j x_i^T x_j$$

$$\text{s.t.} \begin{cases} 0 \leqslant \alpha_i \leqslant C \\ \sum_{i=1}^{m} \alpha_i y_i = 0 \end{cases} \quad \text{其中，} i = 1, 2, 3, \cdots, m \quad (3\text{-}36)$$

（3）核函数。

SVM算法在实际应用过程中，样本数据是线性不可分的，导致无法寻找满足分类条件的超平面。因此，需要将样本数据映射至高维可线性分割的空间，即 $x \Rightarrow \varphi(x)$，则对偶问题可描述为

$$L = \max \sum_{i=1}^{m} \alpha_i - \frac{1}{2} \sum_{i=1}^{m} \sum_{j=1}^{m} \alpha_i \alpha_j y_i y_j \langle \varphi(x_i) \varphi(x_j) \rangle$$

$$\text{s.t.} \begin{cases} 0 \leqslant \alpha_i \leqslant C \\ \sum_{i=1}^{m} \alpha_i y_i = 0 \end{cases} \quad \text{其中，} i = 1, 2, 3, \cdots, m \quad (3\text{-}37)$$

其中，$\langle \varphi(x_i) \varphi(x_j) \rangle$ 为内积，在高维空间的计算量比低维空间的大得多，因此需要采用核函数 $\kappa(x_i, y_j)$ 将高维内积映射为低维函数。为了优化SVM的工作性能，采用可调参的高斯核函数，如下式：

$$\kappa(x_i, x_j) = \exp(-\frac{\|x_i - x_j\|}{2\sigma^2}) \quad (3\text{-}38)$$

综上所述，SVM目标寻优问题的数学模型为

$$L = \max \sum_{i=1}^{m} \alpha_i - \frac{1}{2} \sum_{i=1}^{m} \sum_{j=1}^{m} \alpha_i \alpha_j y_i y_j \exp(-\frac{\|x_i - x_j\|}{2\sigma^2})$$

$$\text{s.t.} \begin{cases} 0 \leqslant \alpha_i \leqslant C \\ \sum_{i=1}^{m} \alpha_i y_i = 0 \end{cases} \quad \text{其中，} i = 1, 2, 3, \cdots, m \quad (3\text{-}39)$$

最终解为

$$f(x) = \text{sgn}(\sum_{i=1}^{m} \alpha_i y_i \exp(-\frac{\|x_i - x_j\|}{2\sigma^2}) + b) \quad (3\text{-}40)$$

（4）CS算法优化SVM分类器。

通过式(3-33)和式(3-39)可知，SVM分类性能取决于对偶函数中的惩罚因子C和高斯核函数的参数σ，在维度较高情况下对参数寻优十分困难，利用CS算法参数寻优的特点，在SVM训练前确定惩罚因子C和σ，提高模型的泛化能力及准确率。根据CS算法，以参数C和σ为鸟巢初始位置，以识别准确率为适应度函数，则CS-SVM算法的流程如图3-38所示。

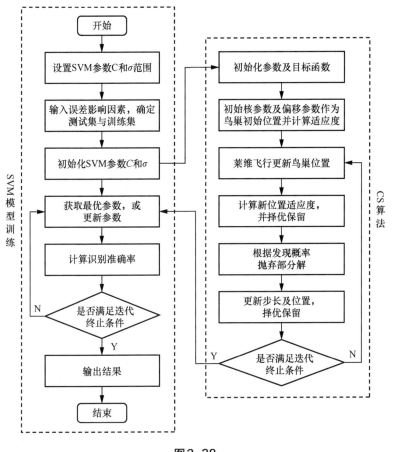

图3-38

3. 乙醇（C_2H_5OH）安全监测特征融合

乙醇属于第三类危险化学品，在常温下就可以挥发形成爆炸性混合物，高温下易燃烧甚至引发爆炸，可产生二氧化碳和一氧化碳。因此，乙醇的危险属性具有代表性。危险化学品影响因素具有多源性和不确定性，将各种传感器采集的影响因素组成的集合称为特征空间P，由特征空间映射出的危险品仓库状态称为概率空间Q，仓库的异常状态伴随着特征因素的变化规律，则对危险品仓库监测过程可以看作从特征空间P到概率空间Q映射的复杂函数$f: P \to Q$，这种映射规律无法使用简单数学模型描述，因此需要利用BP神经网络或SVM分类器等机器学习模型，实现特征层数据融合。以BP神经网络为例，仓库安全状态映射过程如图3-39所示。

（1）样本数据集。

特征融合实验选取乙醇的仓储环境，模拟乙醇泄露、燃烧的全过程，以10s的时间间隔采集数据，提取过程中的温度、湿度、乙醇浓度、CO_2浓度、CO浓度、烟雾浓度6种指标数据,经异常值检测和拉格朗日插值修正后,共得到500组样本数据,并根据可观测外部特征划分3个时间阶段,分别对应设定3个预警级别,如图3-40所示。部分训练集数据如表3-10所示。

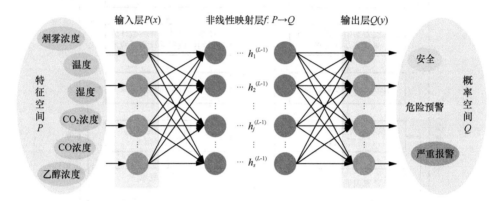

图3-39

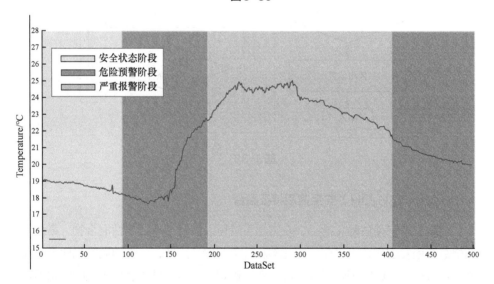

图3-40

表3-10 部分训练集数据

序号	温度/℃	湿度/%	乙醇浓度/g/L	CO_2浓度/g/m³	CO浓度/g/m³	烟雾浓度/g/m³	预警级别
1	19.3	54	33	575	0	0	安全
2	19.5	55	39	573	0	0	安全
3	20.1	54	37	577	0	0	安全
4	20.4	56	43	575	0	0	安全
5	20.1	55	48	577	0	0	安全
6	20.7	55	45	573	0	0	安全

续表

序号	温度/℃	湿度/%	乙醇浓度/g/L	CO_2浓度/g/m³	CO浓度/g/m³	烟雾浓度/g/m³	预警级别
7	19.8	54	67	575	0	0	危险预警
8	21.3	57	75	577	0	0	危险预警
9	22.5	66	68	576	0	0	危险预警
10	23.5	67	97	575	0	0	危险预警
11	23.8	68	114	573	0	0	危险预警
12	24.4	68	136	577	0	12	危险预警
13	26.9	66	125	579	23	56	危险预警
14	28.0	67	158	760	31	168	危险预警
15	28.8	65	197	855	25	115	严重报警
16	30.8	70	245	1242	35	154	严重报警
17	31.5	71	257	1567	43	179	严重报警
18	32.4	71	351	2456	45	193	严重报警
19	33.1	72	364	3560	54	275	严重报警
20	34.2	73	398	3780	57	351	严重报警
21	24.4	67	356	2777	43	251	危险预警
22	26.6	66	285	2179	37	219	危险预警
23	28.4	64	238	1860	31	159	危险预警
24	28.5	66	189	1655	28	137	危险预警
25	27.7	61	115	1567	22	78	危险预警

（2）特征级融合实验结果分析。

采集数据时的人为因素或传感器故障，可能导致个别数据误差较大，这类数据为异常数据。在特征融合前，首先对选定数据绘制箱线图进行异常值检测，以温度及乙醇浓度为例，绘制箱线图如图3-41所示，超出箱线图范围的数据标识为异常值。其中，温度异常值为10.2℃，乙醇浓度异常值为587 g/L，采用拉格朗日插值法对其进行修正，得到温度值为19.9℃，乙醇浓度为162 g/L，经测试，修正后的数据集无异常值，满足特征融合的要求。

（3）BP神经网络融合实验结果。

采用改进的BP神经网络完成特征层融合实验，输入层为经过异常值修正的温度、湿度、乙醇浓度、CO_2浓度、CO浓度、烟雾浓度等6种传感器数据，输出单元有3个，分别表示仓库的安全程度：Ⅰ级（安全）、Ⅱ级（危险预警）、Ⅲ级（严重报警）。首先用AdaGrad进行自适应梯度调整、用EAR法修正步长、改进sigmoid函数，以改进网络结构，然后利用CS算法对BP网络进行参数寻优。

实验中，将乙醇监测实验数据作为神经网络的训练样本，系统安全程度编码为Ⅰ级（0.9,0.1,0.1）、Ⅱ级（0.1,0.9,0.1）、Ⅲ级（0.1,0.1,0.9）。对4种改进BP神经网络进行训练，针对AdaGrad自适应梯度调整法、EAR法步长修正、改进sigmoid函数方法以及CS优化的EAR修正步长法改进的网络模型分别进行训练，得到误差曲线如图3-42所示。

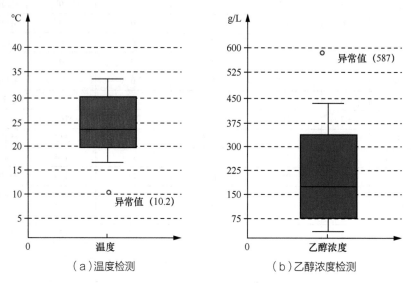

（a）温度检测　　　　　　　　（b）乙醇浓度检测

图3-41

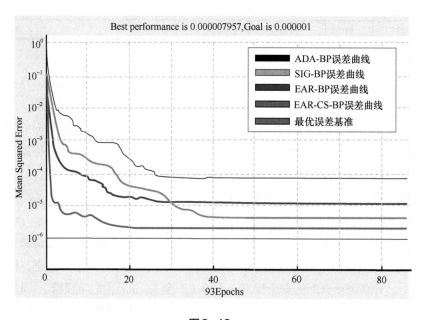

图3-42

图3-42中，横坐标表示训练的步数，纵坐标表示训练误差，改进后的模型在训练完成后均达到收敛状态，证明可以有效完成仓库的状态识别。但由于结构和参数

不同，收敛速度及最小误差均不相同，可以看到EAR-BP在步长修正后相较于SIG-BP具有较快的收敛速度，但训练误差较高，经过CS算法对初始参数和阈值寻优后，EAR-CS-BP同时在误差及收敛速度上进一步改善。从测试数据集中随机抽取10组数据，测试数据及输出结果分别如表3-11和表3-12所示。

表3-11 测试数据集

序号	温度/℃	湿度/%	乙醇浓度/g/L	CO_2浓度/g/m³	CO浓度/g/m³	烟雾浓度/g/m³	安全等级
1	19.8	65	36	581	0	0	Ⅰ级
2	20.9	59	42	560	0	0	Ⅰ级
3	21.8	66	39	620	5	0	Ⅰ级
4	24.2	54	99	598	0	0	Ⅱ级
5	24.5	68	120	550	3	12	Ⅱ级
6	32.4	71	248	1595	35	166	Ⅲ级
7	33.4	71	347	2444	56	208	Ⅲ级
8	27.5	66	125	616	42	0	Ⅱ级
9	34.8	73	389	3749	98	335	Ⅲ级
10	28.1	67	150	733	12	135	Ⅱ级

表3-12 测试样本输出结果

序号	状态	测试编码	ADA-BP	SIG-BP	EAR-BP	EAR-CS-BP
1	安全	0.9	0.7950	0.8293	0.9527	0.9448
1	危险预警	0.1	0.2010	0.1420	0.0839	0.2084
1	严重报警	0.1	0.0529	0.1076	0.0633	0.0529
2	安全	0.9	0.8938	0.8242	0.9045	0.8343
2	危险预警	0.1	0.2239	0.2206	0.1262	0.2474
2	严重报警	0.1	0.0170	0.0731	0.1381	0.1166
3	安全	0.9	0.8343	0.9202	0.8247	0.7721
3	危险预警	0.1	0.1452	0.1759	0.1753	0.1366
3	严重报警	0.1	0.0461	0.0748	0.0706	0.0618
4	安全	0.1	0.0224	0.0337	0.1134	0.0769
4	危险预警	0.9	0.8105	0.8831	0.9135	0.8875
4	严重报警	0.1	0.1484	0.1294	0.0382	0.1771
5	安全	0.1	0.0271	0.0996	0.0798	0.0733
5	危险预警	0.9	0.5754	0.6089	0.7979	0.7449
5	严重报警	0.1	0.6122	0.5230	0.2692	0.3433
6	安全	0.1	0.1611	0.0721	0.0846	0.1555
6	危险预警	0.1	0.1247	0.1515	0.0776	0.0999
6	严重报警	0.9	0.8527	0.8936	0.9153	0.8638

续表

序号	状态	测试编码	ADA-BP	SIG-BP	EAR-BP	EAR-CS-BP
7	安全	0.1	0.1037	0.1458	0.1824	0.0953
	危险预警	0.1	0.1387	0.3955	0.5589	0.4738
	严重报警	0.9	0.5582	0.5471	0.3352	0.5714
8	安全	0.1	0.0620	0.1218	0.1061	0.1065
	危险预警	0.9	0.8098	0.8218	0.9405	0.8584
	严重报警	0.1	0.2086	0.2549	0.1589	0.2210
9	安全	0.1	0.0721	0.0822	0.1375	0.1555
	危险预警	0.1	0.1388	0.0819	0.0596	0.1083
	严重报警	0.9	0.9285	0.8220	0.8307	0.8402
10	安全	0.1	0.0738	0.1828	0.0361	0.1568
	危险预警	0.9	0.8002	0.8671	0.9765	0.8904
	严重报警	0.1	0.2076	0.2009	0.0757	0.1403

从输出结果来看，对大部分样本可以准确预测仓库状态，但输出结果并不稳定，样本5和样本7的识别结果出现误差，样本5实际状态为Ⅱ级，ADA-BP网络识别为Ⅲ级，样本7实际状态为Ⅲ级，但EAR-BP网络识别为Ⅱ级。误差可能由局部最优解所导致，并且随着输入参数的增多，可能会出现更大的精度误差。因此，单一使用BP神经网络特征融合不能满足仓库监测需求。

（4）SVM分类器融合实验结果。

针对样本数据，分别采用SVM和CS-SVM模型进行训练。为了对比分析模型准确度，我们将乙醇样本数据按危险状态划分为3组，并从每组数据中抽取15%进行测试，设定惩罚因子C取值范围为[0.1, 100]，σ核参数取值范围为[0.01, 100]。采用CS算法进行寻优，适应度变化如图3-43所示，结果显示迭代至20次时，模型获得最佳适应度，准确率达到90.8073%，对应的参数$C = 67.5131$，$\sigma = 13.3742$。

SVM和CS-SVM模型对测试集75组数据分类结果分别如图3-44和图3-45所示。

SVM模型的测试结果中出现8组数据识别错误，识别准确率为89.19%，CS-SVM模型的测试结果出现6组数据识别错误，识别准确率达到91.89%。可以明显看出，经过CS算法对惩罚因子C和核参数σ寻优后，获取最佳适应度，避免陷入局部最优解，可以有效提高SVM算法的准确度。但由于SVM算法存在固有缺陷，识别精度不稳定，在实际应用时容易引起误判。因此，在危险品监测的复杂环境下，需要进一步进行决策级融合，才能保证最终融合结果的准确性。

这里选用BP神经网络和SVM分类器作为特征层融合方法，首先通过箱线图和拉格朗日插值法修正原始数据中的异常值；其次改进传统BP神经网络的结构，并

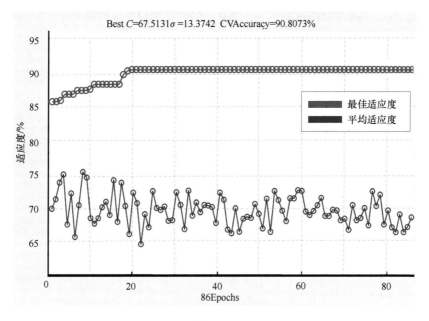

图 3-43

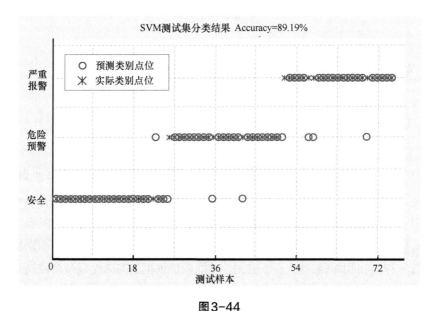

图 3-44

采用CS算法对SVM分类器的关键参数进行寻优；然后搭建乙醇监测特征映射模型，将仓库安全程度定为3个级别，提取乙醇监测过程中的6种时间序列数据作为样本输入；最后，根据实验结果证明改进后的BP神经网络与SVM分类器的识别准确率均有显著提高，特征层融合在一定程度上可以判断仓库状态，但误判率偏高且具有随机性，不满足仓库监测需求。因此，必须使用 D-S 证据理论进一步完成决策级融合，提高仓库状态判断的准确性。

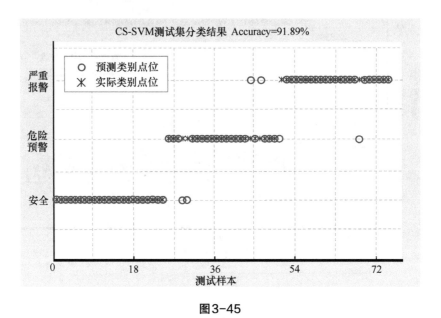

图 3-45

3.4.3 基于模糊改进 D-S 证据理论的决策层融合

1. D-S 证据理论基本原理

（1）识别框架。

D-S 证据理论可以看作判断事件发生的过程，而判断的结果组成集合 Θ，$\Theta = \{m_1, m_2, \cdots, m_k\}$ 称为识别框架，识别框架中的元素非空、互斥且有限。Θ 的任意子集均可表示为所有可能出现的命题，称为识别框架 Θ 的幂集 2^Θ，表示为 $2^\Theta = \{\Phi, \{m_1\}, \{m_2\}, \cdots, \{m_k\}, \{m_1 \cup m_2\}, \cdots, \Theta\}$。证据理论的合成规则基于识别框架中的元素，只有当识别框架唯一且不变时，才能保证证据的有效性以及合成规则的合理性。

（2）基本函数。

识别框架中的任何命题需要分配具体的基本信任度数值，描述对此命题的支持程度，所有命题的分配结果通过基本概率分配函数来描述。在识别框架 Θ 中，基本函数 m 表示为幂集 2^Θ 在概率区间 $[0, 1]$ 上的映射，满足式（3-41），其中，对同一命题的信任度总和为 1，空集的信任度为 0，则称函数 m 为基本概率分配（basic probability assignment，BPA）函数。

$$\begin{cases} m(\varnothing) = 0 \\ \sum_{A \subseteq \Theta} m(A) = 1 \end{cases} \quad (3\text{-}41)$$

在识别框架Θ中，幂集中对于命题A的所有信任度之和称为命题A的信度函数（belief function，BF），描述对命题A的支持程度$\mathrm{Bel}(A)$，如式（3-42）所示。

$$\mathrm{Bel}(A) = \sum_{B \subseteq A} m(B) \quad (\forall A \subset \Theta) \quad (3\text{-}42)$$

同时，对于存在与命题A的交集不为空的集合，其概率之和称为命题A的似然函数（plausibility function，PF），表达了对命题A不否定的信任程度$\mathrm{Pl}(A)$，如式（3-43）所示。

$$\mathrm{Pl}(A) = \sum_{C \cap A \neq \varnothing} m(C) \quad (\forall A \subset \Theta) \quad (3\text{-}43)$$

对命题A的信度区间可以由信度函数和似然函数共同确定：$[\mathrm{Bel}(A), \mathrm{Pl}(A)]$。

（3）D-S合成规则。

D-S合成规则最早是由Dempster提出的，用于提取证据有效性信息和挖掘证据间的联系。在同一识别框架下，多个证据体间BPA不冲突，通过计算不同证据体概率函数的正交和，提取对命题的共同支持度，获取置信函数。

采用几何模型对D-S合成规则进行说明。假设在识别框架Θ下，存在两个证据体E_1、E_2，信度函数分别为Bel_1和Bel_2，BPA函数为m_1和m_2，证据体下焦元分别为$A_1, A_2, \cdots, A_k$和$B_1, B_2, \cdots, B_k$。对不同焦元的概率之和为1，则可以使用[0, 1]的线段表示基本信度分配区间，$m_1(A_1), \cdots, m_1(A_k)$与$m_2(B_1), \cdots, m_2(B_k)$根据信度大小分别占据线段上的某一段，如图3-46所示。

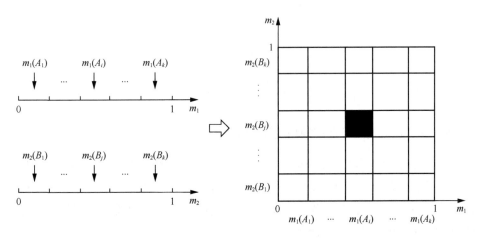

图3-46

将两条线段分别作为 x 轴和 y 轴，进行空间上的正交合成。1×1 的空间平面看作信质总和，竖线分割可以表示基本概率分配函数 m_1 分配各个焦元的信质 $m_1(A_1), \cdots, m_1(A_k)$，横线分割可以表示基本概率分配函数 m_2 分配各个焦元的信质 $m_2(B_1), \cdots, m_2(B_k)$。图 3-47 中的阴影矩形部分就表示合成交集 $A_i \cap B_j$，该矩形面积为 $m_1(A_i)m_2(B_j)$。因此，合成后的信度值可以表示为所有证据的交集分配在命题集合上的信度值之和。

合成规则就是寻找同时分配到 A_i 和 B_j 上的信质 $A_i \cap B_j$。若 $A_i \cap B_j = A$，则矩形面积 $m_1(A_i)m_2(B_j)$ 就是对命题 A 上的信质，总信质为 $\sum_{A_i \cap B_j = A} m_1(A_i)m_2(B_j)$。若 $A_i \cap B_j = \varnothing$，则表示 A_i 和 B_j 存在证据冲突，$\sum_{A_i \cap B_j = \varnothing} m_1(A_i)m_2(B_j)$ 为分配到空集上的信质和，证据冲突因子用 K 表示：

$$K = m(\varnothing) = \sum_{A_i \cap B_j = \varnothing} m_1(A_i)m_2(B_j) \tag{3-44}$$

存在证据冲突时 $K > 0$，需要丢弃这部分信质来保证证据的完整性，但由于信质总和必须为 1，因此采用归一化方法对各信质进行处理，归一化因子为 ρ：

$$\rho = \left(1 - \sum_{A_i \cap B_j = \varnothing} m_1(A_i)m_2(B_j)\right)^{-1} = (1-K)^{-1} \tag{3-45}$$

因此，两组证据下的 BPA 可表示为

$$m(A) = \begin{cases} 0 & A = \varnothing \\ \rho \cdot \sum_{A_i \cap B_j = A} m_1(A_i)m_2(B_j) & A \neq \varnothing \end{cases} \tag{3-46}$$

证据 m_1 和 m_2 之间的冲突程度可以由 $K = \sum_{A_i \cap B_j = \varnothing} m_1(A_i)m_2(B_j)$ 表示。

依此类推，若存在 n 组证据体时，只需将各焦元信质累积相乘，如式（3-47）。

$$m(A) = \begin{cases} 0 & A = \varnothing \\ \rho \cdot \sum_{A_i = A} \prod_{1 \leq i \leq n} m_i(A_i) & A \neq \varnothing \end{cases} \tag{3-47}$$

其中，归一化因子 $\rho = (1-K)^{-1} = \left(1 - \sum_{A_i = A} \prod_{1 \leq i \leq n} m_i(A_i)\right)^{-1}$。

2. D-S 合成规则存在的缺陷及改进策略

虽然证据理论可以解决不确定性问题，但在实际应用过程中也存在缺陷：①证据冲突问题，多个证据间存在强烈冲突时 $K = 1$，归一化因子 $\rho = 0$，会导致合成规则失效；②"一票否决"问题，当某个命题仅存在一个信度为 0 的证据时，无论其他证据的支持度有多高，该命题都将被淘汰；③焦元"爆炸"问题，证据合成时引起证据焦元增多，计算负担过大；④BPAF构造问题，在应用过程中无法准确设定BPAF，造成证据合成的误差较大；⑤稳健性较差，证据合成时对焦元信度变化十分敏感，很小的变化量就会造成完全不同的结果。

针对这些问题，众多学者对证据理论的合成规则进行了进一步研究。为了更好地适用于危险品仓库监测，我们提出新的证据合成策略。

证据理论可以有效解决不确定性问题，但在实际应用时，无法避免证据冲突引起的严重误差，传统的Dempster证据合成规则将证据归一化处理，但遇到高冲突时会出现有悖于常理的结果。因此，众多学者，如Yager、孙全等人针对如何合理有效地解决高冲突证据问题展开大量研究，他们采用可划分冲突信息的数学模型，将冲突信息中的有效信息合理分配，抛弃无法判断的冲突信息。我们在此基础上提出了新的方法。

（1）Yager合成规则改进。

Yager证明了D-S证据理论进行目标识别时，在高冲突证据体下会出现严重误差，于是将这部分统一归为不确定未知项，改进后的相关合成表示如下：

$$\begin{cases} m(\varnothing) = 0, & \varnothing \text{为空集} \\ m(A) = \sum_{A_i \cap B_j \cap C_k \cdots = A} m_1(A_i) m_2(B_j) m_3(C_k) \cdots, & \forall A \neq \varnothing \text{且} A \neq \chi \\ m(\chi) = \sum_{A_i \cap B_j \cap C_k \cdots = \chi} m_1(A_i) m_2(B_j) m_3(C_k) \cdots + K, & \chi \text{为不确定集} \\ K = \sum_{A_i \cap B_j \cap C_k \cdots = \varnothing} m_1(A_i) m_2(B_j) m_3(C_k) \cdots \end{cases} \quad (3\text{-}48)$$

可以看出，Yager放弃使用归一化因子，但将冲突信息全部定义为无法利用的信息，由辨识框架$m(\chi)$管理，这样就避免了原始公式中的证据冲突。这样"一刀切"的融合方式在多证据源冲突时会出现问题，举例说明如下。

设辨识框架$\Theta = \{A, B, C\}$，证据源为

$$S_1 : m_1(A) = 0.99, \quad m_1(B) = 0.01, \quad m_1(C) = 0$$
$$S_2 : m_2(A) = 0, \quad m_2(B) = 0.01, \quad m_2(C) = 0.99$$
$$S_3 : m_1(A) = 0.99, \quad m_1(B) = 0.01, \quad m_1(C) = 0$$
$$S_4 : m_1(A) = 0.99, \quad m_1(B) = 0.01, \quad m_1(C) = 0$$

证据源S_1、S_3、S_4均对命题A有极大支持度，与证据源S_2严重冲突，经过Yager合成规则，可以得到：

$$m(\chi) = 0.999999, \quad m(B) = 0.000001, \quad m(A) = m(C) = 0, \quad K = 0.999999$$

由此可见，支持命题A的证据源越多，$m(\chi)$越接近1，这是因为存在高冲突证据源S_2，合成规则失效。因此，Yager公式也无法避免多个冲突证据源导致的合成

规则失效。

（2）孙全合成规则改进。

孙全等人认为Yager的解决方案完全抛弃了冲突证据中的有用信息，提出利用证据可信度为冲突信息赋予权重，最大限度提取有利用价值的信息，利用价值取决于证据体的可信度函数。

定义n个证据中证据i和证据j间的冲突度k_{ij}以及证据可信度ε：

$$\begin{cases} k_{ij} = \sum_{A_i \cap A_j = \varnothing} m_i(A_i) m_j(A_j) \\ \varepsilon = e^{-k^*} \\ k^* = \dfrac{2}{n(n-1)} \sum_{i<j} k_{ij}, \quad i, j \leqslant n \end{cases} \quad (3\text{-}49)$$

合成规则：

$$\begin{cases} m(\varnothing) = 0, \quad \varnothing 为空集 \\ m(A) = p(A) + k \times \varepsilon \times q(A), \quad A \neq \varnothing \\ m(\chi) = p(\chi) + k \times \varepsilon \times q(\chi) + k(1-\varepsilon), \quad \chi 为不确定集 \end{cases} \quad (3\text{-}50)$$

其中，

$$p(A) = \sum_{A_i = A} m_1(A_1) m_2(A_2) \cdots m_n(A_n) \quad (3\text{-}51)$$

$$q(A) = \frac{1}{n} \sum_{i=1}^{n} m_i(A) \quad (3\text{-}52)$$

这种方式根据证据间冲突程度的大小，提取证据可信部分信息，但是由于对可信度函数的过度依赖，所以融合效果不稳定，而且最优可信度函数难以确定。

3. 基于模糊度量与距离一致性的改进策略

（1）模糊集相似性度量。

我们基于模糊集的论域相似性公式，结合D-S证据理论的基本函数关系，得到冲突证据的相似度公式。根据模糊集相似度公式，针对论域$G = \{g_1, g_2, \cdots, g_n\}$中存在模糊集$A$和$B$，取$G$中任意一个元素$g_i$，并获取真假隶属度函数$t(g_i)$和$f(g_i)$，然后分别计算$g_i$在$A$集和$B$集中的模糊值$A(g_i)$、$B(g_i)$：

$$\begin{cases} A(g_i) = \left[t_A(g_i), 1 - f_A(g_i) \right] \\ B(g_i) = \left[t_B(g_i), 1 - f_B(g_i) \right] \end{cases} \quad (3\text{-}53)$$

其中，$[t(g_i), 1 - f(g_i)]$称为模糊区间且包含于$[0, 1]$，则计算模糊集A和B的相似度$T(A, B)$如下：

$$T(A,B) = \frac{1}{n}\sum_{i=1}^{n}\left(\frac{1}{2}\left[\frac{1-|t_A(g_i)-t_B(g_i)|}{1+|t_A(g_i)-t_B(g_i)|} + \frac{1-|f_A(g_i)-f_B(g_i)|}{1+|f_A(g_i)-f_B(g_i)|}\right]\right) \quad (3\text{-}54)$$

根据 D-S 证据理论的基本函数关系，式（3-42）中信度函数 Bel(A) 表示对命题为真的支持度，式（3-43）中似然函数 Pl(A) 表示对命题非假的支持度，命题 A 的信度区间可表示为 [Bel(A), Pl(A)]。因此，Bel(A) 对应于模糊区间左边界 $t(g_i)$、Pl(A) 对应模糊区间右边界 $1-f(g_i)$。

将 Bel(A) 与 Pl(A) 代入式（3-54）中，得到证据 m_1 与 m_2 的相似度表达式：

$$\text{Sim}(m_1,m_2) = \frac{1}{n}\sum_{A\subseteq\Theta}\left(\frac{1}{2}\left[\frac{1-|\text{Bel}(m_1(A))-\text{Bel}(m_2(A))|}{1+|\text{Bel}(m_1(A))-\text{Bel}(m_2(A))|} + \frac{1-|\text{Pl}(m_1(A))-\text{Pl}(m_2(A))|}{1+|\text{Pl}(m_1(A))-\text{Pl}(m_2(A))|}\right]\right) \quad (3\text{-}55)$$

（2）证据距离一致性度量。

这里通过证据距离来描述证据间的一致性联系。设识别框架 Θ 下共有 N 个独立命题，则 Θ 的幂集为 2^N，假设存在 M 个证据源（$S_1, S_2, \cdots, S_M$），且与之对应的 BPA 函数分别为 $m_1, m_2, \cdots, m_M$。则证据源 S_i 是包含幂集 2^Θ 各元素对应 m_i 的 BPA 的 2^N 维行向量。任意两个证据源 S_i、S_j 之间的证据距离 $\text{Dis}(S_i, S_j)$ 可定义为

$$\text{Dis}(S_i,S_j) = \sqrt{\frac{1}{2}(S_i-S_j)\underline{\underline{D}}(S_i-S_j)^{\text{T}}} \quad (3\text{-}56)$$

其中，$\underline{\underline{D}}$ 为一个 $2^N\times 2^N$ 的矩阵，其中的每一个元素为

$$\underline{\underline{D}}(A,B) = \frac{|A\cap B|}{|A\cup B|} \quad A,B\in 2^\Theta \quad (3\text{-}57)$$

证据距离的计算公式：

$$d(S_i,S_j) = \sqrt{\frac{1}{2}(\|s_i\|^2+\|s_j\|^2-2\langle S_i,S_j\rangle)} \quad (3\text{-}58)$$

$$\langle S_i,S_j\rangle = \sum_{s=1}^{2^N}\sum_{t=1}^{2^N}m_i(A_s)m_j(A_t)\frac{|A_s\cap A_t|}{|A_s\cup A_t|} \quad A,B\in 2^\Theta \quad (3\text{-}59)$$

证据距离可以理解为证据冲突的反向对立面，变化范围为 [0, 1]，可以用来度量证据间的一致性，当证据距离为 0 时，说明证据完全一致，不存在证据冲突，当证据距离为 1 时，说明证据完全冲突，一致性较差。通过证据距离得到证据 S_i、S_j 之间的一致性系数 $\text{Coh}(S_i, S_j)$：

$$\text{Coh}(S_i,S_j) = 1-d(S_i,S_j) \quad (3\text{-}60)$$

（3）证据修正系数算法流程。

这里采用基于修正数据源的理念解决证据冲突，最关键的一步就是确定证据修正系数。假设在 Θ 识别框架下具有 M 个证据源：$S_1, S_2, \cdots, S_M$。分别获取证据 S_i、S_j 的相似度 Sim_{ij} 和一致性系数 Coh_{ij}。

当证据源数量 $M=2$ 时，修正系数 σ 可以表示为

$$\sigma_{12} = \frac{1 - \mathrm{Coh}_{12} + \mathrm{Sim}_{12}}{2} \tag{3-61}$$

当证据源数量 $M>2$ 时，确定修正系数 σ 时，需要同时考虑证据相似度和证据一致性，计算公式如下：

$$\sigma_i = \frac{\sigma_i^{\mathrm{Sim}} + \sigma_i^{\mathrm{Coh}}}{2} \quad i = 1, 2, \cdots, N \tag{3-62}$$

其中，σ_i^{Sim} 表示通过模糊相似度公式得到的相似度修正系数，σ_i^{Coh} 表示通过证据距离公式得到的一致性修正系数。计算过程如下：

① 针对证据源 $S_1, S_2, \cdots, S_M$，由式（3-55）计算相似度 $\mathrm{Sim}(S_i, S_j)$ 构成相似度矩阵 $\boldsymbol{S}^{\mathrm{Sim}}$，由式（3-60）计算一致性系数 $\mathrm{Coh}(S_i, S_j)$ 构成一致性矩阵 $\boldsymbol{S}^{\mathrm{Coh}}$。

$$\boldsymbol{S}^{\mathrm{Sim}} = \begin{pmatrix} 1 & \mathrm{Sim}_{12} & \cdots & \mathrm{Sim}_{1N} \\ \mathrm{Sim}_{21} & 1 & \cdots & \vdots \\ \vdots & \vdots & & \vdots \\ \mathrm{Sim}_{N1} & \mathrm{Sim}_{N2} & \cdots & 1 \end{pmatrix} \tag{3-63}$$

$$\boldsymbol{S}^{\mathrm{Coh}} = \begin{pmatrix} 1 & \mathrm{Coh}_{12} & \cdots & \mathrm{Coh}_{1N} \\ \mathrm{Coh}_{21} & 1 & \cdots & \vdots \\ \vdots & \vdots & & \vdots \\ \mathrm{Coh}_{N1} & \mathrm{Coh}_{N2} & \cdots & 1 \end{pmatrix} \tag{3-64}$$

② 将矩阵 $\boldsymbol{S}^{\mathrm{Sim}}$ 与 $\boldsymbol{S}^{\mathrm{Coh}}$ 中与证据源 S_i 相关的相似度及一致性系数累加求和，即可得到对 S_i 的支持度 $\mathrm{Sup}^{\mathrm{Sim}}(S_i)$ 和 $\mathrm{Sup}^{\mathrm{Coh}}(S_i)$。

$$\mathrm{Sup}^{\mathrm{Sim}}(S_i) = \sum_{i=1, i \neq i}^{N} \mathrm{Sim}_{ij} \quad i, j = 1, 2, \cdots, N \tag{3-65}$$

$$\mathrm{Sup}^{\mathrm{Coh}}(S_i) = \sum_{j=1, i \neq j}^{N} \mathrm{Coh}_{ij} \quad i, j = 1, 2, \cdots, N \tag{3-66}$$

③ 分别计算出证据的平均支持度 $\mathrm{Sup}_{\mathrm{avg}}^{\mathrm{Sim}}$ 和 $\mathrm{Sup}_{\mathrm{avg}}^{\mathrm{Coh}}$。

$$\mathrm{Sup}_{\mathrm{avg}}^{\mathrm{Sim}} = \frac{1}{N} \sum_{i=1}^{N} \mathrm{Sup}^{\mathrm{Sim}}(S_i) \quad i = 1, 2, \cdots, N \tag{3-67}$$

$$\mathrm{Sup}_{\mathrm{avg}}^{\mathrm{Coh}} = \frac{1}{N} \sum_{i=1}^{N} \mathrm{Sup}^{\mathrm{Coh}}(S_i) \quad i = 1, 2, \cdots, N \tag{3-68}$$

④ 根据各证据支持度与总平均支持度的比值，得到相似度修正系数 σ_i^{Sim} 和一致性修正系数 σ_i^{Coh}。

$$\sigma_t^{\text{Sim}} = \begin{cases} 1 & \text{Sup}^{\text{Sim}}(S_t) \geqslant \text{Sup}_{\text{avg}}^{\text{Sim}} \\ \dfrac{\text{Sup}^{\text{Sim}}(S_t)}{\text{Sup}_{\text{avg}}^{\text{Sim}}} & \text{Sup}^{\text{Sim}}(S_t) < \text{Sup}_{\text{avg}}^{\text{Sim}} \end{cases} \quad (3-69)$$

$$\sigma_t^{\text{Coh}} = \begin{cases} 1 & \text{Sup}^{\text{Coh}}(S_t) \geqslant \text{Sup}_{\text{avg}}^{\text{Coh}} \\ \dfrac{\text{Sup}^{\text{Coh}}(S_t)}{\text{Sup}_{\text{avg}}^{\text{Coh}}} & \text{Sup}^{\text{Coh}}(S_t) < \text{Sup}_{\text{avg}}^{\text{Coh}} \end{cases} \quad (3-70)$$

根据分析可知，修正系数 σ 确定的依据为证据间的相似性和一致性，根据式（3-62）可计算出 σ。σ 越大，证明证据间的冲突性越弱，证据的可信度越高，对最终决策结果的影响程度越大；σ 越小，证据间冲突性越强，证据的可信度越低，对最终决策结果的影响程度越小。对证据的修正效果如下：

$$m^*(A) = \begin{cases} \sigma m(A) & A \neq \Theta \\ 1 - \sigma(1 - m(A)) & A = \Theta \end{cases} \quad (3-71)$$

（4）数值实验对比分析。

检验改进后合成规则的抗冲突效果，这里选取具有代表性的冲突证据源进行验证，针对辨识框架 $\Theta = \{A, B, C\}$，证据源为 m_1、m_2、m_3、m_4。各证据源的基本信度值 BPA 具体如表 3-13 所示。

表 3-13　各证据源的基本信度值 BPA

证据源	A	B	C
m_1	0.8	0.2	0
m_2	0.2	0.25	0.55
m_3	0.3	0.1	0.6
m_4	0.25	0.2	0.55
m_5	0.15	0.2	0.65

融合结果如表 3-14 所示，可以看出经典的 D-S 证据合成规则受"一票否决"证据影响，一旦证据源出现 $m_1(C) = 0$ 时，融合前后对命题 C 的信度值恒为 0，即使有其他支持命题 C 的证据源加入，如 $m_2(C) = 0.55$、$m_3(C) = 0.6$，仍然无法改变对命题 C 的信度，显然完全否定命题 C 是不可取的。

Yager 的改进方法为了解决证据冲突问题，将无法解决的信度冲突完全转入不确定区间 $m(\chi)$，导致融合结果中不确定度较高，并且没有解决命题 C 的信度值恒为 0 的问题。因此，Yager 方法不适用于高冲突证据源。

孙全改进方法提取高冲突证据中的可用部分，降低不确定性信度，并分配给命题 C 信度解决"一票否决"问题，但是，此方法受 $m_1(C) = 0$ 的影响较大，且可用冲突证据的提取能力有限，导致不确定性信度仍大于命题 C 的信度值，且随着 $m_2(C) = 0.55$、$m_3(C) = 0.6$ 证据的加入，不确定性信度 $m(\chi)$ 逐渐增大。因此，孙全方法无法完全解决证据冲突，依然存在较高不确定性。

我们改进的合成规则方法中不确定性 $m(\chi)$ 恒为 0，可改善 Yager 和孙全规则的"一票否决"问题和不确定性问题，解决证据高冲突带来的悖论问题，同时 $m_3(C)$、$m_4(C)$、$m_5(C)$ 证据加入时，$m(C)$ 的合成信度从 0.1436 提高至 0.9142，证明本方法在证据合成时，对相似性及一致性较高的证据快速聚焦，对高冲突证据合成效果显著，符合理论实际。

表3-14 D-S证据理论改进前后融合结果

融合方法	组合方法	$m(A)$	$m(B)$	$m(C)$	$m(\chi)$
D-S合成规则	m_1, m_2	0.7138	0.2862	0	0
	m_1, m_2, m_3	0.8754	0.1246	0	0
	m_1, m_2, m_3, m_4	0.8956	0.1044	0	0
	m_1, m_2, m_3, m_4, m_5	0.8689	0.1311	0	0
Yager方法	m_1, m_2	0.1558	0.0737	0	0.7705
	m_1, m_2, m_3	0.0636	0.0185	0	0.9179
	m_1, m_2, m_3, m_4	0.0276	0.0137	0	0.9587
	m_1, m_2, m_3, m_4, m_5	0.0174	0.0127	0	0.9699
孙全方法	m_1, m_2	0.3485	0.1371	0.0797	0.4347
	m_1, m_2, m_3	0.2592	0.0867	0.1608	0.4933
	m_1, m_2, m_3, m_4	0.2154	0.0764	0.1965	0.5117
	m_1, m_2, m_3, m_4, m_5	0.1866	0.0806	0.2272	0.5056
本方法	m_1, m_2	0.6741	0.1823	0.1436	0
	m_1, m_2, m_3	0.4253	0.0734	0.5013	0
	m_1, m_2, m_3, m_4	0.223	0.042	0.735	0
	m_1, m_2, m_3, m_4, m_5	0.0616	0.0242	0.9142	0

4. 确立证据体BPA

D-S证据理论虽然在解决不确定性问题上具有显著优势，但在实际应用时，必须重点解决各证据体BPA赋值困难的问题，解决方法有专家经验法、模糊隶属度等，这些方法随机性较大，无法得到确切值。我们基于BP神经网络及SVM分类器的特征融合结果，提出BPA转换模型：①将BP神经网络的输出概率值及误差归一化，生成不同状态的BPA；②利用SVM分类器后验概率模型，通过sigmoid函数将分类结果映射为BPA。

（1）BP神经网络预测获取BPA。

利用BP神经网络的非线性映射可以直接输出基本概率值，同时需要考虑误差因素输出不确定性BPA，BP神经网络及改进模型输出结果的基本信度值BPA计算过程如下：

$$m(A_i) = \frac{\sigma(A_i)}{M} \tag{3-72}$$

$$m(\theta) = \frac{e_i}{M} \tag{3-73}$$

$$M = \sum_{i=1}^{n} \sigma(A_i) + e_i \tag{3-74}$$

$$e_i = \frac{1}{n} \sum_{i=1}^{n} [\sigma(A_i) - y_i]^2 \tag{3-75}$$

式中：$\sigma(A_i)$表示神经网络对每一种状态类型的识别结果；e_i表示误差值；y_i表示期望输出结果；$m(A_i)$表示证据对不同状态类型的信度值BPA。

（2）SVM后验概率获取BPA。

这里利用SVM的后验概率获取BPA。由于标准的SVM模型只能判断类别，无法直接输出危险品仓库状态的隶属度，故采用sigmoid函数对SVM的分类结果$f(x)$进行[0, 1]映射，得到后验概率p：

$$p(y=1|f) = \frac{1}{1+\exp(Af+B)} \tag{3-76}$$

$p(y=1|f)$表示样本输出结果为f时，所属目标状态的概率。其中sigmoid函数结构由参数A和B决定，通过最大似然估算。当识别目标状态为$N>2$时，需要采用多分类法将多个二分类向量机进行组合，任意i类和j类组合得到二分类向量机对输出结果为i的后验概率为$P(i,j)$：

$$P(i,j) = \sum_{j=1, j \neq i}^{n} p_{ij}(i|j;x) \tag{3-77}$$

最终得到识别为i的概率p_i：

$$p(i|x) = \frac{P(i,j)}{\sum_{k=1}^{n} P(k,j)} = \frac{2P(i,j)}{N(N-1)} \tag{3-78}$$

$$m(A_i) = p(i|x) \tag{3-79}$$

（3）决策级融合实验结果分析。

决策融合实验采用前文中的乙醇样本数据，模拟乙醇仓储环境下的安全监测。首先确定识别框架＝{A, B, C}，分别表示仓库的状态为安全、危险预警、严重报警。选择温度、湿度、乙醇浓度、CO_2浓度、CO浓度、烟雾浓度6种输入参数，输出参数{1, 0, 0}、{0, 1, 0}和{0, 0, 1}分别对应识别框架的A、B、C。

在危险品仓库中设置2个监测区域，并针对3个不同时间点，分别选取3组测试数据，得到共包括区域一和区域二的6组数据，如表3-15所示。

表3-15 三组测试数据样例

编号	监测区域	温度/℃	湿度/%	乙醇浓度/ppm	CO_2浓度/ppm	CO浓度/ppm	烟雾浓度/ppm	实际状态
Ⅰ	区域一	20.7	55	45	573	0	0	A
	区域二	19.8	54	67	575	0	0	
Ⅱ	区域一	26.9	66	125	579	23	56	B
	区域二	24.4	68	136	577	0	12	
Ⅲ	区域一	30.8	70	245	1242	35	154	C
	区域二	28.8	65	197	855	25	115	

BP神经网络模型输入层、隐含层和输出层节点个数分别为6、13、3，且采用EAR步长进行修正，采用sigmoid函数调整、改进网络结构，采用CS算法对参数寻优，输出结果转换后得到基本信度值，对区域一得到的基本信度值BPA如表3-16所示，对区域二得到的基本信度值BPA如表3-17所示。通过CS算法优化的SVM分类器得到基本信度值，对区域一得到的基本信度值BPA如表3-18所示，对区域二得到的基本信度值BPA如表3-19所示。

表3-16 区域一CS-BP神经网络的基本信度值BPA

测试编号	$m_1(A)$	$m_1(B)$	$m_1(C)$	$m_1(\chi)$
Ⅰ	0.8757	0.0671	0.0521	0.0051
Ⅱ	0.3351	0.6339	0.0245	0.0065
Ⅲ	0.1785	0.0609	0.7525	0.0081

表3-17 区域二CS-BP神经网络的基本信度值BPA

测试编号	$m_2(A)$	$m_2(B)$	$m_2(C)$	$m_2(\chi)$
Ⅰ	0.9263	0.0595	0.0088	0.0054
Ⅱ	0.0571	0.6099	0.3265	0.0065
Ⅲ	0.0795	0.5179	0.3895	0.0131

表3-18　区域一 CS-SVM分类器的基本信度值BPA

测试编号	$m_3(A)$	$m_3(B)$	$m_3(C)$	$m_3(\chi)$
Ⅰ	0.8226	0.1075	0.0153	0.0546
Ⅱ	0.0735	0.3251	0.5629	0.0385
Ⅲ	0.1955	0.0329	0.7005	0.0711

表3-19　区域二 CS-SVM分类器的基本信度值BPA

测试编号	$m_4(A)$	$m_4(B)$	$m_4(C)$	$m_4(\chi)$
Ⅰ	0.8812	0.0670	0.0363	0.0155
Ⅱ	0.1471	0.2019	0.6245	0.0265
Ⅲ	0.2185	0.0219	0.7215	0.0381

将4组基本信度值BPA进行决策融合，实验结果如表3-20所示。

表3-20　4组基本信度值BPA的决策融合结果

测试编号	证据体	A	B	C	不确定性	识别结果
Ⅰ	m_1	0.8757	0.0671	0.0521	0.0051	A
	m_2	0.9263	0.0595	0.0088	0.0054	A
	m_3	0.8226	0.1075	0.0153	0.0546	A
	m_4	0.8812	0.0670	0.0363	0.0155	A
	融合结果	0.9886	0.0032	0.0041	0	A
Ⅱ	m_1	0.3351	0.6339	0.0245	0.0065	B
	m_2	0.0571	0.6099	0.3265	0.0065	B
	m_3	0.0735	0.3251	0.5629	0.0385	C
	m_4	0.1471	0.2019	0.6245	0.0265	B
	融合结果	0.0242	0.8163	0.1595	0	B
Ⅲ	m_1	0.1785	0.0609	0.7525	0.0081	C
	m_2	0.0795	0.5179	0.3895	0.0131	B
	m_3	0.1955	0.0329	0.7005	0.0711	C
	m_4	0.2185	0.0219	0.7215	0.0381	C
	融合结果	0.0132	0.1597	0.8271	0	C

通过分析可知，3组测试数据的实际状态分别对应仓库状态A（安全）、B（危险预警）和C（严重报警）。独立的BP神经网络在编号Ⅲ的m_2证据体识别中出现误差，将状态C识别为状态B；独立的SVM分类器在编号Ⅱ的m_3证据体识别中出现误差，将状态B识别为状态C，但改进后的D-S证据理论融合后的识别结果完全正确。实验结果验证了改进后的D-S证据理论能够有效识别危险品仓库状态，且相较于BP神经网络或SVM分类器准确性提升效果显著，不确定性明显降低。

我们选用120组测试数据进一步验证决策层融合效果,单独使用特征层融合识别,图3-47所示为CS-BP神经网络测试结果,图3-48所示为CS-SVM分类器测试结果。

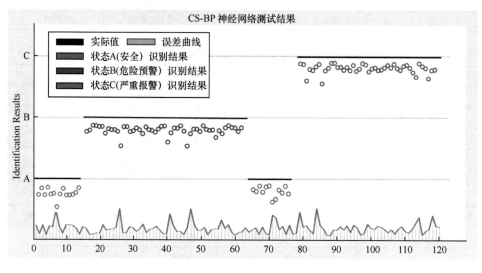

图3-47

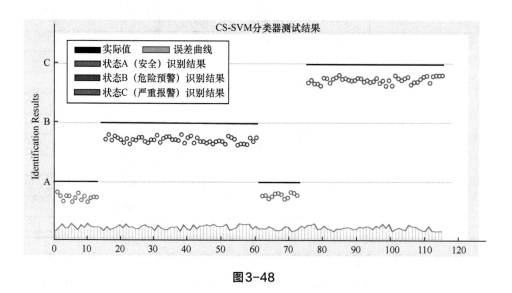

图3-48

从识别结果可以看出,CS-BP神经网络得到的整体准确性较高,但由于存在局部最优解,对部分样本数据的识别结果误差较大。CS-SVM分类器不存在局部最优误差,但无法控制整体的准确性。

采用改进后的D-S合成规则对上述4组证据体进行决策融合,识别结果如图3-49所示,下方的误差曲线的整体波动幅度明显下降,并且无局部较大波动,表明决策层融合模型能有效改善特征融合的不确定性误差,对危险品仓库状态识别具有较高的准确性且识别结果准确。

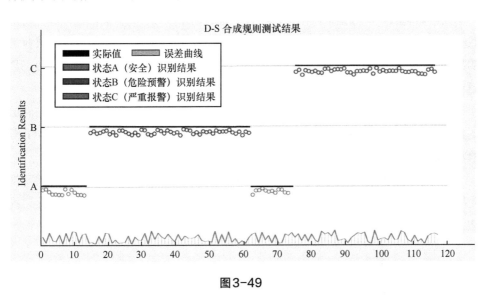

图3-49

3.4.4 危险品仓库远程监测预警系统设计

1. 监测系统整体框架

高性能的软件系统是推进危险品仓库安全监测智能化的有力工具,设计开发高可用性与高稳定性的监测系统对管理效率的提升有十分重要的意义。我们设计的危险品仓库远程监测预警系统,通过对接多源数据库与物联网云平台,远程获取RFID和传感器等硬件设备的实时数据,集成高效数据处理引擎预测危险品仓库状态,保证数据利用的高效和传输的实时性,为应急部门采取措施留出了充足的时间。

(1)系统架构。

主流的系统结构分为C/S架构和B/S架构,C/S指客户机与服务器进行交互,部署环境较复杂,开放性差,不利于后期维护和管理;B/S指浏览器与服务器交互,借助浏览器在广域网实现应用界面,设备配置要求低,适用广范围跨平台的数据交互,兼容性及扩展性更强。我们的目的是建立面向仓库监测的通用高可用系统,综合考虑后期维护及功能扩展，选用B/S架构。

系统整体架构如图3-50所示，采用三层架构，分别为数据访问层、业务逻辑层、应用表现层，并在此基础上扩展通信中心和后台管理中心，完善数据传输接口。

数据访问层对接数据采集设备，通过配置数据库接口，将各类数据存储至特定数据库中，包括MySQL、InfluxDB、Elasticsearch，多源数据库保障对上层业务的数据支持，采用分布式处理集群连接多个服务器，并以HTTP传输数据，提高数据传输效率和可靠性。

业务逻辑层负责将用户的业务需求转化为数据的逻辑处理，其通过数据访问层的数据接口，利用MyBatis-Plus数据持久化、ES-RestHighLevelClient、ES-GEO检索等技术和工具将数据表示装成仓库实体对象，进而搭建核心业务集群。

应用表现层负责渲染业务数据，结合HTML、Vue和VGA等为用户提供可视化操作界面。基于系统的功能需求，应用表现层的前端控制器调用RESTful接口提取相关数据并处理，然后回调处理后的数据通过App进行展示。

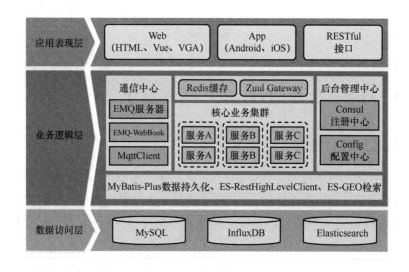

图3-50

（2）技术体系。

危险品仓库监测系统采用JavaEE企业级分布式开发方案，对应业务流程的技术体系架构如图3-51所示，工具的选择如下。

① 开发语言：Java。

② 开发工具：IntelliJ IDEA、Maven、Git、SVN、VMware Workstation等。
③ 后端框架：SpringBoot、MyBatis-Plus等。
④ 前端框架：Vue.js、Element UI等。
⑤ 云平台：OneNET物联网平台。
⑥ 数据库：MySQL、InfluxDB、Elasticsearch。
⑦ 数据融合算法处理工具NumPy、MATLAB 2018b。

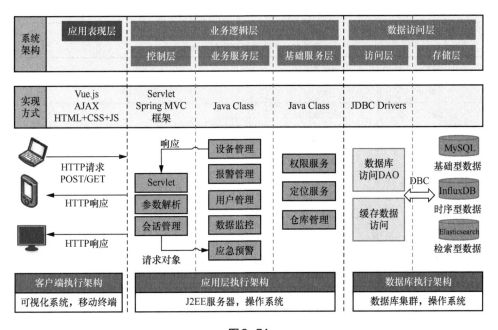

图3-51

2. 数据库设计

危险品仓库监测系统存储的传感器数据均具有时序性，且设备上报数据是非常频繁的，如果只依靠MySQL数据库，很容易将MySQL服务器的CPU占用率提升到100%，从而会引发整个系统崩溃无法使用。预制数据将放入MySQL里进行存储，设备上报的指标数据包括报警数据将存入InfluxDB中，设备的地理位置信息数据存入ES中以便后期搜索，为了提高系统的运行稳定性，将数据分析算法频繁访问的数据存储在Redis中。MySQL数据库主要包含管理员表tb_admin、指标配置表tb_quota、报警配置表tb_alarm、面板配置表tb_board、GPS配置表tb_gps、设备库表device，各数据表模型分别如表3-21、表3-22、表3-23、表3-24、表3-25、表3-26所示。

表3-21 管理员表 tb_admin

列名	数据类型	说明
id	int	表主键ID，自增
login_name	varchar(50)	登录账号
password	varchar(60)	密码
type	tinyint	类型。1表示超级管理员，2表示普通用户。目前作为保留字段
board	varchar(50)	面板列表

表3-22 指标配置表 tb_quota

列名	数据类型	说明
id	int	表主键ID
name	varchar(50)	指标名称
unit	varchar(20)	指标单位
subject	varchar(50)	报文主题
value_key	varchar(50)	指标值字段
sn_key	varchar(50)	设备识别码字段
webhook	varchar(1000)	Web钩子
value_type	varchar(10)	字段类型，包括double、integer、boolean
reference_value	varchar(100)	参考值

表3-23 报警配置表 tb_alarm

列名	数据类型	说明
id	int	表主键ID，自增
name	varchar(50)	报警指标名称
quota_id	int	关联指标名称
operator	varchar(10)	运算符
threshold	int	报警阈值
level	int	报警级别。1表示一般，2表示严重
cycle	int	沉默周期（以分钟为单位）
webhook	varchar(1000)	Web钩子地址

表3-24 面板配置表 tb_board

列名	数据类型	说明
id	int	表主键ID，自增

续表

列名	数据类型	说明
admin_id	int	管理员ID
name	varchar(50)	面板名称
quota	varchar(100)	指标
device	varchar(100)	设备
system	tinyint	是否是系统面板
disable	tinyint	是否不显示

表3-25 GPS配置表tb_gps

列名	数据类型	说明
id	bigint	表主键ID
subject	varchar(50)	报文主题
sn_key	varchar(50)	设备识别码字段
sn_id	int	关联设备编号
type	tinyint	类型（单字段、双字段）
value_key	varchar(50)	经纬度字段
separation	varchar(10)	经纬度分隔符
longitude	varchar(20)	经度字段
latitude	varchar(20)	纬度字段
disable	tinyint	是否不显示

表3-26 设备库表device

列名	数据类型	说明
deviceId	keyword	设备编号
alarm	boolean	是否报警
alarmName	keyword	报警名称
level	integer	报警级别
online	boolean	是否在线
status	boolean	开关
tag	keyword	标签

在危险品仓库监测系统中，设备的添加功能并不是用户在界面手动完成的，而是在系统接收到设备发过来的报文，解析后保存。由于物联网类的应用所使用的设备数量可能非常庞大，而对这部分数据的读写又很频繁，所以我们使用

Elasticsearch作为设备的数据库。

系统需要接收和存储大量物联网设备频繁上报的指标数据，单独的关系数据库MySQL就不能满足我们的需求了，故采用InfluxDB这种专门解决大量物联网设备数据插入和检索的时序型数据库存储指标数据，需要在项目中预先定义数据对象，然后将EMQ接收的数据解析完成之后全部转换为该对象类型。

3. OneNET云平台部署

云端物联网服务器选用中国移动的OneNET云平台接收原始数据和发布操作指令。成功登录平台后首先进行危险品仓库监测产品的创建，图3-52为OneNET云平台产品概况界面。设置接入设备的数据传输协议为MQTT，确定本产品的唯一管理员权限密钥为Master-APIkey，以及设备访问密钥为access_key。

图3-52

OneNET云平台的产品是指实现最终功能的设备、数据、服务等要素的统一集合，用户可以自定义产品的应用类型，以满足危险品仓库监测场景下的功能需求。产品创建成功后，可以将终端数据采集设备添加到产品中，云平台中的设备对应实际传感器设备，且具有唯一的设备识别证书APIkey，在数据传输的过程中确认身份。

终端设备与OneNET完成连接后，就可以实现数据发送与接收，如图3-53所示。设定危险品仓库监测时的所有传感器设备，这些设备的数据通过ZigBee协调器中的NB-IoT模块传输，OneNET收到数据后按设定协议完成解析，并存储至云服务器，然后调用数据处理规则引擎，管理设备监控触发器，实现数据绑定、数据监测、数据推送等功能，并且可以自定义相关应用。

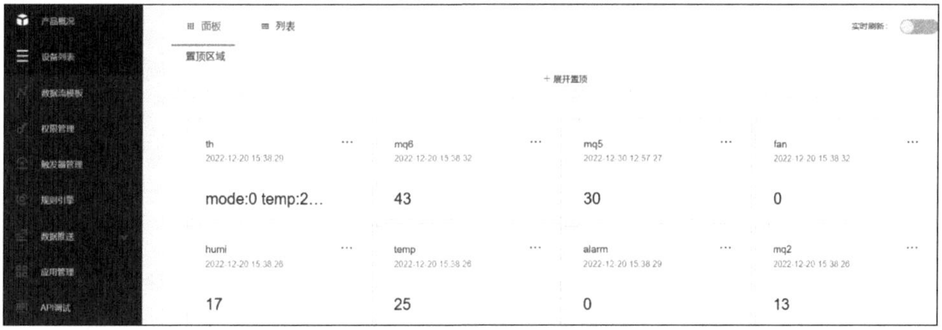

图3-53

4. 应用端功能模块设计与实现

应用端主要为远程用户提供数据融合算法引擎及自适应监控报警服务，通过前文介绍可知，云平台已经通过MQTT协议获取接收设备和数据信息，因此应用端可以在已接收数据的基础上进行高级数据处理，主要功能模块包括设备远程管理模块、数据融合管理模块、监控报警模块和数据可视化模块。

（1）设备远程管理模块。

在危险品仓库安全监测系统中，设备信息在数据采集过程中通过MQTT协议上传至云端，然后采用HTTP推送的方式，将云端已处理的设备信息发送到应用平台，同时需要将设备信息与传感器数据进行绑定。为了便于检索，本平台将设备信息存储在Elasticsearch数据库，通过Kibana可视化客户端创建索引。

设备远程管理模块负责实现设备管理、设备指标管理、设备运行状态管理等功能。添加设备时，设备对象DeviceDTO包括设备编号、是否报警、报警级别、在线状态、开关状态、标签信息，添加设备的核心代码如图3-54所示。设备信息无法被用户编辑，但为了方便后期设备检索及定位，设置标签信息来标识辅助信息。

① 设备管理。

设备管理主要负责新增设备及设备定位，本系统通过北斗定位各危险品仓库及监测设备的位置，并在首页地图面板中标识，同时通过被标识的仓库可以查看设备数据采集信息。

② 设备指标管理。

设备指标对应着危险品仓库监测的环境指标，各指标单位及安全值可根据仓库中危险品类型手动设定，设备指标管理界面如图3-55所示。

```java
/**
 * 添加设备
 * @param deviceDTO
 */
public  void addDevices(DeviceDTO deviceDTO){
    if(deviceDTO==null ) return;
    if(deviceDTO.getDeviceId()==null) return;
    IndexRequest request=new IndexRequest("devices");
    try {
        String json = JsonUtil.serialize(deviceDTO);
        Map map = JsonUtil.getByJson(json, Map.class);
        request.source(map);
        request.id(deviceDTO.getDeviceId());
        restHighLevelClient.index(request,
RequestOptions.DEFAULT);
    } catch (JsonProcessingException e) {
        e.printStackTrace();
    } catch (IOException e) {
        e.printStackTrace();
        log.error("设备添加发生异常");
    }
}
```

图3-54

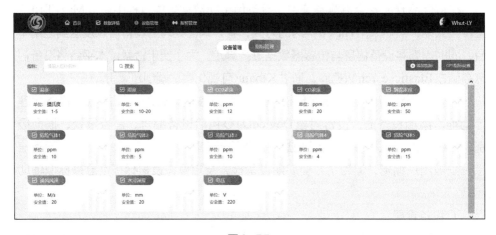

图3-55

③ 设备运行状态管理。

进行设备运行状态管理时，首先根据搜索条件从Elasticsearch中查询出相应设备的最新指标状态和在线状态，然后根据设备的编号从InfluxDB中得到设备的所有指标数据，最后将符合条件的所有设备及设备的所有指标状态返回。设备运行界面如图3-56所示，设备运行时分别采用红色、黄色、绿色标识严重报警、一般报警、正常3种状态。具体实现过程如下。

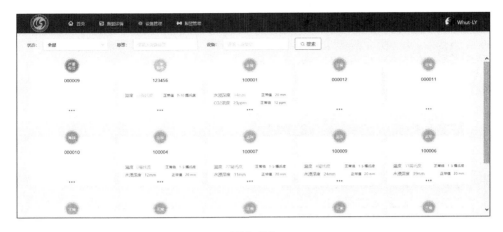

图 3-56

（a）在 InfluxDB 数据库中创建存储指标数据。

（b）定义 InfluxDB 中数据对象的存储格式，当从 EMQ 接收的数据报文解析完成后转换为该对象。

（c）定义数据传输工具类，负责对 InfluxDB 数据库建立连接以及对数据的查询与插入操作。

（d）定义相关方法实现指标数据存储的业务服务逻辑，封装将指标数据存入 InfluxDB 中的具体逻辑及实现的方法。

（e）接收 EMQ 数据并完成转换后，调用业务逻辑方法将数据存储到 InfluxDB 中指定的数据库表中。

（2）数据融合管理模块。

数据融合管理模块采用基于多传感器融合的闭环决策模型搭建，主界面如图 3-57 所示。数据融合启动前，用户可手动选择危险品仓库和融合规则，随后系统根据特定规则打开指标生成器，根据指标生成器中的特征指标绑定仓库内的数据采集设备，然后对设备的数据质量进行动态分析，对异常数据进行清洗和修正，最终各指标经过数据融合引擎得到 D-S 证据理论的决策结果，对危险品仓库的异常态势做出评价。如果遇到危险警报，系统将打开通风扇和降温空调等应急联动设备，并自动上传报警信息生成报警日志。数据融合的整个过程会按规定的时间间隔动态刷新，尤其在联动设备开启后进行数据反馈。

（3）监控报警模块。

监控报警模块主要将设备信息及报警信息进行匹配，封装查询语句时从 InfluxDB 中对 alarmName 进行全模糊搜索，对 deviceId 进行左匹配模糊搜索。InfluxDB 中的模糊搜索和 MySQL 中的模糊搜索是不一样的，具体的规则如下。

① 实现查询包含给定字段数据。

select fieldName from measurementName where fieldName=~/条件值/

② 实现查询以给定字段开始的数据。

select fieldName from measurementName where fieldName=~/^条件值/

③ 实现查询以给定字段结束的数据。

select fieldName from measurementName where fieldName=~/条件值$/

分页与模糊条件查询SQL语句为

select * from quota where time>='2020-01-01' and time<='2020-12-31' and alarmName=~/温度/ and deviceId=~/^12/ and alarm='1' order by desc limit 10 offset 0

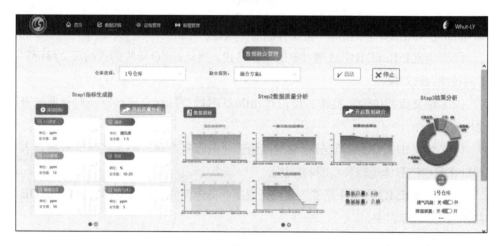

图3-57

监控报警模块分为报警日志和报警管理两个部分，报警日志以时间顺序将数据融合管理模块的监测结果及设备远程管理模块的设备数据绑定并展示出来，主要接收在系统中能够按照一定条件检索的报警日志，然后进行搜索展示，具体的展示效果如图3-58所示。报警管理以仓库为对象展示更详细的报警信息，对仓库内部的数据采集设备及联动设备进行控制，展示效果如图3-59所示。

（4）数据可视化模块。

数据可视化模块将所有数据采集设备及数据的发展趋势集中展现出来，底层封装高效的数据处理引擎，保障可视化界面的数据实时性。危险品仓库可视化平台嵌入多传感器监测模型，动态监测仓库内的环境数据，对仓库位置进行快速定位，通过命令框下达人工监测命令，展现环境指标数据以及定位数据，根据设定的监测模型对危险状况发出警报，并自动采取应急措施打开联动控制设备。

图3-58

图3-59

3.4.5 系统整体测试

1. 系统测试环境

（1）硬件环境。

① 传感器模块：DS18B20温度传感器、DHT11湿度传感器、MQ-2烟雾传感器、ME2-CO一氧化碳传感器、MC119危险气体浓度传感器。

② CC2530模块：支持ZStack 2007协议栈。

③ 终端计算机：联想小新Air14 2020锐龙版，Windows 10操作系统，CPU AMD Ryzen 5 4600U，内存16 GB。

④ 服务器：OneNET 云服务器，CentOS 6.5 处理器，CPU 1.0 GHz，内存 2 GB。

（2）软件环境。

① 软件开发环境：JDK1.8、服务器 Tomcat 7.0、数据库 MySQL 5.1。

② 程序编写工具：IAR Embedded Workbench DE（ZigBee 驱动程序）、IntelliJ IDEA（Java 应用程序）。

③ 相关调试工具：串口调试助手 XCOM、数据库管理工具 SQLyog 和 NoSQL Booster for MongoDB、远程 Linux 操作服务器 SecureCRT、FTP 客户端 SecureFX。

2．硬件及软件测试

我们通过搭建危险品仓库监测系统的硬件与软件环境，模拟高浓度乙醇储存时发生泄漏和燃烧的全过程，硬件连接如图 3-60 所示，其描述了监测系统的各个重要组成部分。该系统的核心控制装置包括 ZigBee 协调器、NB-IoT 模块和 ZigBee 终端节点。ZigBee 终端节点模块 1 控制外围传感器，准确收集温度、湿度、烟雾浓度、一氧化碳浓度等数据，ZigBee 终端节点模块 2 监测二氧化碳气体浓度和乙醇浓度数据，终端节点将数据传输给协调器，协调器节点通过 NB-IoT 模块将数据传输至云端监测平台，监测平台通过发送指令控制冷却风扇的启动和停止，实现监测环境的动态反馈。该监测系统采用多个节点和传感器同时进行数据采集，使监测数据更加准确，扩大了监测范围，有效降低了传感器性能限制对监测结果的不利影响，提高了系统的数据检测性能。

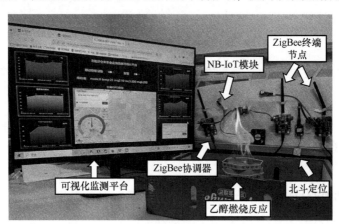

图 3-60

搭建完成 ZigBee 数据采集设备后，测试 NB-IoT 模块与 OneNET 平台是否连接成功，以及采集设备是否接入成功，同时设定设备以 30 s 为时间间隔采集数据。登录 OneNET 云平台，可以看到当前在线设备为多传感器数据采集设备，并且可以详细查看当前设备信息，进入数据流展示界面测试数据接收情况，如图 3-61 所示。

智能数据服务方法 —— 第3章

图3-61

进入数据流展示界面，可以实时查看当前采集的数据情况，如图3-62所示。本次测试包括8组数据：temperature_DS18B20、Smoke_MQ2、humidity_DHT11、CO2_MQ2、Ethanol_MC119、Carbonmonoxide_ME2CO、mq6和地图信息。

图3-62

将各设备采集的历史数据生成折线图，分析数据发展趋势，图3-63分别展示设备最近采集的temperature_DS18B20、Smoke_MQ2、Ethanol_MC119、humidity_DHT11数据。

进入数据可视化界面，如图3-64所示，可对当前仓库状态进行实时可视化监测。测试定位监测仓库位置是否准确，并获取此仓库内部设备信息，通过数据融合引擎综合分析，获取当前仓库为预警状态，已自动开启联动控制设备并发出警报。

157

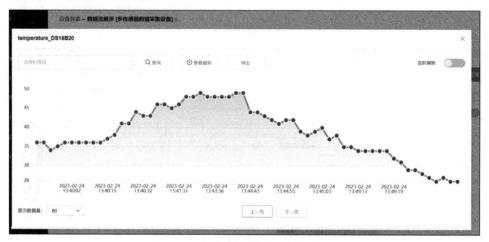

（a）temperature_DS18B20数据展示

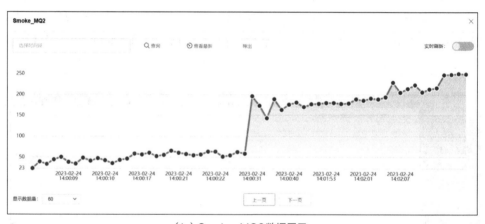

（b）Smoke_MQ2数据展示

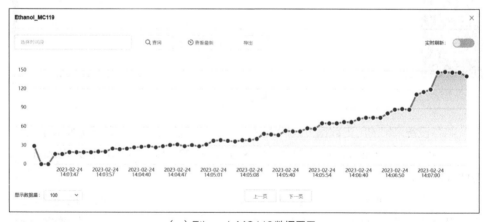

（c）Ethanol_MC119数据展示

图3-63

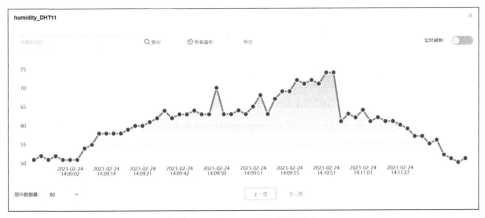

（d）humidity_DHT11数据展示

图3-63（续）

图3-64

3.5 面向煤炭码头装卸作业的混合流水车间调度优化

3.5.1 港口装卸作业调度概述

煤炭码头装卸作业调度的目的主要是整合港口作业相关数据，确定到港列车的卸车顺序、船舶的靠泊顺序以及确定各加工环节的装卸设备选择，并在有限的资源条件下尽可能优化调度结果。码头装卸作业调度的结果对于堆场作业、车船停泊计划有很大影响，进而影响整个港口的生产作业效率。如何最大限度地提高生产调度的合理性与准确性，有效利用装卸调度这一关键环节，一直是港口企业为提高自身竞争力而不断探索的重要问题。本书以煤炭码头装卸作业为背景研究了不同类型的混合流水车间调度问题（hybrid flow shop scheduling problem，HFSP），并设计了高效的求解方案。我们以北方某煤炭输出型码头为例进行系统的分析，通过合理的中控调度方案和高效的求解算法促进装卸效率提升，努力降低在港煤炭堆存量，提升整个港口的作业能力。

3.5.2　考虑任务释放时间与零等待的 HFSP 数学模型

1. 问题描述

装卸分离模式下考虑任务释放时间与零等待的 HFSP 数学模型描述：有 N 个煤炭装卸任务按照相同的加工顺序经过 S 个装卸作业阶段，煤炭由列车运送到港口，到达时间不同，即任务可用时间不同，每个任务在一个加工阶段完成后进入下一个阶段，各生产阶段有 m_j 台同速并行机，不同作业阶段之间不设置缓冲区。

2. 问题假设

根据煤炭码头装卸作业特征及 HFSP 的特点，求解该问题需要满足以下假设。

（1）一辆运煤列车只携带一种煤炭，将一辆运煤列车看作一个待加工任务，不可拆分，必须等当前列车所携带所有煤炭加工完毕下一辆列车再进港作业。

（2）在同一时间，一台机器只能加工一个任务，每个任务在每个加工阶段也只能选择一台机器。

（3）不同煤种之间没有关联，也不考虑任务装卸优先级，各任务加工顺序一致，都是从卸载阶段开始直到装载阶段结束。

（4）装卸作业开始后，机器均可使用，不存在故障/维修问题。

（5）各个作业环节之间的皮带机是匀速运转的，以皮带机平均作业时间作为各个加工环节间的运送时间，并将该时间计入前一个或后一个加工环节的作业时间。

（6）由于煤炭码头连续作业的特性，各加工环节之间理论上不设缓冲区。

3. 参数定义

S：生产阶段总数。

m_j：表示第 j 阶段的并行机总数。

i：待加工任务（煤炭）序号，$i \in I, I=\{1, 2, \cdots, N\}$，$N$表示任务总数。

j：加工阶段序号，$j \in \{1, 2, \cdots, S\}$。

k：并行机序号，$k \in \{1, 2, \cdots, m_j\}$。

t：时刻序列号，$t \in \{1, 2, \cdots, T\}$，$T$表示可加工时间段上限。

Φ：任务释放时间序列，$\Phi = \{i_1, i_2, \cdots, i_N\}$。

$T_{i,j,k}$：任务i在第j加工阶段的并行机k上的处理时间。

$P_{i,j,k}$：任务i在第j加工阶段的并行机k加工之前的阻塞等待时间。

F_i：任务i动态到达第一阶段的时间。

$H_{j,k}$：在第j阶段的并行机k上的处理时间合计。

$NM_{i,j}$：任务i在阶段j分配的无关机器序号。

$b_{i,j,k}$：任务i在第j阶段的并行机k上的加工开始时间。

$e_{i,j,k}$：任务i在第j阶段的并行机k上的加工完成时间。

$C_{\max}$：最后加工的任务完工时间，$C_{\max} = \max\{C_1, C_2, \cdots, C_N\}$，$C_N$为任务$N$的完工时间。

l_b：机器负载平衡率。

$x_{i,j,k}$：0-1决策变量，如果任务i在第j阶段的并行机k上处理，值取1，否则取0。

$y_{i,j,t}$：0-1决策变量，如果t时刻任务i正在第j阶段处理，值取1，否则取0。

$z_{i,i',j,k}$：0-1决策变量，如果任务i和i'连续地在第j阶段第k台并行机处理，值取1，否则取0。

4. 模型描述

（1）目标函数。

在目标函数的选择上，煤炭码头装卸作业与传统的流水车间问题目标函数指标较为相似。首先从经济性和工作效率两方面考虑，最小化最大作业时间是最重要的考量指标；其次考虑到码头重型设备长时间连续作业负荷较大，将设备负载均衡作为第二考量指标，建立双目标调度模型。对应的函数公式分别如下：

$$C_i = \sum_{k=1}^{m_S} x_{i,S,k} \cdot (b_{i,S,k} + T_{i,S,k}), \quad \forall i \quad (3\text{-}80)$$

$$makespan = \max_{i=1}^{N} C_i \quad (3\text{-}81)$$

$$f_1 = \min(makespan) \quad (3\text{-}82)$$

$$l_b = \sum_{j=1}^{S} \sqrt{\sum_{k=1}^{m_j} \left[\sum_{i=1}^{N} (e_{i,j,k} - b_{i,j,k}) \cdot x_{i,j,k} - \frac{\sum_{k=1}^{m_j}\sum_{i=1}^{N}(e_{i,j,k}-b_{i,j,k})\cdot x_{i,j,k}}{m_j} \right]^2} \quad (3\text{-}83)$$

$$f_2 = \min l_b \quad (3\text{-}84)$$

式（3-80）～式（3-82）描述目标函数一，目的是最小化最大作业时间，以最大完工时间最短的工件所需的作业时间作为衡量指标f_1。式（3-83）、式（3-84）描述目标函数二，将每个工位的总加工时间与所在工序各机器平均总加工时间做方差，再将所有工位方差求和，以此作为衡量机器负荷平衡的指标f_2，值越小表示各个机器总运行时间越接近，设备负荷也就更加平衡。

（2）约束条件。

根据煤炭码头装卸作业特征及HFSP的特点，求解该问题需要满足以下约束条件：

$$\sum_{k=1}^{m_j} x_{i,j,k} = 1, \quad \forall i,j,k \quad (3\text{-}85)$$

$$\sum_{i=1}^{N} y_{i,j,t} \leqslant m_j, \quad \forall j,t \quad (3\text{-}86)$$

$$\sum_{t=1}^{T} y_{i,j,t} = x_{i,j,k} \sum_{k=1}^{m_j} T_{i,j,k}, \quad \forall i,j(j \leqslant S) \quad (3\text{-}87)$$

$$\sum_{k=1}^{m_j} b_{i,j,k} \, x_{i,j,k} \geqslant \sum_{k'=1}^{m_{j-1}} x_{i,j-1,k'} \left(b_{i,j-1,k'} + T_{i,j-1,k'} \right), \quad \forall i,j(j>1) \quad (3\text{-}88)$$

$$\sum_{t=1}^{T} y_{i,j,t} = \sum_{k=1}^{m_{j+1}} b_{i,j+1,k} x_{i,j+1,k} - \sum_{k'=1}^{m_j} b_{i,j,k'} x_{i,j,k'}, \quad \forall i,j(j<S) \quad (3\text{-}89)$$

$$F_i \leqslant \sum_{k=1}^{m_1} x_{i,1,k} b_{i,1,k}, \quad \forall i \quad (3\text{-}90)$$

$$x_{i,j,k} \ldots 0.5 \left(\sum_{i \in I} z_{i,i',j,k} + \sum_{i' \in I} z_{i,i',j,k} \right), \quad \forall i,j,k \quad (3\text{-}91)$$

$$0.5 \left(\sum_{i \in I} z_{i',i,j,k} + \sum_{i' \in I} z_{i',i,j,k} \right) \geqslant x_{i,j,k} - 0.5, \quad \forall i,j,k \quad (3\text{-}92)$$

$$\begin{cases} e_{i',j,k} = b_{i,j,k}, & z_{i,i',j,k} = 1 \\ e_{i',j,k} > b_{i,j,k}, & z_{i,i',j,k} = 0 \end{cases} \; i,i' \in \Phi, i\text{在}i'\text{之前释放}, \forall j,k \quad (3\text{-}93)$$

式（3-85）～式（3-93）为HFSP需满足的基本相关约束。式（3-85）为任务加工约束，保证任务在每个加工阶段只能选择一台并行机；式（3-86）、式（3-87）为机器能力约束，保证每个加工阶段同时加工的任务数少于并行机数；式（3-88）为加工优先级约束，保证每个任务都按照加工阶段顺序进行加工；式（3-89）为零等待约束，保证各个加工阶段连续作业，不会出现阻塞；式（3-90）～式（3-93）为释放时间约束，式（3-90）表示只有已到港待作业的任务才能开始分配机器，式（3-91）、式（3-92）和式（3-91）表示每个加工阶段都必须满足任务释放时间序列的作业，并满足工序约束。

3.5.3 离散 GA-PSO 设计

粒子群优化（particle swarm optimization，PSO）算法是调度问题中常用的智能优化算法，源于对鸟群觅食行为的研究。算法的求解思路：首先生成一组可行解，作为一个个粒子在搜索空间内沿不同方向以不同速度"飞行"，并根据其他粒子反馈的信息调整飞行速度和方向，最终得到一组新的解。PSO算法的通用性较好，适合处理多种类型的目标函数和约束，并且容易与传统的优化方法结合，改进自身的局限性，从而更高效地解决问题。

遗传算法（genetic algorithm，GA）也是求解调度问题常用的一种智能算法，其原理是仿照生物染色体对求解结果进行编码，并对这些染色体进行选择、交叉、变异等操作，通过一代一代的遗传获取符合约束的较优解。遗传算法的全局搜索能力较强，能较快地确定全局最优点，但局部搜索能力较弱，进一步精确求解要耗费很长时间。因此，为了提升遗传算法的求解性能，达到取长补短的目的，可以考虑与局部搜索能力强的算法结合。

传统的粒子群算法主要是用来解决连续的优化问题。Kennedy等首次针对组合优化问题提出了离散粒子群算法，算法中速度与位置的更新与基本粒子群算法一致，但是编码是基于二进制的。本书参考Hao等人提出的求解车间调度问题的离散粒子群算法，并在此基础上将遗传算法中交叉变异的思想融合进粒子群算法，这种遗传粒子群算法（GA-PSO）改善了传统的粒子群算法种群多样性不高、容易陷入局部最优的缺点。GA-PSO引入自适应交叉变异比，并采用精英保留策略及自适应算子等方式保证算法求解效率。

1. 编码与解码

GA-PSO编码采用双段编码的形式，兼顾加工顺序及并行机选择，第一段为任务编码，第二段为并行机选择编码。例如，对一个有3个任务、2个加工阶段、每

个阶段有2台并行机的场景，可以采用如下编码表示：[1,3,2,3,1,2|1,2,1,2,1,2]。其中前半段表示在各个阶段的任务加工顺序，后半段表示每个阶段的并行机选择。

由于算法的主体部分为粒子群算法，粒子的位置矢量与离散的加工阶段和并行机选择必须形成位置与速度两个维度的对应关系。同时考虑零等待约束对编码的限制，粒子的后半段并行机选择编码的解码受前半段加工阶段编码的影响，我们采用最早空闲机器优先（first available machine，FAM）规则确定粒子的后半段编码。粒子的解码根据加工阶段分以下3种情况讨论。

（1）当前解码阶段不是最后加工阶段，且下一个阶段有空闲的并行机。

这是常见的情况，仍然以编码时的例子作为说明，对于[1,3,2,3,1,2|1,2,1,2,1,2]编码的作业，可以看出第一阶段加工顺序为工件1→工件3→工件2，由于2台并行机的存在，工件1和工件3可以看作同时在第一阶段开始加工，然后根据FAM规则进行解码，工件2会选择第一阶段先空闲的并行机。依据此原则完成后续加工阶段的解码。

（2）当前加工阶段不是最后加工阶段，且下一个阶段没有空闲的并行机。

如果当前阶段出现阻塞，上一个阶段工件加工完成后就不能进行操作，原地等待，这与零等待约束相违背。因此需要递归地调整上一个加工阶段的作业时间，直到当前加工阶段有空闲的并行机，此时可以进行下一个阶段的解码。

（3）当前解码阶段为最后加工阶段。

若该阶段加工有空闲的并行机，向前递归考察上一个阶段是否存在阻塞，若有阻塞则根据FAM规则解码，选择当前阻塞时间最长的任务优先处理，依据第二种情况递归地调整上一个加工阶段的作业时间。由于已经在第二种情况中做了递归，如果当前阶段没有空闲的并行机，可以依据第二种情况直接调整上一个加工阶段的加工时间至当前加工阶段有空闲的并行机。

在算法寻优过程中，有时不可避免地会出现非法解，我们针对此问题设计了一种修正方式，在每次迭代完成后进行非法解的修正，步骤如下。

① 前半段编码修正：在粒子群寻优过程中，如果加工阶段编码出现不合理情况，如出现重复编码，则直接剔除不合理位编码得到若干空白位，再将粒子中未包含的任务按顺序填入空白位得到新的加工顺序编码。

② 后半段编码修正：在交叉与变异过程中，并行机选择阶段编码有一定概率出现不合理解，主要是不满足零等待约束，此时可直接舍弃不合理解，按照解码阶段的FAM规则确定并行机选择编码。

2. 种群初始化

我们采用MNEH（minimum Nawaz-Enscore-Ham）算法和随机生成两种方

法构建初始种群,两种方法各生成50%的种群。MNEH初始种群构建步骤如下。

(1)单独计算每个任务完成所有加工阶段的最小加工时间,按照时间开销递减对任务进行排序;随机选取两个任务,计算加工这两个任务的最短加工完成时间。

(2)从选中的两个任务以外的任务中随机选择一个任务加入当前排序,并计算当前3个任务的最短加工完成时间。

(3)重复以上过程,直到所有任务都加入排序后即完成一个初始种群的构建。

(4)更改首次选择的任务,构建新的初始种群。

3. 适应度函数设计

适应度函数是用来衡量种群进化好坏的标准,适应度函数选择得好有利于选出优秀个体。算法迭代过程前期往往个体差距较大,而后期又差距较小,这容易导致算法收敛得慢或收敛于局部最优解。这要求适应度函数的选择要满足连续、最大化、不宜过于复杂的要求以及有一定的通用性。

我们设定的调度目标是最小化最大完工时间与设备负载均衡,为了设计适应度函数,通过权向量将多目标问题转换为单目标,并进行无量纲化处理得到时间/设备平衡率(makespan-line balance,MLB)的综合评价指标。

$$f_{\text{I}i} = \begin{cases} \dfrac{f_i - f_{i\min}}{f_{i\max} - f_{i\min}}, & f_i > 0 \\ 0, & f_i = 0 \end{cases} \quad (3\text{-}94)$$

$$f_{\text{Fit}} = \dfrac{1}{\omega_1 f_{\text{I}1} + \omega_2 f_{\text{I}2}} \quad (3\text{-}95)$$

其中f_i代表不同目标函数,i为1或2时分别对应最大时间最短指标及阻塞时间最短指标;$f_{i\min}$、$f_{i\max}$分别代表初始种群中当前目标函数的最小值与最大值;ω_1、ω_2为权向量,$\omega_1 > 0$,$\omega_2 > 0$,$\omega_1 + \omega_2 = 1$。

4. 粒子迁移

粒子群每次更新都舍弃不可行解,将部分较优解保留并替代原种群中对应数目的较劣解。这一更新种群的方式称为迁移,借鉴了生态学的概念。标准的粒子群算法迁移主要考虑粒子的速度与位置两个方面的更新,一般采用式(3-96)的方式更新速度,采用式(3-97)的方式更新位置。

$$v_{id}(t+1) = \omega \times v_{id}(t) + c_1 \times r_1 \times [x_{id}^*(t) - x_{id}(t)] + c_2 \times r_2 \times [x_{gd}^*(t) - x_{id}(t)] \quad (3\text{-}96)$$

$$x_{id}(t+1) = x_{id}(t) + v_{id}(t+1) \quad (3\text{-}97)$$

式中,$x_{gd}^*(t)$为当前粒子更新阶段的最佳位置,即个体极值;$x_{id}^*(t)$为全局最佳位置,即全局极值；$v_{id}(t)$为粒子当前最佳速度；ω为惯性权重因子，用来平衡算法的全局搜索能力与局部搜索能力；c_1、c_2为学习因子，决定着进化过程中粒子的最佳运动位置以及粒子群整体的最佳位置，一般为常数；r_1、r_2为[0,1]内的随机数，以保证粒子的随机搜索性。

针对车间调度这类组合优化问题，我们采用改进的离散粒子群算法进行求解。为了契合本研究采用的双段编码，针对离散粒子群算法的优化机制，考虑了粒子飞行速度、个体最优粒子的引导、群体最优粒子引导3个方面，并结合遗传算法中交叉与变异的思想，设计了通过字符编码将粒子的位置表示出来的粒子位置更新规则，如式（3-98），粒子的速度更新规则仍然按照式（3-96）进行。

$$x_{id}(t+1) = c_2 \otimes q_1 \cdot \left\{ c_1 \otimes q_2 \cdot \left[\omega \otimes p \cdot x_{id}(t), x_{id}^*(t) \right], x_{gd}^*(t) \right\} \quad (3\text{-}98)$$

其中，p为变异系数；q_1、q_2为交叉系数；$\otimes$表示异或操作。下面给出优化操作的具体解释。

$$\mathrm{op}_1 = \omega \otimes p \cdot x_{id}(t) = \begin{cases} p \cdot v_{id}(t), & p < \omega \\ x_{id}(t), & \text{其他} \end{cases} \quad (3\text{-}99)$$

$$\mathrm{op}_2 = c_1 \otimes q_1 \cdot \left[\mathrm{op}_1, x_{id}^*(t) \right] = \begin{cases} c_1 \cdot \left[\mathrm{op}_1, x_{id}^*(t) \right], & q_1 < c_1 \\ c_1 \cdot \mathrm{op}_1, & \text{其他} \end{cases} \quad (3\text{-}100)$$

$$\mathrm{op}_3 = c_2 \otimes q_2 \cdot \left[\mathrm{op}_2, x_{gd}^*(t) \right] = \begin{cases} c_2 \cdot \left[\mathrm{op}_2, x_{id}^*(t) \right], & q_2 < c_2 \\ c_2 \cdot \mathrm{op}_2, & \text{其他} \end{cases} \quad (3\text{-}101)$$

式（3-99）～式（3-101）分别对应粒子飞行速度、个体最优粒子的引导、群体最优粒子引导3个方面。式（3-99）说明了当变异系数p小于ω时，执行基于粒子速度的变异更新，否则保持原粒子不变；式（3-100）说明了当交叉系数q_1小于学习因子c_1时，选中当前个体作为交叉的父代进行交叉更新操作，否则粒子保持不变；式（3-101）说明了当交叉系数q_2小于学习因子c_2时，将当前个体与群体最优粒子执行交叉更新操作，否则粒子保持不变。

另外设置了概率p_f用来接收适应度较差的粒子，从而平衡进化过快导致的局部最优解，在新种群中随机替换掉被概率接收的粒子。其中，$f_{\mathrm{Fit}}(x_i)$为当前粒子适应度；$f_{\mathrm{Fit}}(x_{i+1})$为下一代粒子的适应度；$T$为时间，随时间增加，概率$p_f$会逐渐减小。

$$p_f = \begin{cases} 1, & f_{\mathrm{Fit}}(x_{i+1}) \leqslant f_{\mathrm{Fit}}(x_i) \\ \exp\left(\dfrac{f_{\mathrm{Fit}}(x_{i+1}) - f_{\mathrm{Fit}}(x_i)}{T} \right), & f_{\mathrm{Fit}}(x_{i+1}) > f_{\mathrm{Fit}}(x_i) \end{cases} \quad (3\text{-}102)$$

5. 自适应交叉与变异操作

（1）交叉操作。

考虑到编码基于加工阶段和机器选择分为两段，交叉操作在两段上分开进行。

① 基于加工阶段的交叉操作。加工阶段编码的交叉改进了张超勇提出的POX方法，交叉流程如下：取n个染色体$p_1, p_2, \cdots, p_n$，染色体个数为工件个数，p_1保留第一个任务在各个加工阶段的基因位置，p_2保留第二个任务在各个加工阶段的位置，以此类推。将这些保留的位置写到子代$c_1, c_2, \cdots, c_n$中，p_1中除2以外的基因都顺次放到c_2中，p_2中除3以外的基因都放到c_3中，以此类推，p_n中除1以外的基因都放到p_1中，交叉过程如图3-65所示。

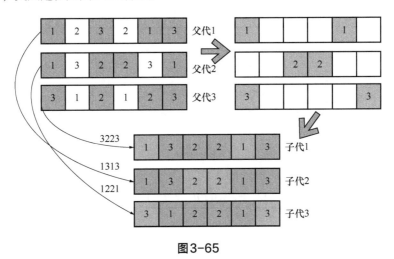

图3-65

② 基于机器选择的交叉操作。机器选择阶段编码采用单点交叉方法，将父代种群分为两组，两两交叉。交叉过程如下：选择两条染色体，并从染色体任一位置上选择一个单点交叉位（除第一位），将单点交叉位之前的染色体进行交换，单点交叉位及其后续编码保持不变，但是要注意调整加工阶段的编码以保证染色体的合理性。如$p_1[1,3,2,3,1,2|1,2,1,2,1,2]$与$p_2[2,3,1,2,1,3|2,1,2,1,1,2]$，两段编码分别采用改进POX交叉与单点交叉，最后得到新的子代为$[1,2,3,2,1,3|2,1,1,2,1,2]$和$[2,1,3,2,3,1|1,2,2,1,1,2]$。整个交叉过程如图3-66所示。

在交叉过程中，进化速度过快或者过慢带来的边际效益都会对算法的收敛带来负面影响，从而使算法求解结果变差。针对该问题设计自适应的交叉因子P_c来控制进化速度，交叉因子随群体适应度变化以保证整体进化的质量。定义自适应交叉因子如式（3-103），式中Fit_{max}和Fit_{avg}分别为群体的最大和平均个体适应度；Fit选取父代两个个体中最大的适应度。

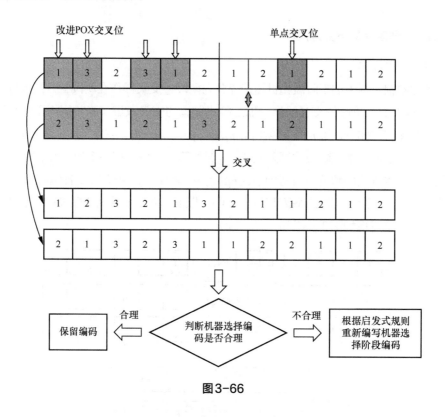

图3-66

$$P_c = \begin{cases} P_{c1} - \dfrac{(P_{c1} - P_{c2})(Fit - Fit_{avg})}{Fit_{max} - Fit_{avg}}, & Fit \leqslant Fit_{avg} \\ P_{c1}, & Fit > Fit_{avg} \end{cases} \quad (3\text{-}103)$$

（2）变异操作。

变异操作与交叉操作一样，也基于分段编码进行。

① 基于加工阶段的变异操作。选取一个随机数a（$a<S$），根据这个随机数确定变异操作选取的加工阶段，在这个加工阶段内随机选择b个编码（$1<b<n$），将这b个编码随机分配得到该加工阶段的新编码。如染色体[1,3,2,2,1,3]，随机选取第二个加工阶段进行变异，抽取3个编码，将[2,1,3]随机组合得到新的加工阶段变异后编码[1,3,2,1,2,3]。

② 基于机器选择的变异操作。选取一个随机数d（$d<l$，l为机器选择段基因总个数），选取该位置的基因，将其调整为当前任务可选机器中的随机一个。为了使变异得到的结果更合理，设定变异时从空闲时长越长的机器变异时选择的概率越大。

为保证进化质量，仿照交叉过程设置自适应变异因子P_m，公式如下：

$$P_m = \begin{cases} P_{m1} - \dfrac{(P_{m1} - P_{m2})(Fit - Fit_{avg})}{Fit_{max} - Fit_{avg}}, & Fit \geqslant Fit_{avg} \\ P_{m1}, & Fit < Fit_{avg} \end{cases} \quad (3\text{-}104)$$

综上得到改进的离散GA-PSO的主要步骤如下。

（1）指定种群规模、最大迭代次数、惯性权重、学习因子和初始自适应交叉变异比等参数。参数确定后开始种群初始化，通过MNEH算法和随机算法各生成50%的初始种群。

（2）根据适应度函数评估粒子适应度，确定当前粒子更新阶段最佳位置$x_{id}^*(t)$和全局最佳位置$x_{gd}^*(t)$。

（3）粒子更新，根据式（3-98）、式（3-96）更新粒子的位置和速度。

（4）根据自适应交叉变异比与惯性权重因子ω，学习因子c_1、c_2之间的关系确定是否需要执行交叉与变异。

① 当变异系数p小于ω时，执行变异操作，否则保持原粒子不变。

② 当交叉系数q_1小于学习因子c_1，或交叉系数q_2小于学习因子c_2时执行交叉更新操作，否则粒子保持不变。

（5）计算新一轮迭代后粒子适应度，更新现阶段最佳位置$x_{id}^*(t)$和全局最佳位置$x_{gd}^*(t)$，更新种群，依据概率p_f保留部分种群。

（6）满足终止条件，算法收敛或达到最大迭代次数，计算终止，输出最优解，否则返回步骤（2）。

GA-PSO算法流程图如图3-67所示。

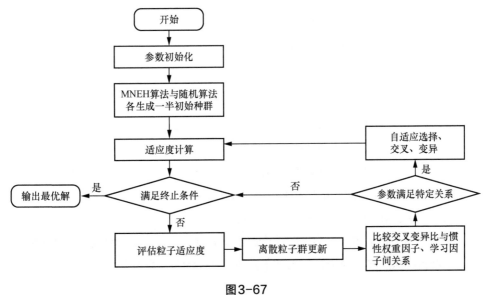

图3-67

3.5.4 算例实验及分析

以国内北方某煤炭输出港口作为对象进行相关实验。该港口连续多年煤炭吞吐量居全国前列，堆存压力大，煤炭中转效率低一直是严重的问题，亟需提升装卸环节的效率。为了验证GA-PSO的有效性，我们从该港口随机一天的作业计划中选取了规模为20列火车的卸车调度任务。使用GA-PSO进行了作业顺序与工序选择的调度求解。又进一步针对不同规模的案例设计了多组实验，将GA-PSO与PSO、GA进行了求解性能对比，验证算法的有效性与稳健性。

1. 实验环境及参数

（1）编程环境。

① 硬件环境如下。

CPU：Intel Core i5-8400 @ 2.80GHz。

运行内存：8GB。

② 软件环境如下。

操作系统：Windows 10旗舰版。

软件：MATLAB 2018b。

（2）参数设置。

实验用到的算法为PSO、GA、GA-PSO，3种算法初始种群规模（PopSize）和最大进化代数（MaxGen）均分别设定为100和500，GA与GA-PSO的初始交叉系数$P_c = 0.2$，初始变异系数$P_m = 0.05$。PSO与GA-PSO的认知系数$c_1 = 0.8$，社会系数$c_2 = 0.8$，权重系数$\omega = 0.6$。

2. 港口卸车生产实际案例分析

该煤炭码头目前采用堆场与筒仓两种方式进行煤炭输出作业，这里暂不考虑筒仓，因此装卸调度只考虑堆场中转方式涉及的设备。考虑到设备检修/维修计划以及堆场清垛计划等因素，实际上使用的设备会有所变动，每次调度开始前中控指挥室会根据到港列车煤种将列车分组，给出调度规模及可用设备，并根据当前可用设备对待卸任务围绕1~2个条形堆场为中心，选择2~4台匹配的翻车机以及2~4台堆料机作为该次卸车生产调度的对象。最终需要得到的结果包括完工时间、列车卸车顺序、机器的占用情况、机器负载平衡率及空闲率。

以煤炭码头卸车作业为原型的混合流水车间共包含2个加工阶段，分别为翻卸阶段、堆料混煤阶段。根据列车与翻车机型号匹配情况、煤种与堆场匹配情况等因素进行初步选择后,可以得到选取的场景下每个阶段的详细信息。下面以某次卸车调度任务下选择的 8 号堆场为例,介绍各个翻卸作业与堆料混煤作业信息。

翻卸阶段涉及 3 台可选翻车机,分别为翻车机 CD4、CD5、CD7,都为型号相同的翻车机,作业效率为 4000 t/h。翻车机到堆料机之间采用皮带机连接,皮带机运输时间采用平均作业时间 10 min,计入翻卸阶段。

堆料混煤阶段堆存至 8 号堆场,堆场中选取的堆料堆垛均容量充足。堆场是呈条形分布的,两侧各有一台堆料机,分别为 ST8、ST9,作业效率均为 4000 t/h,条形堆场两侧堆料机可同时进行作业。在堆料混煤作业中,堆料机移动到不同堆垛时耗费的时间受堆料机位置及堆垛位置影响,这里采取平均作业时间 5 min,计入堆料混煤阶段。本次调度作业示意如图 3-68 所示。

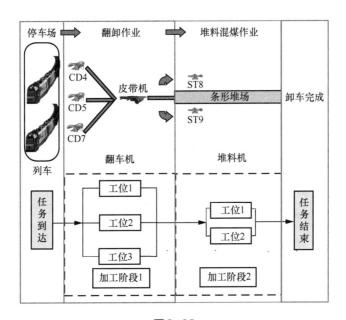

图 3-68

该次卸车调度共涉及 20 辆载煤列车,通过提前获得的列车到港时间、载煤量等信息,并结合设备作业效率,就可以计算整理得到调度需要的各项初始数据,详细信息如表 3-27 所示。表中作业时间均以设备平均作业速率计算,列车已经按照到港先后顺序进行了编号。

表 3-27 卸车作业信息

列车编号	到港时间	载重/t	作业时间/min	
			翻卸作业	堆料混煤作业
1	8:51	4620	80	75

续表

列车编号	到港时间	载重/t	作业时间/min	
			翻卸作业	堆料混煤作业
2	9:40	4100	72	67
3	10:10	4620	80	75
4	10:24	5400	91	86
5	10:39	5150	88	83
6	11:25	3900	69	64
7	11:40	4620	80	75
8	12:17	4100	72	67
9	12:55	5150	88	83
10	13:30	3900	69	64
11	14:52	4100	72	67
12	15:13	3900	69	64
13	15:19	5150	88	83
14	16:04	4100	72	67
15	16:57	3900	69	64
16	17:20	5400	91	86
17	18:01	4620	80	75
18	18:58	5400	91	86
19	19:12	3900	69	64
20	20:00	5400	91	86

以makespan和linebalance作为综合目标函数，两者权重分别为0.7和0.3，最终得到20列火车卸车调度甘特图，如图3-69所示。由于列车到港时间跨度较大，且每个任务都要严格按照释放时间顺序作业，同时满足零等待的作业特征，因此从甘特图中可以看出设备有一定空闲率，5台设备在总计约911 min的加工时间内空闲率分别为19.1%、20.3%、16.8%、13.3%、17.7%，这对于重型设备避免连续运转是合理的。

表3-28展示了按照到港时间进行顺序作业与采用HFSP调度模型调度求解的结果。相较于完全按照到港时间进行顺序作业，考虑到港时间的零等待HFSP模型得到的最终完工时间和设备负载平衡率均取得了不同程度的改善。其中作业时间（makespan）减少率为7.4%，负载平衡率（linebalance）提升了6个百分点。

表3-28　顺序作业与HFSP模式作业时间及机器负载对比

作业方式	作业次序	makespan/min	linebalance
顺序作业	[1→2→3→4→5→6→7→8→9→10→11→12→13→14→15→16→17→18→19→20]	984	0.47
考虑到港时间的HFSP作业	[2→1→3→6→5→4→7→9→8→10→11→12→16→13→15→14→17→19→18→20]	911	0.53

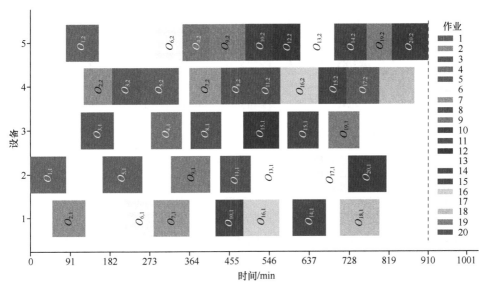

图3-69

3. 仿真实验及算法对比

上述实验以港口实际作业数据验证了GA-PSO的有效性，为了进一步证明算法的高效性，结合煤炭码头实际作业情况设计了4组实验进行求解，并将PSO、GA与GA-PSO进行对比求解实验。

4组实验卸车规模不断增加，各加工阶段的并行机也不断增加。卸车阶段共两个加工阶段，每个加工阶段并行机个数设置为2～4；4组实验的任务数分别为10、20、50、80；任务释放时间设置均参考港口卸车计划表得到，并进行了部分改动；每组实验重复进行20次以求出最优解、最差解以及平均值。

实验结果对比如表3-29所示。表中 T 为待卸任务总数，CD 为翻车机数量，ST 为堆料机数量，AVG为20次算法实验求解平均值，BEST为20次实验中的最优解，WORST为20次实验中最劣解。完工时间用MSP表示，单位为min；负载平衡指数用MLB表示，无单位。

表3-29　GA、PSO、GPSO算法实验结果对比

实验序号	实验规模 ($T \times CD \times ST$)	解类型	PSO		GA		GA-PSO	
			MSP	MLB	MSP	MLB	MSP	MLB
1	$10 \times 2 \times 2$	BEST	410	0.17	410	0.17	410	0.17
		AVG	439	0.29	432	0.39	422	0.21
		WORST	464	0.52	464	0.60	455	0.38
2	$20 \times 3 \times 2$	BEST	909	0.20	898	0.16	898	0.16
		AVG	953	0.39	933	0.28	911	0.22
		WORST	974	0.57	974	0.50	968	0.40
3	$50 \times 4 \times 2$	BEST	1947	0.27	1934	0.19	1894	0.16
		AVG	2010	0.39	1970	0.30	1908	0.24
		WORST	2050	0.61	2034	0.57	1966	0.44
4	$80 \times 5 \times 4$	BEST	3377	0.32	3340	0.30	3205	0.17
		AVG	3424	0.45	3387	0.44	3243	0.23
		WORST	3539	0.63	3460	0.61	3388	0.45

通过分析表3-29中得到的最终实验结果可以得到如下结论。

在求最优解方面，随着算例规模的增加——任务数增加、可用并行机增加，最终3种算法得到的最大完工时间与完工时间/设备平衡率的最优解相差的绝对值逐渐增大。第1组实验中，任务规模为10的情况下，3种算法求得最优解相同；从第2组实验开始，即任务规模为20的情况下，3种算法最优解产生差异，PSO算法在综合目标函数上均收敛于局部最优；第3组和第4组实验中3种算法最优解差距进一步扩大。可以看出，针对大规模算例，GA-PSO的寻优能力强于PSO算法与GA。

在求解平均值与最差解方面，随着算例规模的增加，PSO算法与GA性能一直较为接近，但是每一组实验中GA-PSO求解的平均值与最差解均优于PSO与GA，可以证明GA-PSO有较强的稳健性。解的平均值是评价算法稳定性的重要参考指标，通过表3-29中的数据可以计算得出：相较于PSO算法，GA-PSO的4组实验在时间目标函数上分别减少了3.9%、4.4%、5.1%、5.3%，在负载平衡指数上分别降低了27.6%、43.6%、38.5%、48.9%；相较于GA，GA-PSO的4组实验在时间目标函数上分别减少了2.3%、2.4%、3.1%、4.3%，在负载平衡指数上分别降低了46.2%、21.4%、20%、47.7%。

通过图3-70～图3-73展示的不同规模算例收敛曲线可以得知，在收敛速度方面：3种算法的初期收敛速度趋势接近，随代数增加，GA-PSO与PSO算法收敛速度基本相同，而GA收敛速度逐渐变慢；在全局搜索能力上，PSO算法易收敛于局

部最优，GA-PSO全局搜索能力最强，求得的最优解优于GA。

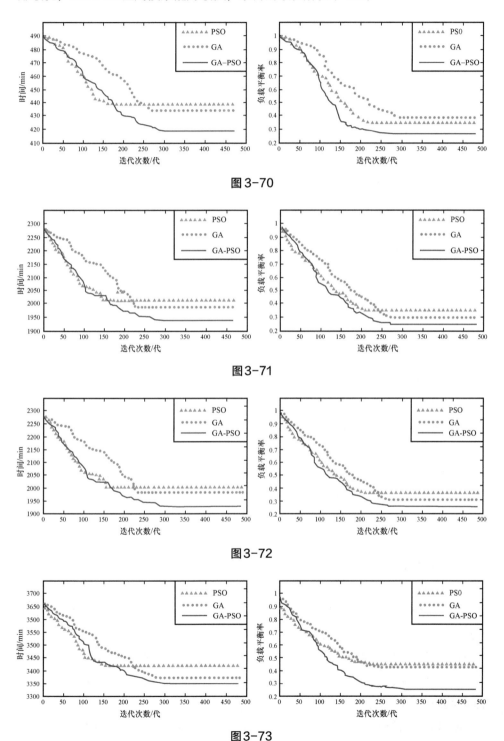

图 3-70

图 3-71

图 3-72

图 3-73

综上可以看出，4组实验中GA-PSO求解平均值均为最优，解的稳定性好，且具有较快的收敛速度；对于实验设置的两种目标函数，GA-PSO均保持较好的寻优能力，针对两阶段混合流水车间调度具有较好的性能。

3.5.5 调度服务模块开发

高性能的软件系统是推进现代港口智慧化进程的有力工具，设计开发高可用与高扩展的调度系统对企业效率的提升有十分重要的意义。根据目前国内散货港口现状，本章提出并设计开发了智慧化港口管理系统，将调度模块以微服务的形式嵌入系统，既不破坏港口软件原生系统，又可以保持高效的数据利用率，同时兼顾可扩展性，给企业留出了充分的扩展空间，以便增加契合港口自身特性的新功能。这里主要展示调度模块的开发。调度模块负责实时获取系统中的设备数据，根据中控人员配置的需求生成动态的调度策略，并生成甘特图等可视化结果。

1. 系统架构

目前主流的系统架构中，B/S结构是建立在广域网之上的，不必是专门的网络硬件环境，适应范围更广，可扩展性与兼容性也更好。我们开发的目的是建立面向散货码头的通用的高可用系统，便于企业扩展功能，因此选用了B/S结构。

系统架构采用三层架构模式，分别为用户界面层（user interface layer）、业务逻辑层（business logic layer）、数据访问层（data access layer）。为了贴合港口作业特性，在三层架构基础上做了具体的扩展完善。

用户界面层包括各类用户终端，系统使用者通过用户界面层操作控制整个软件系统进而操控整个港口的运行。用户界面层为不同级别的使用者赋予不同的权限配置，比如生产部门人员可以使用的功能主要是查询各类数据，不可修改数据，而更高级别的决策部门负责平台数据的维护。不同的使用者通过在终端上各司其职，达到良好的人机交互目的。

业务逻辑层负责转化用户界面层的需求，以数据访问层为基础提供对外的接口，其又可细分为实体层、控制层、视图层。实体层将港口各类信息抽象成具体的对象，用来作为功能的载体传递信息；控制层对不同功能模块做详细的划分，控制各模块运行与交互，分配不同权限以控制系统正常运作；视图层与用户界面层最接近，负责对接平台使用者，将开发人员能够理解的复杂数据展示模式转化为使用者能够理解的模式。

数据访问层与采集数据的硬件设备对接，将各类数据存放至对应服务器的数据库,并赋予不同的格式和语义。为了保证数据访问层对上层的支撑作用,拟采用分布式集群的方式连接多个服务器,保证系统效率与功能的统一性,以HTTP传输的方式保证数据传输的可靠性。

三层架构模式下系统架构大致如图3-74所示。

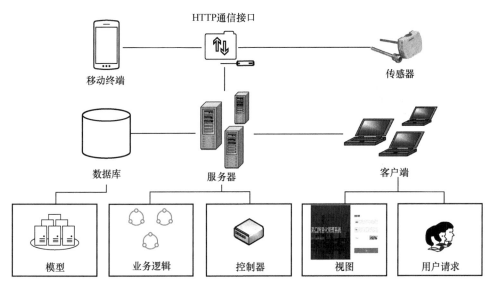

图3-74

2. 技术体系

系统开发的软件选择如下。

(1)开发语言:Java。
(2)开发工具:IntelliJ IDEA、Maven、Git、SVN等。
(3)前台框架:Vue.js、Element UI等。
(4)后台框架:SpringCloud、SpringBoot、MyBatis等。
(5)数据库:MySQL 5.7。
(6)调度算法处理工具:Python、MATLAB。

系统开发整体沿用较为热门的分布式开发方案,后端使用SpringCloud构建微服务生态,以SpringBoot作为功能开发框架,前端采用Vue.js与Element UI等实现良好的客户端交互。这种前后端分离的微服务开发有利于企业后续整合升级自身需求的功能,目前只面向内网中的企业员工,后续可继续扩展面向外网的客户访问等其他功能。在调度模块中,系统预留了调度算法的接口,使用Python与MATLAB可以实现算法调度与甘特图绘制等功能。大致的技术体系如图3-75所示。

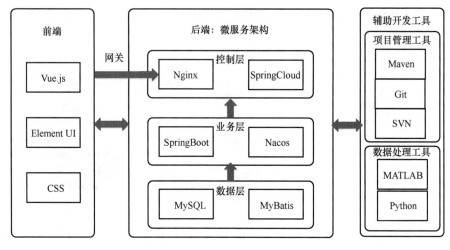

图3-75

3. 功能结构

整个智慧港口系统包含中控指挥、智慧调度、设备管理、堆场管控、生产计划等功能，各个功能模块相对独立，但是共享数据、相辅相成。结合目前国内散货码头的功能需求，并以煤炭码头亟待解决的一体化调度为目标，设计了如图3-76所示的系统功能结构，系统整体功能结构分为3层，各层之间的关系为递进关系。

（1）场景模型层。场景模型层依赖于计划控制，通过HFSP的思想建立高可用的模型。通过计划控制展示各级生产计划，以系统中列车到港计划与船舶到港计划等为基础，将相关数据作为初始输入，在充分考虑调度周期等因素的情况下，根据设备维修计划、堆场清垛计划制定调度任务，由智慧调度模块做出规划决策，确定机器分配，最终完成生产计划制订，确定求解的场景模型。

（2）算法调度层。算法调度层的目的是求解模型，其是整个智慧调度系统的核心支撑环节，通过算法决策将各级模块的数据作为输入，为港口提供决策支持。

（3）人机交互层。这是智慧调度系统展示给使用者最直观的功能界面。智慧调度模块是人机交互层的核心，依赖并反作用于其他各级管理模块。通过前后端之间数据的持续交换可以保持各个功能模块间的通信，以便于生产计划的调整。

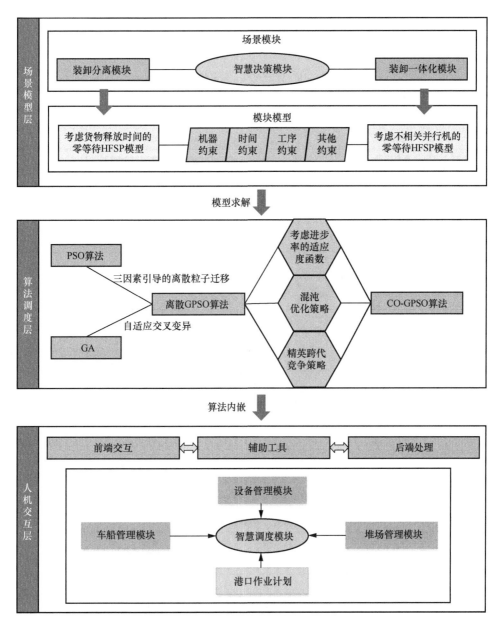

图3-76

4. 功能开发与展示

（1）数据库设计。

良好的数据库设计对于保证系统的可用性具有重要的作用，本次港口智慧化管理系统智慧调度模块的数据主要涉及计划A表（列车信息）、计划B表（船舶信息)、船舱信息表、设备信息表、调度信息表，其余模块为辅助模块。计划A表记录运煤列车的相关信息，数据表模型如表3-30所示。

表3-30　计划A表（列车信息）

序号	中文名称	英文名称	类型	备注
1	列车编号	t_id	bigint NOT NULL	主键
2	列车型号	t_type	varchar(50) NOT NULL	—
3	所载煤种	t_coal_type	varchar(50) NOT NULL	—
4	到港时间	t_arrivetime	datetime NULL	—
5	载重	t_capacity	float(8) NOT NULL	—
6	高度	t_height	float(8) NOT N NULL	—
7	可用翻车机	t_cd	varchar(50) NOT NULL	—

计划B表记录船舶及相关信息，数据表模型如表3-31所示。

表3-31　计划B表（船舶信息）

序号	中文名称	英文名称	类型	备注
1	船舶编号	v_id	bigint NOT NULL	主键
2	船舶型号	v_type	varchar(50) NOT NULL	—
3	所载煤种	v_coal_type	varchar(50) NOT NULL	—
4	到港时间	v_arrivetime	datetime NULL	—
5	载重	v_capacity	float(8) NOT NULL	—
6	船舱编号	v_cabin_id	int NOT NULL	外键
7	可用泊位	t_berth	varchar(50) NOT NULL	—

一般船舶包含多个船舱，每个船舱通过外键与船舶建立联系，如表3-32所示。

表3-32　船舱信息表

序号	中文名称	英文名称	类型	备注
1	船舱编号	c_id	bigint NOT NULL	主键
2	所属船舶	c_vessel	varchar(50) NOT NULL	—
3	所载煤种	c_coal_type	varchar(50) NOT NULL	—
4	特殊需求	c_specialneeds	varchar(250) NULL	—

设备信息表记录设备设施信息，如翻车机、皮带机、堆垛、堆料机、装船机等的信息，数据表模型如表3-33所示。

表3-33　设备信息表

序号	中文名称	英文名称	类型	备注
1	设备编号	e_id	bigint NOT NULL	主键

续表

序号	中文名称	英文名称	类型	备注
2	设备种类	e_category	varchar(50) NOT NULL	—
3	作业效率	e_efficiency	float(8) NOT NULL	—
4	可用状态	e_status	tinyint NOT NULL	取0表示不可用，取1表示可用
5	所属期数	e_phase	int NOT NULL	外键

各类设备通过外键与设备信息表中的设备编号相关联，在此仅列出翻车机的数据表模型，如表3-34所示。其余设备的数据表模型与翻车机基本一致。

表3-34 翻车机信息表

序号	中文名称	英文名称	类型	备注
1	翻车机编号	cd_id	bigint NOT NULL	主键
2	设备型号	cd_type	varchar(50) NOT NULL	—
3	煤种限制	cd_coal_tabu	varchar(50) NULL	—
4	高度限制	cd_heightlimit	float(8) NOT NULL	—
5	设备编号	e_id	bigint NOT NULL	外键

调度结果信息表如表3-35所示。

表3-35 调度结果信息表

序号	中文名称	英文名称	类型	备注
1	结果编号	r_id	bigint NOT NULL	主键
2	列车编号	t_id	bigint NOT NULL	外键
3	船舶编号	v_id	bigint NOT NULL	外键
4	翻车机编号	cd_id	bigint NOT NULL	—
5	翻车机工作时段	cd_timeslot	varchar(50) NOT NULL	—
6	堆垛编号	sp_id	bigint NOT NULL	外键
7	堆垛占用时段	sp_timeslot	varchar(50) NOT NULL	—
8	堆料机编号	st_id	bigint NOT NULL	外键
9	堆料机工作时段	st_timeslot	varchar(50) NOT NULL	—
10	装船机编号	sl_id	bigint NOT NULL	外键
11	装船机工作时段	sl_timeslot	varchar(50) NOT NULL	—

（2）智慧调度模块展示。

智慧调度模块的功能主要包括决策调度、结果展示、参数调整等。其通过与其余模块数据的共享获得当前需要调度的任务，由调度人员进行分组，并根据港口运行状态指定可用设备，调整算法参数得到调度结果。下面展示装卸分离调度、装卸一体化调度和参数调整这3个模块。

① 装卸分离调度模块。装卸分离调度模块负责单装/单卸场景下局部设备的调度，可以查看并分配当前调度任务，图3-77所示为装卸分离调度界面，界面中显示了每一组调度任务的信息。任务分配状态显示"已分配"说明已经进行了设备分配，显示"新建"说明未分配，在"可用设备信息"栏中可以单击"设备分配"选择可用设备，最后在调度界面的左上角"选择参数"处选择算法参数列表，参数列表可以通过参数调整模块建立，最后单击"开始分配"完成待分配任务。

图3-77

调度人员需要获取直观的调度结果，图表是最佳的选择。系统在任务分配完成后会展示甘特图，如图3-78所示，其中横坐标对应加工时间，纵坐标对应机器编

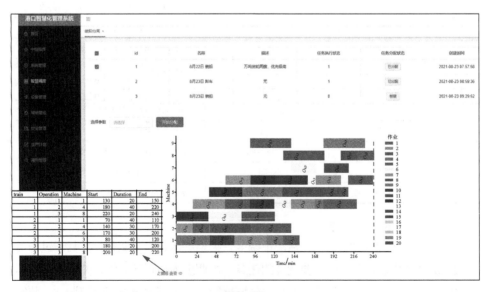

图3-78

号，作业结果会生成.csv文件，文件中显示详细的机器作业时间段，界面左下角可预览或下载。

② 装卸一体化调度模块。装卸一体化调度模块界面与装卸分离调度模块的大致相同，如图3-79所示。在该界面，调度人员可以设置更多的信息，单击"可用设备信息"中的"修改"可以改变各作业环节的可用设备；调度人员可以根据港内作业情况调整调度的可选范围。

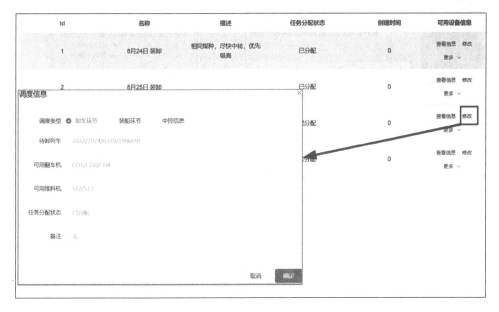

图3-79

为了减少人工判断带来的误差，方便调度人员对待调度任务设置最佳的作业机器数，我们还设计了智慧预测功能，以展示每个阶段设置的机器数对最终调度目标的影响。以10辆待卸列车的调度任务为例，通过对翻卸、堆料、取料、装船这4个加工阶段设置不同的并行机数进行仿真预测，调度人员可以根据调度结果预测设置最合理的并行机数，如图3-80所示。

③ 参数调整模块。参数调整模块可以设置算法的各项参数，如图3-81所示，可以根据需求更改目标函数、设置当前不可选设备等。设置好基础参数后单击"下一步：设置进阶参数"，进阶参数主要是多煤种场景时采用CO-GA-PSO需要填写，默认使用GA-PSO。

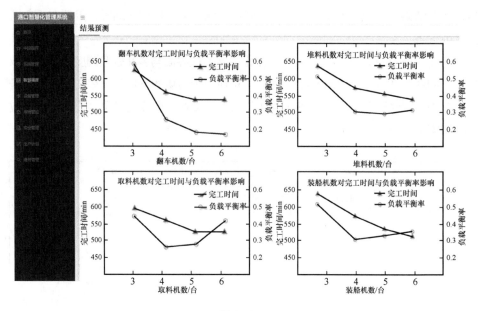

图3-80

图3-81

第4章 智能制造领域数字孪生技术的应用

2004年至今，数字孪生技术的应用从航空航天领域逐步延伸到制造业，并在智能制造领域展现了良好的发展前景，航空航天、汽车制造、机器人等行业均开始关注和探索数字孪生的关键技术和应用潜力。2010年，"Digital Twin"（数字孪生）一词在NASA的技术报告中被正式提出，报告将数字孪生定义为一种面向飞行器或系统的高集成多物理场、多尺度、多概率的仿真模型，能够利用物理模型、传感器数据和历史数据等反映该模型对实体功能、实时状态和演变趋势的映射。

当今制造业的发展趋向全球化、智能化和虚拟化。数字孪生技术作为融合物理世界和信息世界的有效手段，在实现制造业虚拟化方面有举足轻重的作用。通过数字孪生技术在虚拟世界中对企业生产流程进行模拟、仿真和优化，有助于降低设计开发过程中的试错成本，提高效率。数字孪生是企业迈向智能制造的关键技术。随着制造业不断走向智能化，数字孪生技术在制造业中逐渐成为连接传统制造和智能制造的关键纽带。

当前，数字孪生受到广泛关注。政府及相关机构出台政策鼓励数字孪生技术的应用，学术界围绕数字孪生展开研究，企业界积极将数字孪生技术投入实际应用，基于该技术提供数据分析、管理和咨询等服务。

在制造领域，生产流程可以简单分为产品的设计、制造、使用维护3个阶段。目前已有一些相关研究人员在这个领域对数字孪生的应用模型开展了一些相关研究。

（1）产品设计阶段。

实现产品状态与数字孪生模型的信息同步，实现数据之间的一一映射，并在设计阶段及时发现产品的缺陷。数字孪生的核心之一就是虚拟和现实的高度统一，因此在设计时更趋向于多领域、多尺度的融合建模。该模型应可以连接不同尺度的物理过程，用以模拟众多的科学问题，相比现阶段的数字模型，更加具有可实现性和可预测性，有助于建立更加精确的数字孪生系统。Lenz等人开发了一个智能产品原型，并在SMS测试台（CPlab）上对其进行了评估。陆清等人通过对飞机架构模型设计、多模型架构集成以及模型参数辨识和验证几个方面的研究，对数字孪生在飞机设计验证过程中的应用进行了探讨。于勇等人提出了数字孪生环境下的计算机辅助过程规划（computer aided process planning，CAPP），探讨了基于实作模型的实时工艺决策和基于数字孪生的工艺知识挖掘技术。

（2）产品制造阶段。

构建全生产线的数字孪生模型，实现加工全过程的实时监控与远程控制。未来的制造，一定是具有高度集成化和智能化的生产体系，数字孪生可以很好地实现生产线的数字化仿真，将车间的生产状态通过数字孪生体系实时反映在监控端，并通过数据对生产状况进行分析和处理。西门子公司利用数字孪生构建了安贝格数字化工厂，最大限度实现了生产自动化、个性化和自我优化，继而提高了生产资源效率，降低了生产成本。肖莹莹等人提出了一种基于数字孪生的智能制造管理计划系统框架，提升了多品种、小批量制造模式在制造过程中应对一系列不确定因素的效率。樊留群等人探讨了数字孪生在产品制造中所处的地位，并展望了该技术在未来制造业中的发展。北京理工大学刘检华团队在虚拟装配领域取得较多成果，近来研究了数字孪生在产品设计阶段、制造阶段和服务阶段的实施途径。东南大学刘晓军团队提出了数字孪生驱动的复杂产品装配工艺方法，以卫星产品装配为对象，研究了基于三维模型的装配工艺设计方法、三维装配工艺演示模型、轻量化显示技术。Zhuang和Leng等人研究建立了车间的数字孪生体。

（3）产品使用维护阶段。

利用数字孪生实现产品的售后及设备的维护。现在的产品都具有高精度、高复杂性和高集成性等特点，在使用时损坏则通常不易维修。通过数字孪生模型，可以预测产品在使用过程中可能出现的问题，以便及时进行改进，避免在使用过程中产生不必要的损失。Wang等人研究了智能制造中旋转机械的数字孪生用于故障诊断。Sancarlos等人建立了锂离子电池的数字孪生体，对电池进行实时管理。陶飞等人探索了面向服务的智能制造，并制定了具体框架，指出数字孪生是未来数据融合的关键基石。任涛等人基于数字孪生思想模型，提出了描述光电探测系统性能退化的模型体系，并验证了系统仿真的有效性。

4.1 数字孪生技术实施路径

4.1.1 数字孪生构建流程

智能制造领域的数字孪生体系框架主要分为6个层级，包括基础支撑层、数据互动层、模型构建层、仿真分析层、功能层和应用层，如图4-1所示。

（1）基础支撑层。

建立数字孪生是以大量相关数据作为基础的，需要为物理设备和流程配置大量的传感器，以获取物理过程及其环境的关键数据。传感器检测的数据大致可分为3类：

① 设备数据，具体可分为行为特征数据（如振动频率/次数、加工精度等）、设备生产数据（如开机时长、作业时长等）和设备能耗数据（如耗电量等）；

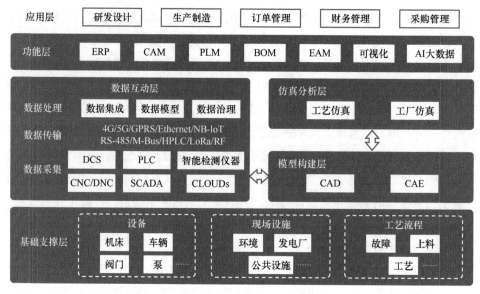

图4-1

② 现场设施数据（如温度、大气压力、湿度等）；

③ 工艺流程数据，即描述流程之间的逻辑关系的数据（如生产排程、调度等）。

（2）数据互动层。

数据采集一般通过分布式控制系统（DCS）、可编程逻辑控制器系统（PLC）和智能检测仪器等进行采集。随着深度学习、视觉识别技术的发展，各类图像、声音采集设备也被广泛应用于数据采集中。

数据传输是实现数字孪生的一项重要技术。数字孪生模型是动态的，建模和控制基于实时上传的采样数据进行，对信息传输和处理时延有较高的要求。因此，数字孪生需要先进可靠的数据传输技术，具有更高的带宽、更低的时延，支持分布式信息汇总，并且具有更高的安全性，从而能够实现设备、生产流程和平台之间的无缝、实时的双向整合/互联。第五代移动通信技术（5G）因其低延时、大带宽、泛在网、低功耗的特点，为数字孪生技术的应用提供基础技术支撑，包括更好的交互体验、海量的设备通信以及高可靠、低延时的实时数据交互。

交互与协同，即虚拟实体实时动态映射物理实体的状态，在虚拟空间通过仿真验证控制效果，根据产生的洞察反馈至物理资产和数字流程，形成数字孪生的落地闭环。数字孪生的交互包括物理-物理、虚拟-虚拟、物理-虚拟、人-机等交互方式。

① 物理-物理交互：使物理设备间相互通信、协调与协作，以完成单设备无法完成的任务。

② 虚拟-虚拟交互：以连接多个虚拟模型，形成信息共享网络。

③ 物理-虚拟交互：虚拟模型与物理对象同步变化，并使物理对象可以根据虚拟模型的直接命令动态调整。

④ 人机-交互：用户和数字孪生系统之间的交互。使用者通过数字孪生系统迅速掌握物理系统的特性和实时性能，识别异常情况，获得分析决策的数据支持，并能便捷地向数字孪生系统下达指令。比如，通过数字孪生模型对设备控制器进行操作，或在管控供应链和订单行为的系统中进行更新。人-机交互技术和3R（VR、AR、MR，即虚拟现实、增强现实和混合现实）技术是相互融合的。

（3）模型构建层和仿真分析层。

建立数字孪生的过程包括建模与仿真。建模即建立物理实体虚拟映射的3D模型，这种模型真实地在虚拟空间再现物理实体的外观、几何结构、运动结构、几何关联等属性，并结合了实体对象的空间运动规律。仿真模型是基于构建好的3D模型，结合结构学、热学、电磁学、流体力学等物理规律和机理，计算、分析和预测物理对象的未来状态。例如，在飞机研发阶段，可以把飞机的真实飞行参数、表面气流分布等数据通过传感器反馈输入到模型中，通过流体力学等相关模型，对这些数据进行分析，预测潜在的故障和隐患。数字孪生由一个或多个单元级数字孪生按层次逐级复合而成。因此，需要对实体对象进行多尺度的数字孪生建模，以适应实际生产流程中模型跨单元耦合的需要。

（4）功能层和应用层。

这两层实现利用数据建模得到的模型和数据分析结果实现预期的功能。这种功能是数字孪生系统最核心的价值的体现，能实时反映物理系统的详细情况，并实现辅助决策等，提升物理系统在生命周期内的性能表现和用户体验。

4.1.2　与制造业有关的数字孪生关键技术

数字孪生的核心是通过虚拟场景实时地反映和预测物理场景，优化和改善现实中的生产制造，其关键技术主要包括以下几个方面。

（1）多维度建模与仿真技术。

相比传统计算机辅助设计/计算机辅助制造（computer aided design/computer aided manufacturing，CAD/CAM）技术，多维度建模需要融合环境、材料性能等许多因素，以及力、热、电等许多属性，使其能最大限度模拟现实状态。

（2）虚拟现实技术。

虚拟现实技术通过提高用户的感知能力来获取更好的沉浸感，以实现真实世界与虚拟世界的互动，模拟出更加真实的效果。通过构建数字孪生，可充分展现复杂装备在关键流程时序下多种数据同时变化的规律。Li等人利用动态贝叶斯网络进行多功能诊断和预测，从而实现了数字孪生视觉，并通过所获得数据的实时反馈与处理对贝叶斯模型进行更新，显著降低了时间成本。

（3）数据分析处理技术。

利用大数据等各种数据处理技术，可对数据进行实时存储、筛选、处理和交互等，从而对外部环境的变化进行有效的判断和处理。Canaday等人提出数字孪生模型可融合来自ADS-B系统的飞机位置信息、天气数据和飞机上各个传感器的数据，以及来自维修车间和制造商的维修数据，从而指导技术人员对设备进行故障预测和维修。Wang等人用AI进行产品的寿命管理。

（4）平台构建处理技术。

在统一平台中有机地融合多物理场景仿真、数据管理、大数据分析和动态数据驱动决策等多个模块并通过可视化的形式呈现出来，可使决策者进行统一处理。西门子公司在整个企业及上下游的供应商之间建立了一个集成和协作的环境，各业务环节均在全三维产品定义的基础上展开工作，有效地缩短了研制周期，改善了工作环境，提高了质量和生产效率。

4.2 制造业多源异构数据

4.2.1 制造业生产过程中的多源异构数据

伴随着《"十四五"智能制造发展规划》的实施，制造业面临重大的变革转型，大数据技术成为提升制造业生产力、创造力的关键。而随着信息技术和制造业的发展，自动化、信息化、智能化等技术渗透到制造业生产流程的各个环节，工业现场的传感器、设备，制造生产流程中的各个信息系统（如制造执行管理系统、生产监控系统、设备运行维护系统、产品质量检测系统、能耗管理系统等），均会产生大量不同结构类型的数据。

产品的制造流程包括研发设计、物料采购、生产制造、产品销售及产品售后5个阶段，如图4-2所示。每个阶段的数据都具有数据来源多样、数据蕴含信息复杂、数据实时性高等特点。从海量数据中发掘指导制造业研发设计、生产制造、销售售后和经营管理等环节的知识和规则，需要大量模型、算法等的支撑。

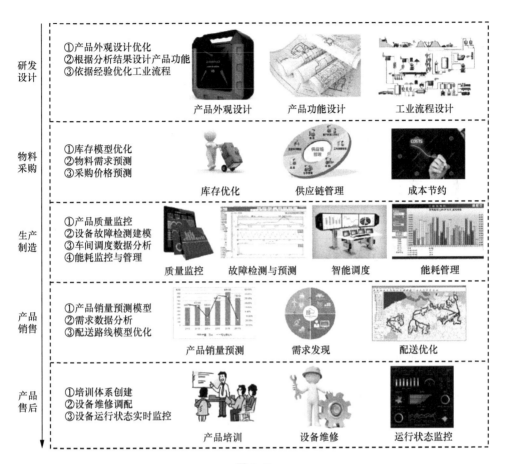

图4-2

多源异构数据主要有两个特征：一是数据来源具有多源性；二是数据种类及形态具有复杂性即异构性。多源异构数据来自多个数据源，包括不同数据库系统和不同设备在工作中采集的数据集等。数据源所在的操作系统、管理系统不同，数据的存储模式和逻辑结构不同，数据的产生时间、使用场所、代码协议等也不同，这造成了数据多源的特征。针对制造业生产过程中产生的数据，按照数据来源和类型，将其做表4-1所示的划分。

表4-1 制造业生产过程中的多源异构数据划分

数据名称	数据内容	数据来源	数据类型
设备属性	生产日期、规格型号、编号、性能等	设备运行维护系统	结构化
能耗数据	用电量等能耗数据	能耗管理系统	结构化
生产计划	人员配置、排班表等	制造执行管理系统	非结构化
运行信息	设备温度、电流、电压等	生产监控系统	结构化

续表

数据名称	数据内容	数据来源	数据类型
环境参数	光电、热敏、声敏、温敏等工业传感器信息	生产监控系统	结构化
产品生产信息	产品尺寸、数量等	生产监控系统	结构化
产品质量信息	产品合格数、合格率等	产品质量监控系统	结构化
网络公开数据	电子商务网络产品报价、搜索引擎产品搜索次数等	公共服务网络	结构化
接口数据	接口类型数据（JSON格式、XML格式）	已建成的工业自动化或信息系统	非结构化
物料数据	生产原料相关图文数据信息等	生产供应系统	非结构化
知识数据	专利、专著、企业文献等	制造执行管理系统	非结构化
产品文档	工程图纸、仿真数据、测试数据等	制造执行管理系统	非结构化
生产监控图片	图像设备拍摄的图片	生产监控系统	非结构化
生产监控音频	语音及声音信息	生产监控系统	非结构化
生产监控视频	现场摄像头拍摄的视频	生产监控系统	非结构化

4.2.2 制造业中的多源异构数据采集

数据采集是多源异构数据处理的基础，只有实现对生产过程中产生的大量原始数据进行准确、实时的采集，并将其传输到数据存储管理平台，才能对生产设备、产品质量、工作调度等进行监控与管理，从而帮助生产管理部门做出更高效、更精准的决策。针对不同类型生产制造业生产过程中的多源异构数据，需要采用不同的数据采集方法和工具。对于离散制造业中的生产过程数据，主要使用射频识别（radio frequency identification，RFID）技术对生产车间中的原材料、设备、产品信息等进行数据采集。对于流程制造业中广泛存在的日志数据及多媒体数据等，根据各自的特点采用传感器进行数据采集。例如，陈飞等人提出了一种基于Flume并结合Elasticsearch及Kibana的新型分布式采集系统，该系统适用于海量日志数据的采集。针对生产过程对音频、视频等多媒体数据的监控，可利用多媒体流处理引擎直接抓取或利用厂商提供的软件开发工具包（software development kit，SDK）开发数据导入程序的数据采集方法。针对数据采集的新需求，相关研究也提出了许多与网络技术相结合的创新型数据采集方法。例如，马吉军等人提出了一种基于边缘计算的生产数据采集方法，利用蜂窝网络对生产设备进行网络化改造，并利用边缘网关对采集到的生产数据进行本地处理。典型数据采集方法及其在制造业生产过程中的应用如表4-2所示。

表 4-2 典型数据采集方法及其在制造业生产过程中的应用

比较项	RFID	传感器	Flume	流媒体服务器
主要应用场景	离散制造业生产过程的设备及产品信息采集	流程制造业生产过程的设备及产品信息采集	生产过程日志数据采集	生产过程监控数据采集
数据类型	数字量	模拟量	日志数据文件	多媒体数据
系统交互	较多应用在ERP系统中	传递给上层的PLC和DCS，最终与上位机对接	可以将采集的数据存储到任何集中存储器	多媒体流处理引擎实时抓取并上传
优势	读取距离远、准确率高	数据类型丰富、应用领域广	高可靠性、高可扩展性	实时性强、清晰度高

4.2.3 制造业中的多源异构数据处理

数据处理包含数据采集、数据集成和数据分析。数据处理的一般流程如图4-3所示。

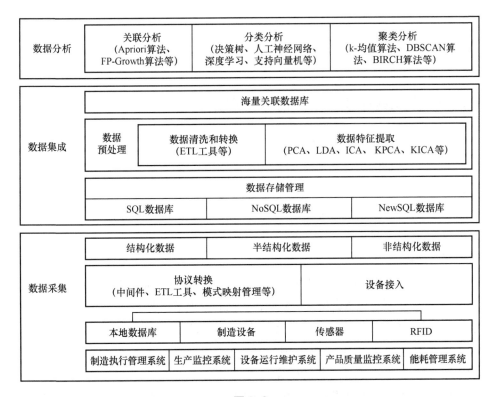

图4-3

目前常见的数据库包括以MySQL、Oracle、DB2、SQL Server等为代表的

SQL数据库，以Redis、HBase、MongoDB、Neo4j等为代表的NoSQL数据库，以及NewSQL数据库。典型数据库及其在制造业生产过程中的应用如表4-3所示。

表4-3 典型数据库及其在制造业生产过程中的应用

比较项	SQL数据库	NoSQL数据库				NewSQL数据库
数据库模型	关系数据库	键-值存储	列式存储	文档存储	图形存储	关系数据库
数据库代表名称	MySQL	Redis	HBase	MongoDB	Neo4j	PostgreSQL
实现语言	C和C++	C	Java	C++	Java	C
是否结构化数据	是	自由	自由	自由	自由	是
协议类型	TCP/IP	基于TCP的文本协议	RPC协议	BSON协议	JSON/REST协议	TCP/IP
是否支持事务	ACID	半支持，乐观锁控制事务	支持行级事务	不支持	ACID	ACID
适用对象/场景	传统制造业生产过程中的结构化数据	作为数据缓存系统，以保障生产数据存储的低时延性	生产过程中有数据设计统计需求的场景	需要对接多个数据源等的场景	图形类数据，例如社交网络推荐系统等，在制造业中应用较少	某些专有软件及特定场景中的海量数据管理

4.2.4 制造业中的多源异构数据分析

数据分析是多源异构数据处理的关键，是指在数据采集与数据集成环节的基础上对工业生产数据的信息和知识进行提取，其目的是利用数据挖掘、机器学习、统计分析等技术对集成的多源异构数据进行分析和处理，从而提取出有价值的信息和知识，用于检测生产运行状况和生产产品质量、辅助决策等。目前，数据分析环节的关键技术包括关联分析、分类分析和聚类分析等。

关联分析就是发现表面看来无规律的数据间的关联性，从而发现事物之间的规律性和发展趋势等。常用的关联规则挖掘算法包括Apriori算法和FP-Growth算法等。

对制造业生产过程的数据分析来说，数据的分类是实现数据信息挖掘及结果预测的十分重要的方法之一。分类是指通过算法将数据划分到已经定义好的类别中。常用的分类分析算法包括决策树、人工神经网络、深度学习、支持向量机（SVM）、基于规则的分类、贝叶斯等。

聚类就是将相似的数据归为一类，原则是使每一类数据的相似性最大。常用的聚类分析算法包括基于划分的聚类方法、基于层次的聚类方法、基于密度的聚类方法和基于模型的聚类方法4类。

4.3 智能制造领域数字孪生标准化现状及需求

4.3.1 智能装配标准化现状及需求

目前智能化装配方法已经得到深入的研究，众多高校和企业采用产学研协同的方法进行探索应用。例如，北京航空航天大学陶飞团队把数字孪生概念应用到车间层面，从物理融合、模型融合、数据融合和服务融合4个维度，系统地探讨了实现数字孪生车间信息物理融合的基础理论与关键技术。该团队是国内研究数字孪生最活跃的团队之一，研究主要集中在制造系统上的数字孪生框架与模型。

数字孪生装配相关标准缺失，产品质量规范化和一致性难以保证，需要统一数字孪生装配基础标准、建设指南和管理规范主要包括以下内容。

① 统一数字孪生装配的基本术语、分类与编码等。

② 基于装配车间不同类型的装配设备、智能化设备需求，提出对车间设备和传感器接口等的技术要求。

针对不同的装配对象需求，需要建立分级、分类的数字孪生装配评价指标体系。主要包括以下内容。

① 开展标准研究，了解数字孪生装配评价研究的现状和技术难点，初步提出数字孪生装配评价的关键点。

② 根据需求侧的不同服务需求，建立数字孪生装配评价模式和相应的评价指标，涉及零件级需求的评价模式和评价指标、产品级的评价模式和评价指标。

③ 开展标准实施的实证研究，选择相应的数字孪生装配，对标准的可操作性和针对性进行评价，验证标准的可行性，为标准的完善提供依据。

4.3.2 虚拟工厂标准化现状及需求

虚拟工厂针对新工厂规划建设、工厂运行实时仿真、轻量化企业分散产能等需求，基于数字孪生技术，实现模拟对象在现实环境中的行为，对产品、制造过程乃至整个工厂进行准确、完整、实时虚拟仿真的目标。虚拟工厂相关国家标准如《智能制造 虚拟工厂参考架构》（GB/T 40648—2021）已开始实施。针对实体工厂的建设和应用规划情况，需以虚拟工厂应用场景为出发点，定义虚拟工厂的应用范围、虚拟工厂中应用场景的映射展现方式，并对相关的生产资源要素的定义进行规范，对虚拟工厂的模型构建进行技术约定，为虚拟工厂的实际应用奠定基础。

1. 虚拟工厂应用范围定义标准

虚拟工厂应用范围主要包括新工厂规划建设应用、工厂运行全局与局部实时虚拟仿真、轻量化企业分散产能的虚拟组合等内容。

2. 生产资源要素虚拟化标准

虚拟工厂的实质是实现实体工厂的流转映射，在实体工厂运行过程中，生产资源要素同样需要在虚拟工厂中体现，并在系统中进行动态的反映，因此需要对生产资源要素进行虚拟化、数字化，需编制相关要素的定义标准，包括生产资源、虚拟产品的三维文件要求、不同类型生产资源的功能要素。

3. 虚拟工厂场景定义标准

结合实体工厂的实际业务环节，考虑虚拟工厂发挥的作用，制定相应的场景定义标准和表现形式，如生产线规划测试、物流仿真及物流瓶颈分析、工艺流程仿真、产能分析、虚拟生产、实体工厂的实时虚拟等。

4. 工厂仿真驱动要素定义标准

对应不同的虚拟功能作用，在计算机系统中定义所需的驱动要素，编制相关驱动要素的定义标准。

5. 驱动要素信息采集范围与流程标准

结合工厂实际，针对不同业务场景的驱动要素，梳理分析信息的采集范围，编制相关的采集流程标准。

6. 虚实工厂信息传递技术要求

结合虚拟工厂与实体工厂的信息传递要求和应用要求，编制相关的技术要求和标准，包括对虚拟工厂与实体工厂之间的信息传递载体的技术要求、虚拟工厂对实体工厂的虚拟延迟要求、虚拟工厂的信息传递安全标准等。

7. 虚拟工厂系统平台要求

从数据存储、信息展现方式、智能分析、物理运行仿真等方面对虚拟工厂系统平台提出的建设标准和要求。

8. 虚拟到实体工厂的驱动控制标准

虚拟工厂的应用不仅要实现对实体工厂的反映，还需要能基于虚拟工厂的运行情况提出相应的改善意见，并推动对实体工厂的驱动控制，因此需要编制驱动控制方面的标准。

9. 虚拟工厂的评价标准

虚拟工厂的应用也是一个逐步提升和改进的过程，应用场景也随着应用的深入在不断变化，因此需要对虚拟工厂的应用进行评价，以便形成阶段性的应用模式和固化成果。

4.3.3 汽车行业标准化现状及需求

整体而言，数字孪生技术在汽车行业企业中的应用还处于初步探索阶段，除研发、设计相关的软件实现一定标准化应用外，大部分应用研究解决方案尚不成熟，很多企业都在尝试提供相关的解决方案，但不同方案差异较大，技术应用标准和评价标准尚未建立。以汽车风洞为例，随着近年来国内汽车风洞数量的逐步增加，汽车风洞测试标准已经进入大众视野并被提上了日程。目前，风洞测试相关标准工作正在稳步推进，但面对这一繁杂的测试系统，该领域的相关标准远不完善。目前，很多汽车公司、高校与科研院所在为行业标准化工作建言献策，标准框架已经具备雏形，但落地实施仍需时日。

当前，国内外众多研究机构正在积极开展数字孪生相关标准的研究和制定。在汽车行业内，当前亟需的数字孪生相关标准包括汽车生产制造的数字孪生平台各系统集成标准及接口协议标准、汽车数字孪生工厂及车间建设的技术要求相关标准、汽车行业数字孪生技术应用成熟度评价要求等相关标准。

4.4 数字孪生在智能制造领域的应用

4.4.1 基于数字孪生的机械产品可靠性测试应用案例

1. 案例背景及基本情况

该项目以《国家智能制造标准体系建设指南（2018版）》《装备制造业标准化和质量提升规划》为指导，以解决可靠性测试与验证过程中的关键问题为出发点，开展基于数字孪生的机械产品可靠性测试模型及测试方法、可靠性评价、结果分析与可靠性增长等的系统研究，制定相关技术标准，填补我国基于数字孪生的机械产品可靠性测试标准空白，健全现有可靠性标准体系。通过试验验证和企业应用验证，建立应用规范，实现典型企业示范应用，充分发挥标准的基础规范作用、技术支撑作用和示范引领作用，促进基于数字孪生的机械产品可靠性测试技术的广泛、有效应用，推动企业数字化可靠性测试与验证体系的建设，补齐可靠性测试阶段的数字化应用短板，实现产品设计、测试、制造全流程的数字化、智能化，促进企业提质增效，提升企业的竞争力。

该项目在系统梳理和总结国内外技术应用和标准研究现状的基础上，针对国内基于数字孪生的机械产品可靠性测试应用存在的主要问题，对标国际标准，开展技术标准的研究与制定，广泛征求行业企业意见和建议，按照"需求分析—标准研制—试验验证—应用验证"的研究思路，开展可靠性测试流程、可靠性测试模型、可靠性测试仿真、可靠性评价、结果分析与可靠性增长等关键技术标准研制，搭建基于数字孪生的机械产品可靠性测试方法标准试验验证与服务平台，并选择航空航天、先进轨道交通、节能与新能源汽车等领域内的典型企业对标准的全部技术内容进行应用验证。

基于数字孪生的可靠性测试在机械产品全生命周期的各个环节都具有重要作用，涉及多个利益相关方，如图4-4所示。产品设计者可依托数字孪生开展产品可靠性仿真、分析设计改进和可靠性增长等工作；制造商和验证方可依托数字孪生并结合产品实物开展可靠性评价等工作；使用者可依托数字孪生开展产品的可用性预测等工作；维护方可依托数字孪生开展产品的保障性分析和预测性维护等工作，在产品退役时，可依托数字孪生开展产品各系统剩余寿命分析和再制造评估等工作。

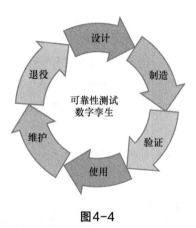

图4-4

2. 系统框架

面向基于数字孪生的机械产品可靠性测试与数据集成要求，可以构建软硬件齐备、适用于多种应用场景试验的验证环境。系统框架如图4-5所示，其主要内容说明如下。

（1）硬件系统。数字仿真计算硬件系统是以服务器为核心、以交换机为基础、以高性能工作站和笔记本计算机为途径的并行计算系统，为数字孪生仿真计算软件系统的运行提供硬件支持，保证数字孪生的可靠性测试顺利进行。

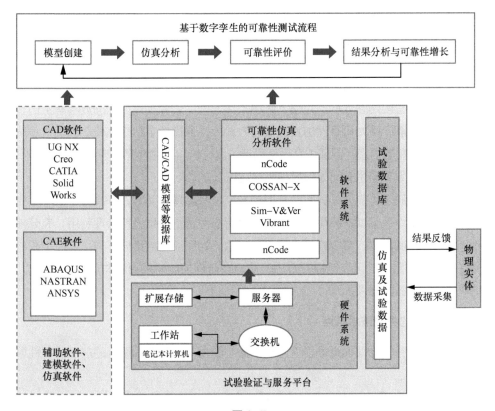

图4-5

（2）软件系统。数字仿真计算软件系统是数字孪生仿真计算系统的核心，具有结构力学分析、可靠性分析、数据管理等功能，是数字孪生建模、性能仿真、可靠性评估、数据管理的主要依托。

（3）试验数据库。试验数据库对积累的仿真及试验数据进行存储和统一管理。对于缺少可靠性试验数据的产品，需补充进行物理试验，完善试验数据库，为数字孪生模型的修正、产品可靠性的评价及增长提供数据支撑。

（4）物理实体。物理实体主要指环境模拟设备、寿命模拟加载设备等。对于缺少可靠性试验数据的产品，需利用上述设备进行补充试验，为仿真结果正确性检验提供数据支撑。

3. 案例特点

（1）基于数字孪生的可靠性仿真分析。

该系统具有影响因子筛选、分析方法选取、分析样本量确定、输出定义等功能，可实现产品静态、动态仿真结果与可靠性分析结果间的信息双向传递，以及仿真数字孪生模型和可靠性模型的关联变更。验证敏感因子信息、仿真分析方法、仿真样本量信息等内容是否能实现可靠性测试中仿真模型与仿真过程的关联管理和变更。

（2）基于数字孪生的可靠性评价。

该系统具有创建参数规范完整、环境条件准确、边界条件合理的数字孪生仿真分析模型的功能，可为可靠性仿真提供有效输入。通过数字孪生完整、准确地表达可靠性分析所需的信息，保证仿真模型满足仿真分析、可靠性评价等各阶段的需求。

（3）基于数字孪生的结果分析与可靠性增长。

该系统可通过可靠性、灵敏度分析精准定位产品薄弱环节，开展基于数字孪生的产品改进工作，实现产品可靠性增长。对可靠性评价结果进行合理利用，充分挖掘产品设计空间潜力，减少产品中的设计冗余。为可靠性结果分析与可靠性增长过程提供系统、完备的可靠性提升方法，从而在合理控制研发周期与成本的前提下，使产品满足可靠性要求。

4. 涉及的关键技术难点

（1）在可完全物理模拟场景下，基于数字孪生与试验数据融合的产品可靠性整体评价。

将数字孪生手段引入可靠性测试后，在可完全物理模拟应用场景下，仿真测试的虚拟环境与试验测试的物理环境可保持一致。但是两种测试手段得到的测试结果在统计上来源于不同的母体，不能够作为一个整体对产品进行可靠性评价，造成有效信息不能被充分利用，可靠性评价结果精度不高。因此，如何在可完全物理模拟场景下综合利用数字孪生与试验数据对产品可靠性进行整体评价是技术难点。

（2）在不可完全物理模拟场景下，数字孪生模型准确性检验。

数字孪生模型的准确性直接影响可靠性评价结果的正确性，作为可靠性测试过程的基础环节，确保所建模型准确反映产品的性能响应，对可靠性测试的顺利进行有着至关重要的作用。在可完全物理模拟场景下，可通过进行产品实际工况下的物理试验对实际工况下的数字孪生模型进行模型准确性的检验与修正；在不可完全物理模拟场景下，由于无法完全构建产品实际工作环境，实际工况下的物理试验难以开展，阻碍了实际工况数字孪生模型准确性的检验与修正。因此，如何在不可完全物理模拟场景下保证数字孪生模型的准确性是技术难点之一。

（3）基于数字孪生的产品可靠性增长。

在产品未满足可靠性要求的情况下，需要对产品进行设计改进甚至重新设计，直至符合可靠性要求，实现可靠性增长。传统基于物理手段的可靠性增长方法需要不断进行产品迭代，开展大量物理试验，时间长，成本高。因此，行业逐渐重视基于数字孪生的可靠性增长方法，寻求可靠性增长效率的提高。但是，在此过程中，仿真数据的利用方法不同于传统方法，阻碍了利用数字孪生仿真分析手段实现可靠性增长的过程。因此，如何利用数字孪生实现产品可靠性增长是技术难点之一。

4.4.2 数字孪生驱动的汽车发动机装配方法

1. 案例背景及基本情况

近年来，机器学习、大数据、云计算和物联网等技术的快速发展，使汽车发动机装配技术由数字化模型仿真为主的虚拟装配逐渐向虚实深度融合的智能化装配方向发展。实现装配虚实空间的深度融合，是推动智能化落地的关键。数字孪生通过集成新一代信息技术实现了虚拟空间与物理空间的信息交互与融合，即由实到虚的实时映射和由虚到实的实时智能化控制。为此，将数字孪生在汽车发动机装配中的应用是未来的重点研究方向之一。

在装配设计阶段，通过建立的零组件数字孪生模型，在装配约束条件下进行装配工艺仿真，然后对发动机总成数模进行干涉检查，包括发动机本体零部件之间的静态干涉检查及运动部件的运动间隙检查，以及发动机总成与发动机舱中其他零件之间的干涉检查。对于不满足干涉检查及间隙要求的零件，需要对装配过程进行分析验证，包括对装配顺序、安装工具及装配空间的可操作性进行分析，评估其对制造系统的影响。对于不满足要求的零件进行装配工艺的调整，如果调整工艺后仍不满足，则需要分析零件设计是否合理，并根据情况改进零件设计，同时修改零件数模，直到满足要求。在装配分析的过程中，同时进行设计和装配工艺验证，得到满足装配质量要求的装配工艺。将装配工艺下达至装配车间，在实际装配过程中建立装配设备数字孪生模型和装配操作数字孪生模型，控制和监测实际装配活动。同时建立装配质量评估数字孪生模型，对装配过程进行阶段和综合的装配质量评估。对于装配质量评估不合格的部分工艺进行多目标优化。

2. 系统框架

将汽车发动机的装配分为装配设计、装配过程和质量评估3个阶段，并分别建立相对应的数字孪生体。图4-6所示的是多数字孪生组成及结构关系，根据不同装配阶段所包含对象和功能的不同，装配设计数字孪生包含零组件数字孪生体和装配工艺数字孪生体；装配过程数字孪生包含装配操作数字孪生体和装配设备数字孪生体；质量评估数字孪生包含阶段评估数字孪生体和综合评估数字孪生体。

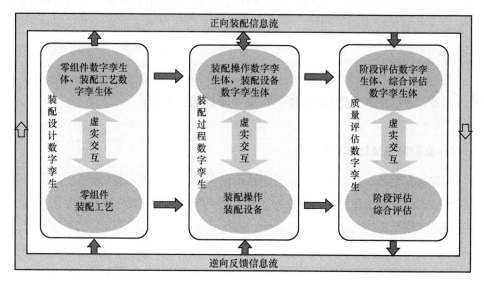

图4-6

装配设计阶段的主要对象为待装配零组件和装配工艺文件，其功能是进行装配仿真，形成和优化装配工艺。该阶段利用虚实对象间数据的交互性可以提高设计的准确性，并验证产品在真实环境中的可装配性。装配设计数字孪生包含两个数字孪生体：零组件数字孪生体和装配工艺数字孪生体。装配过程阶段的主要对象为装配设备、已装/待装零组件和装配操作方式，其功能是利用工艺信息进行实际的装配活动。通过虚实空间的数据交互实现装配过程的实时监测和装配工艺的动态优化。在装配过程数字孪生中构建的数字孪生体包括装配设备数字孪生体和装配操作数字孪生体。装配工艺起源于装配设计阶段，形成于装配过程阶段。质量评估阶段的主要对象为阶段装配体和总装配体，其功能是集成装配过程多学科、多物理量的装配质量评估过程。通过质量评估可以为装配工艺提供优化的目标函数，实现工艺的自适应调整。质量评估数字孪生包含两个数字孪生体：阶段评估数字孪生体和综合评估数字孪生体。

在汽车发动机的数字孪生装配体系中，不同装配阶段数字孪生之间进行正向装配信息流动和逆向反馈信息流动，不同装配阶段数字孪生内部进行虚实空间的数据交互。为了实现包含装配全要素而建立的多数字孪生具有不同的应用功能，将多数字孪生共同组成一个完整的双向装配链,使不同装配阶段上下游可以无缝连接。多数字孪生之间利用信息的交互性进行相互影响,使其稳健性得以提高。在装配过程中,以装配工艺数字孪生体为核心,将装配工艺信息形成装配工艺知识图谱。通过建立几何层面的工艺优化目标和性能层面的优化目标,从局部和全局工艺优化的角度进行多数字孪生协同装配,实现虚实装配空间的深度融合和模型的高度集成。将多数字孪生协同装配方法应用在汽车发动机的装配中,可以提高产品的装配质量一致性和一次性装配成功率。

3. 案例特点

在高精密产品的不同装配阶段建立了装配设计数字孪生、装配过程数字孪生和质量评估数字孪生,并根据其内部不同的物理对象及功能建立了多个数字孪生体。在多数字孪生协同装配中,以装配工艺数字孪生体为核心,根据不同工序的工艺优化目标,利用知识图谱和机器学习算法进行装配工艺的动态优化。在传统的发动机缸体单元装配方法中,装配设计阶段虚拟仿真得出的装配工艺是通过理想几何模型及理论数据产生的,无法正确指导实际装配过程,使得装配设计与实际装配过程出现脱节。在实际装配过程中需要人工推算多道工序的预留公差,这给装配操作带来了极大的难度,且装配耗时较长,装配成功率较低。利用多数字孪生协同装配方法,可以实现不同装配阶段数字孪生的高效协同。在完成每一道装配工序后,均可利用机器学习算法进行下一道或多道工序的装配质量预测和工艺优化,实现了装配过程的智能决策。将传统装配方法与本方法进行对比,取20台发动机装配的实验结果,每一阶段的平均装配时间均有所减少,装配质量一致性均有所提高。同时,这种智能化装配方法还降低了装配过程的操作难度。

4. 涉及的关键技术

(1)虚实映射的零组件逆向建模及装配全要素数字孪生模型构建技术。

针对汽车发动机在装配精度上要求较高的特点,研究基于逆向建模的零组件精确实体数模构建技术;以关键装配特征为配准点,研究集成模型与实体模型共融技术,研究覆盖全部装配要素的数字孪生模型构建技术。

(2)基于孪生数据的可装配性预测与工艺优化技术。

在汽车发动机装配过程中,采用修配法或调整法无法根据装配现场采集的实际装配尺寸实时设计合理可靠的装调方案,因此基于装配作业实测数据与数字孪生模型仿真数据融合的孪生数据,研究待装零组件可装配性预测技术,研究装配工艺的动态调整及优化技术。

4.4.3 造船用大型起重机械数字孪生应用

1. 案例特点

造船用起重机是造船工艺流程中的基础设备,因为船舶建造中许多零部件、分段直至总段的搭载通过起重机高吊运输设备来实现,造船用起重机在仓储、预处理、加工、焊装、总装、涂装等过程中充当关键角色。提高起重机的利用效率、增加潜能、降低故障率对实现精益造船至关重要,以起重机为代表的重要造船装备的转型、升级,可解决船舶工业生产效率低、质量差等问题。

但是,一方面,随着信息技术的飞速发展,以及自动化新技术的应用,起重机械正在向信息化、自动化和智能化方向发展,传统起重机升级成为智能制造装备的发展空间巨大;另一方面,近些年来全球残酷的竞争势态迫使船舶企业加速结构调整,转型升级。利用智能制造装备是应对挑战的最佳助推器,以智能造船起重机为代表,面向工业现场的具有智能导向精确定位技术、智能远程控制技术和智能集群控制技术的起重搬运设备将加快推进数字化、网络化、智能化造船整体水平提升。

中船第九设计研究院工程有限公司采用多种新技术、新手段,研制开发新一代智能造船起重机,通过数字化设计,提高材料利用率,优化设备机型;通过数字化生产、运维、监控,为船厂生产调度提供合理化建议,助力船舶企业提高作业效率、减轻劳动强度、改善操作环境、增强安全性能,同时推动数字化造船的智能化进程。

2. 系统框架

系统框架共分7层,如图4-7所示。

资产层:造船起重机械的物理实体。从其构成上看,可解耦为材料、元器件/零件、组件、子系统(如行走机构、起升机构)、系统(如机械系统、电气系统、液压系统)、多机协作群等几个产品层级。从理论上讲每一个层级都可以有一对一映射的数字孪生虚体,但从工程应用角度看,未见到有如此高保真、细颗粒度的机理模型,实际上也无此必要,一般向下分解到组件一级已可充分满足要求。

集成层:包括传感器、执行器等元器件与设备,该部分属于物理实体域,还有一部分跨入数字虚体域,包含这些设备采集到的工作数据,可以上传给起重机械数字孪生,也包含数字孪生通过模拟运行分析后产生的决策数据,可以下达控制指令给物理实体。

信息层:依托通过网关、通信协议等手段进行必要的筛选与清洗后的数据,针对面向物理实体和逻辑对象的机理模型、数据驱动模型等建立规则,匹配赋值。

智能制造领域数字孪生技术的应用 —— 第4章

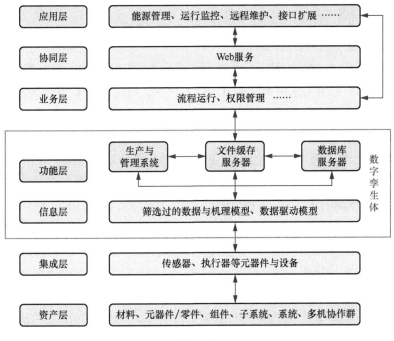

图4-7

功能层：起重机械数字孪生的核心，提供基础保障服务。它由3个子域组成，其中生产与管理系统是将物理设备生产运行常用数据固化，负责执行数字孪生生产运行过程的同步动作及比对监控，并可脱离物理实体单纯驱动数字孪生模拟运行，从而预判故障，实行路径优化；文件缓存服务器用于暂存性数据文件的存取，如设计或生产计划排产变更数据、零部件替换带来的技术规格调整数据、新开发App实用前的调试数据，或者从物理实体采集到的突变数据等，在此可进行适配性分析并生成报表，供决策者判断后再进行下一步处理；数据库服务器则是将实体设备的各种生产运行历史数据、虚拟样机制造调试数据、工艺专家知识库数据、相关方应用服务数据等进行集中管理，可根据需要随时调用。

业务层：提供整体业务逻辑运算服务，例如流程运行、权限管理等。它接收企业客户端请求，经业务逻辑验证后，处理成数字孪生功能层能够接收的请求命令并提交，在功能层处理完后将结果返回客户端。

协同层：提供Web服务，例如登录请求、查询请求、保存请求等访问请求，可满足企业用户将改造、维护等部分业务外包时分配访问权限的需求，通过为每个协同登录用户分配专享空间，将个别外协用户操作对系统的冲击降到最小。

应用层：提供企业用户业务层和协同层可访问的管理平台，包括能源管理、运行监控、远程维护、接口扩展等用户基于浏览器使用相应的功能模块。

3. 案例特点

（1）解决数字化基础的问题。

① 数据采集。主要由OPC服务器来完成，如该控制系统采用Profibus现场总线网络，则OPC服务器采用SIMATIC NET协议，只需在OPC服务器中做好该电控系统的硬件组态，就可以接收和发送来自主PLC的数据。当现场设备发生变化时，由于服务器提供的接口一致，只需对OPC进行重新组态，无须更改监控软件。

② 数据传输。采用无线工业Wi-Fi的传输方式为最佳方案。采用无线工业Wi-Fi的主要优点是能极大地增加系统容量、提高通信质量和数据传输速率，并且可以通过有线网络的转接实现互联网的接入。

③ 数据存储。为了便于维护人员查看设备运行状态及故障信息，采用了可视化动态显示，利用通用的组态软件对画面进行组态，并将数据存于后台数据库中。

④ 起重机防撞和安全监控模型。负责设备、单元层全部关键数据的采集、监控，结合数字仿真模型，实现起重机本机和区域防撞。

⑤ 可视化管控中心。起重机安监信息平台由原来的单台起重机运行数据的本地监控，演变为整个厂区多台起重机设备的集群式监控管理，是起重机信息化技术水平呈指数级增长，数字化、网络化水平进步和集成式智能化创新的体现。建立可视化管控中心，实现船厂智能化设备联网，为船舶业智能工厂的建立打下了很好的基础。

⑥ 起重机远程运维平台。可以实现设备的本地监控、远程监控和平台在线维保功能，该平台具有对标准中要求采集的信息进行处理及控制的功能，具有对起重机运行状态及故障信息进行实时记录和历史信息追溯的功能，具有故障自诊断功能，具有在系统在发生故障时发出报警与止停功能。

⑦ 起重机能源管理平台。MES能源管理基于现场能源网络，通过OPC接口采集能源网络PLC实时计量数据；为企业提供及时、准确的基础数据，优化耗能设备的运行，实现企业的自动化与信息化融合。

（2）解决实际工程应用中经常遇到的问题。

① 起重机双主梁分层设计与制造。采用数字仿真3D建模方式，对四主梁双小车和双主梁结构进行设计，将设计结果进行参数对比，对比结果显示，双主梁结构形式在成本节约方面效果显著：一方面，结构相对简单，使双主梁结构在设计、制造、安装、维护等方面的成本控制相对于四主梁双小车具有很大优势；另一方面，大车轮压较小，有利于承轨梁成本的控制。

② 重型构架空中连续翻身工艺。采用数字信号采集技术，设备层PLC根据控制模型，使负载在空中连续翻身过程中的动作更加准确、平稳，在上小车两钩M和

下小车主钩N上均加装了起升高度编码器，能够把各钩的高度信息实时传回PLC系统；同时，在上、下小车行走机构车轮上加装了测量轮装置，能够把它们所处的位置实时传回PLC系统。这样可帮助PLC系统随时做出判断，并发出正确指令。

③ 大型起重机纠偏问题。通过对起重机啃轨问题现状的分析，我们提出了实时在线纠偏的方案。实时在线纠偏就是在起重机运行过程中可能出现啃轨时，通过微控制器采集车架的偏斜量信号实现对车轮运行状况的自行动态调整，保证车轮运行中心线与轨道中心线基本重合，并使用数字仿真模型进行工况模拟。具体措施为采用数字驱动技术，把大车运行电机改成变频驱动方式，两套变频器设置成外接电压控制模式。使用数字滤波技术，设计软、硬件两套滤波系统，为微控制器准确采集到旋转编码器输出的起重机偏斜信号奠定基础。根据电动机、减速器、车轮的固有传递参数推导出适用于本控制系统的动态响应方程，并由方程计算出的响应时间确定系统的控制参数，从而保证控制系统达到较好的效果。

④ 重载起重机上下小车三钩高精度同步问题。利用数字控制驱动技术实现高精度同步。智能化驱动功能体现在控制单元中的闭环控制功能上，不仅可用于矢量和伺服控制，而且可进行U/f控制。变频器还可对所有传动轴进行转速和转矩控制。吊钩同步运行时，启/制动（包括紧急停车）时同步精度不超过±100 mm，稳速运行时在吊钩整个行程范围内的同步精度不超过±50 mm。上下小车同步运行时，启/制动时同步精度不超过±200 mm，稳速运行时在整个行程范围内的同步精度不超过±100 mm。起重机运行启/制动时同步精度不超过±200 mm，稳速运行时起重机运行同步偏差不超过±100 mm。

⑤ 吊运设备的轮廓和位置检测。智能起重机具备工况实时感知功能，由计算机辅助识别（computer assistance recognition，CAR）系统完成，利用多种技术（光电编码器/磁感应/RFID/条码，北斗/室内Wi-Fi定位，激光/微波/超声波雷达）实现多源数据采集监控。

⑥ MES 工艺规划接入。具有工厂车间级MES开放接口，系统可方便地接入工厂信息网络并且提供开放的数据接口。平台可提供双向信息流。输入起重运输设备信息，平台采集起重运输设备集群运营数据，建立海量数据库，通过数据分析和数据挖掘，将海量数据转化成有效信息，为终端起重运输设备集群提供安全运行服务和维护服务。

4．涉及的关键技术

（1）起重机三维建模及运行状态实时可视化技术。

采用三维有限元建模技术构建起重机动力学模型，分析和计算各种工况，找出起重机设计结构的薄弱环节。通过对薄弱环节有针对性地对应力、形变及疲劳等进行监测，结合起重机当前的起重量、位置信息、升降速度和风速等参数，采用数字计算类设计技术，实现起重机运行状态、应力状态和形变状态的实时三维显示，直观地远程观察设备薄弱环节的受力状态。

（2）基于小波神经网络的部件疲劳分析技术。

起重机在运行过程中会出现非平稳随机振动，该类振动对受力部件的使用寿命影响较大。通过在起重机该类环节处加装振动检测设备进行随机振动信号的数据采集，基于小波神经网络的数据处理与分析方法，对随机振动信号进行消噪滤波和求取频带能量，并根据各个频带能量的变化提取特征数据，然后采用神经网络进行零件疲劳状态的识别和分析，可以提前发现"带病上岗"的部件。

（3）基于智能混合算法的故障诊断及检测方法。

根据起重机的历史数据构建变速箱故障的数学模型，通过模拟试验和振动测试，对理论模型和计算方法进行修正和验证，实现起重机变速箱不开箱安全检测。结合模拟试验、神经网络及支持向量机技术的不开箱故障诊断及检测方法，能快速、准确地确定故障类型。

数字孪生技术主要包括信息建模、信息同步、信息强化、信息分析、智能决策、信息访问、信息安全等7个方面，目前数字孪生技术已取得了很多成就，但仍在快速演进当中。随着新一代信息技术、先进制造技术、新材料技术等新兴技术的共同发展，数字孪生技术将进一步优化和完善。

长期以来，使用虚拟的模型来优化流程、产品或服务的想法并不新鲜，具有更复杂的仿真和建模能力、更好的互操作性和物联网传感器及电力系统可视化的数字化仿真平台和工具的广泛使用，使企业逐渐意识到创建更精细、更具动态感的数字化仿真模型成为可能。目前，越来越多的企业，特别是从产品销售向"产品+服务"转型的企业，开始应用数字孪生技术。数字孪生的大规模应用还比较有限，仍然面临企业内、行业内数据采集能力参差不齐，底层关键数据无法得到有效感知等问题；存在已采集的数据闲置度高、缺乏数据关联和挖掘深度集成应用导致难以发挥数据潜藏价值的问题。从长远来看，要释放数字孪生技术的全部潜力，有赖于底层数据到上层数据的有效贯通，并需要整合整个生态系统中的所有系统与数据。

可以预见，在工业大环境的发展和推动下，数字孪生将是推动智能制造发展的关键技术之一。数字孪生与产品全生命周期的结合成为制造业发展的必然趋势，在智能制造方面有极广的应用前景。

第5章 多维度安全与隐私保障体系构建

5.1 数据溯源管理模型构建

问责溯源技术的主要内容是数据溯源，通过追溯相关数据的来源，包括数据的处理过程，以及沿着数据链流动的相关活动所产生的新信息，监视和跟踪从收集、生产、加工、分配到最终销售的整个数据链中的所有步骤、流程，当其出现安全问题时可以确定问题的根源，快速识别缘由，并根据溯源环节追究责任方并定责。数据溯源（data provenance）技术起源于Wang等人在1990年时提出的两个问题："数据从哪里来"和"哪些中间数据来源被用来实现数据"。不同领域对数据溯源的定义也不尽相同，但一般认为数据溯源是对数据在其生命周期中的变化进行记录与标注。数据溯源是"对目标数据的源数据以及流转过程中的变动加以追溯、确认、描述和记录保存的过程"，具体包括：

① 目标数据源头追踪；

② 源数据演变成当前数据过程的全阶段信息的记录与追溯；

③ 从源数据到当前数据过程中，对目标数据状态产生影响的各种因素进行记录、追溯以及描述和分析。

建立溯源信息的管理模型是确定数据溯源的基本思路、基础框架和主要步骤的前提。

1. 数据溯源信息描述方法

数据溯源信息描述方法是为了获取和记录溯源信息而诞生的，对溯源信息的内容描述是数据溯源的基础。最早的研究是从数据产生的原因和来源两个方面提出数据溯源的两层含义，分别是"数据因哪些源数据而产生"和"数据从哪些源数据复制而来"，即"why"和"where"。后来，在此基础上扩充了"how"描述，用来描述数据事件发生的动作。这种包含"why""where""how"3类元素的模型被称为W3模型。

随着数据溯源应用的发展，研究人员发现W3模型已经不能满足对溯源描述信息要求较高的领域的需求，为此，S.Ram等提出了W7模型，将溯源信息的内容描述扩展为"who""when""where""how""what""which""why"7类元素。W7模型的溯源信息非常丰富，但是其代价是需要更多的存储开销。

2. 数据溯源通用表达模型

数据溯源通用表达模型的目标是通过建立一套完整的技术规范，使数据溯源管理全过程遵循通用的表达方式和共性的描述标准，并提供模型的扩展方法，从而适用于各类溯源管理应用场景。2017年11月1日，国家标准化管理委员会发布了《信

息技术　数据溯源描述模型》(GB/T 34945-2017)标准，定义了数据溯源描述模型(provenance vocabulary model，ProVOC模型)。ProVOC是一个轻量级溯源模型，所制定的标准主要为各类构件描述信息。该模型可以支持在特定领域的灵活扩展，但尚未得到大规模应用，其通用性和管理效果也有待进一步验证和评价，未来需在标准的实施推广过程中不断完善。

3. 数据溯源安全管理模型

数据溯源可以管理数据处理的来源和过程信息，但溯源信息本身也是一种数据。在不可信的环境中，溯源信息很容易被转换、编辑甚至恶意篡改。然而，溯源信息不同于一般数据，传统的数据安全模型主要针对外部防御，通过用户分组、角色控制、数据加密和安全认证等方式，控制用户访问和修改数据。但是，这些安全措施并不能阻止内部授权用户出于各种原因对数据进行各种操作。为了保证溯源信息的完整性、可靠性和可用性，需要建立数据溯源安全管理模型，从外部和内部共同保护溯源信息的安全。系统中溯源信息的存在至少会引发两个与安全相关的问题：一是如何利用溯源信息增强系统的安全性；二是如何保护敏感的溯源信息。Park等提出了一系列基于溯源的访问控制(provenance-based access control，PBAC)模型，这些模型依据被访问对象和主体的溯源信息进行访问、控制、决策。模型的核心组件为用户代理(acting users，AU)、操作(actions，A)及其实例(instances)和类型(types)、对象(objects，O)及其角色(roles)、溯源数据(provenance data，PD)、依赖列表(dependency lists，DL)、策略(policies，P)、用于用户授权(user authorization)和操作验证(action validation)的访问评估(access evaluation)功能以及策略检索(policy retrieval，PR)功能等。当系统接收到包括AU、A和O的访问请求request(AU, A, O)时，PBAC综合DL、P和PD，根据访问评估功能，判断AU是否有访问权限及对操作(A)和对象(O)的权限，以做出允许或拒绝访问的决策。PBAC模型如图5-1所示。

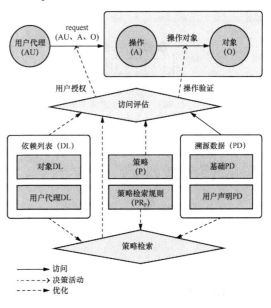

图5-1

5.2 基于区块链的数据溯源机制

区块链（blockchain）技术不断发展与落地应用，其具有难伪造、防篡改、完整性和强一致性等特点，为数据溯源管理提供了一种新的可靠的解决方案。

5.2.1 双链存储机制

双链存储机制以链式结构为基础，凭借链上区块中交易的无序特性构建各项交易的链式结构，进而解决数据溯源过程中的信息存储问题。双链存储机制分为数据溯源信息存储及数据溯源信息查询两部分，具体是利用以太坊交易的附加字段，将父交易的哈希（散列）作为附加数据添加到区块的交易中，这样才能在数据信息查询时按照链式结构对链上的全部数据进行查询。

张利华等为解决高速铁路分布存储的数据溯源信息可能遭受恶意篡改及存储困难等问题，提出一种基于联盟链的去中心化的双链存储模型，以安全、可靠、高效地存储铁路沿线的监测数据溯源信息。基于区块链的数据溯源系统模型如图5-2所示。

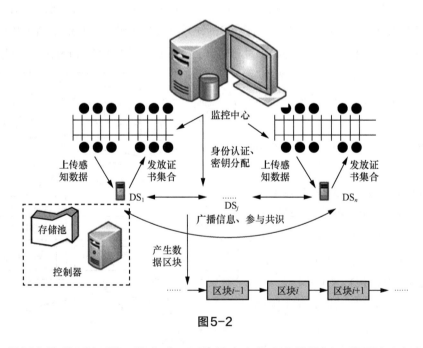

图5-2

数据存储联盟链系统不依靠唯一可信的中心节点存储数据。联盟链建立在预选的铁路沿线采集基站，由这些节点进行公开审计、共识、验证、存储数据，构成区块链。预选节点之间是对等计算的，在进行一次共识之后，每个参与节点都会保存一个相同的区块链副本，即使某一个节点被攻陷，也不会使整个无线传感器网络的数据被篡改而导致数据失效。

联盟链共识具有防篡改的特点，生成数据区块时，系统采用实用拜占庭容错算法进行共识，数据被篡改的可能性很低。感知节点向采集基站传输数据都需附上数字签名、PID（process identifier）等信息。采集基站可以据此保证节点的合法性和数据来源的真实性。

所有的监测数据采用非对称加密方式，以密文形式向采集基站传输。攻击者无法在非共识间断的短时间窃取所有信息，也就无法获取监测数据的隐私信息，所以监测数据的机密性能得到有效保证。

5.2.2 安全模型机制

在数据溯源过程中，数据溯源信息易被恶意篡改，导致数据溯源信息面临较大的安全隐患。为了保证数据溯源信息的真实性、完整性与可靠性，有必要建立数据溯源安全机制，从多个方面保证数据溯源的信息安全。

针对数据溯源的潜在威胁，可凭借安全可信源机制对数据溯源信息进行检测，由此判定数据溯源信息是否完整，是否遭到破坏，从而保障其安全性。

Liang等人针对云环境下数据来源的可信审计问题，提出一种使用区块链技术的去中心化和可信的云数据来源架构ProvChain。基于区块链的数据来源可以提供防篡改记录，实现云中数据责任的透明性，并有助于增强来源数据的隐私性和可用性。利用云存储场景，选择云文件作为数据单元来检测用户操作收集的出处数据。通过将来源数据嵌入区块链交易来收集和验证云数据来源。

云数据来源系统架构如图5-3所示。

ProvChain采用3层架构，包括数据存储层、区块链网络层和溯源数据库层。

（1）数据存储层：支持云存储应用程序，可以扩展到多个云服务提供商。

（2）区块链网络层：使用区块链网络记录每个出处数据条目，每个块可以记录多个数据操作；使用文件作为数据单元，使用用户名和文件名记录每个文件操作。文件访问操作包括创建、共享、编辑和删除。

（3）溯源数据库层：建立一个扩展数据库，用于记录对文件的操作和查询等信息。在ProvChain中，服务提供商可以指派溯源审计员来验证来自区块链网络的数据。ProvChain的数据溯源生命周期分为3个阶段，即溯源数据收集、溯源数据存储和溯源数据验证。

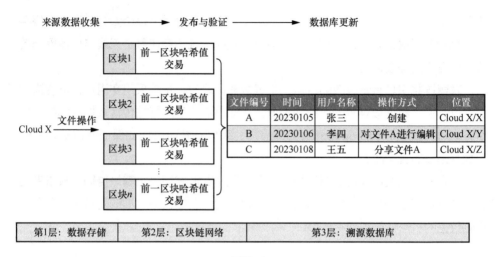

图5-3

5.2.3 逆向溯源机制

逆向溯源是解决数据溯源效率不高问题的有效机制，该机制对于目标数据的追踪较为简单，且只需要存储较少的元数据就可以实现有效追踪，且不需要耗用多余的空间来存储溯源过程中的中间处理信息、溯源全过程的注释信息等，因此在很大程度上其可以规避数据存储方面的缺陷问题。

针对逆向溯源机制，已有学者进行了相关研究，如Xu等人分析研究了区块链用于数据记录和跟踪的工作原理，并对当前农业食品区块链应用的协作模型进行了总结，从提高数据透明度、实现数据可追溯性、改善食品安全和质量监控、降低金融交易成本4个方面讨论了区块链在提高农产品安全和质量监控方面的具体应用。

5.3 基于深度学习的自适应风险评估方法

数据信息是一项长期的、重要的业务资产，需要像其他任何有价值的资产一样受到保护。数据信息的价值，不仅取决于业务的类型和规模，还取决于这些数据资产在业务中的作用。特别是对于某些类型的数据信息，例如医疗记录，往往生死攸关，其价值是不能仅用金钱来衡量的。

5.3.1 风险评估方法概述

基于风险问题的研究是解决企业数据信息安全问题的最佳方法之一。随着企业组织对网络的依赖程度越来越高，企业不仅要避免风险，还要妥善管理这些风险。一般来说，风险就是某一个或一些因素在外部及内部因素的作用下，产生的偶然的、难以预见的价值减少的过程。风险用于描述未来可能发生某件突发事件的不确定性程度，反映的是实际结果和预期结果之间的偏差。风险包括资产、威胁与脆弱性3个主要因素，其中资产为需要保护的实体，威胁指能够产生不友好环境的事件，脆弱性是指导致系统发生危险的弱点。同时，风险具有客观性、不确定性、普遍性、相对性及可预测性的特征。对风险特征的认识和理解，有利于对风险进行精准识别，提高对风险的防范意识，提高风险管理和预控的能力。

风险评估就是运用科学的方法和手段，系统地分析网络与信息系统所面临的威胁及其存在的脆弱性，评估信息安全风险，或者将风险控制在可接受的水平，从而最大限度地保障网络和信息安全。一旦发生可能造成危害的安全事件，提出有针对性的抵御威胁的防护对策和整改措施，以防范和化解风险，将风险控制在可接受的水平，从而为最大限度地保障数据信息安全提供科学依据。风险评估的目标是核实和评定一个组织及其资产所面临的风险，并选择正确的相应的安全控制系统，同时考虑信息系统资产在保密性、完整性、可用性方面的不同安全需求，以保证最终评估结果的科学性和准确性。

1. 风险评估原理

风险评估采用科学方法对事件进行评测，尽量降低风险发生的概率及减少风险所带来的损失。具体来说，就是运用逻辑推理、概率论、数理统计等科学方法，对事件相关信息进行分析，确定指标体系，然后通过科学的手段对指标体系进行权重系数的分配，最终计算出风险值，反映风险发生的概率，从而提出相应的解决办法。因此，风险评估主要包括3个阶段：风险评估准备阶段、风险识别阶段以及风险计算阶段。风险评估准备阶段需要对所要评估系统的基本情况进行分析，如系统的业务目标、业务特性、体系结构、关键要素等，为后续的风险分析提供输入；风险识别阶段需识别各类风险因素（资产、威胁、脆弱性），以及由威胁与脆弱性所导致的各类安全事件；最后，在风险计算阶段分析或计算风险事件发生的概率和可能造成的系统损失，以最终计算信息资产的风险值。风险评估原理如图5-4所示。

通过对系统的风险评估，了解系统当前所处的风险状态及其所面临的安全威胁,实现对网络系统可能遭受攻击的概率预测,为建立相应的安全措施提供建议。对风险评估的研究工作主要集中在以下两个方面：一是对按风险评估标准所提出的模型进行优化改进,二是对参与风险计算的各个要素的量化方法进行研究。

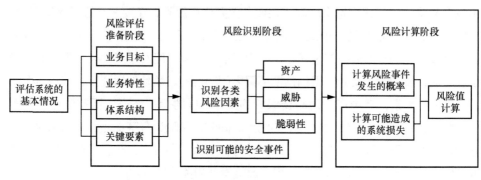

图5-4

2. 评估准确性的主要影响因素

在风险评估的研究中主要有4种因素影响风险评估的分析结果。这4种因素分别是系统中节点的关联性因素、系统风险评估的实时性因素、评估过程中的不确定性,以及评估过程中风险的量化。

（1）系统中节点的关联性因素。早期的一些研究所采用的方法仅考虑了网络中单个节点或主机影响网络系统的方法,忽略了节点与节点之间、脆弱性与脆弱性之间的关联性可能存在的风险,及其可能对系统造成的损害。然而,节点、脆弱性及攻击行为间的关联性,能真实地反映系统的安全状态,使评估的环境更接近实际场景。

（2）系统风险评估实时性因素。从实时性的角度来说,风险评估方法包括静态分析与动态分析两种。对网络状态的静态分析属于早期的风险评估方法,该方法不适合数据量大的情况,这对于当前复杂的、动态的网络具有明显的缺陷。静态分析缺乏对网络动态的检测,导致网络安全问题处于被动和响应延迟。针对该问题,风险评估方法的动态分析具有非常重要的意义,通过观测序列评估安全状态的分布,准确、有效地对安全风险进行响应。

（3）评估过程中的不确定性。确定影响网络安全的指标体系是对网络状态进行建模评估的关键环节,目前该领域内还没有提出公认的、标准化的指标体系,因此许多研究人员会根据经验来确认某一因素是否为评估所需的安全指标并确定其权重。这一过程带有较强的主观性、随意性,加大了评估过程的模糊性与不确定性,会对评估结果的可靠性产生直接影响。

（4）评估过程中风险的量化。在早期对风险进行评估的研究中，使用的是定性的评估方法，该类方法的准确度依赖于评估者的评估水平，在评估过程中具有较强的主观性。针对此问题，定量化的分析可以弥补不足。对风险因素进行量化分析，对安全事件的出现及其造成的损失以概率或数值的形式进行表示，将评估的结果可视化，能够为制定相应的措施及决策提供依据。

3. 风险评估研究现状

针对风险评估中影响评估准确性的4种主要因素，大量研究采用多种方法，实现了对不同研究对象的风险评估分析。

（1）针对关联性的研究现状。

针对风险评估中的关联性因素，Liao等人于2009年结合模糊论和Petri网，提出了一种实时、动态的风险评估与预测方法，通过降低误报率、提高未知攻击检测率，实时动态预测整个系统的潜在威胁，大大提高了风险评估质量。2011年Lyu等人提出了攻击链的思路，给出了该方法的详细风险评估步骤，并利用多属性效用理论对叶子节点的风险值进行量化，实现风险值的计算。2011年，Zhang等人提出一种基于攻击图的抽象技术，在生成攻击图之前将冗余信息移除，减小了攻击图的规模，降低了攻击图的复杂度。2013年Du等人利用攻击树模型，识别可能的攻击路径，分析原子攻击的能力及评估某个威胁可能给系统带来的影响，最后根据为叶子节点分配的攻击成本、技术难度和识别难度3个属性来计算攻击目标的总概率。Xie等人采用全局攻击图生成算法自动构建攻击图，并采用风险评估算法计算风险指标，实现了对风险指标的排序。2017年，Zheng等人基于攻击图模型提出了以节点的重要性和可达的最大概率为参数的安全评估函数，确定了度量节点的重要性等级。Almutairi等人使用基于GSPN（generalized stochastic Petri net，广义随机Petri网）攻击模型进行建模和分析，考虑了SDN（software defined network，软件定义网络）攻击的动态行为。该模型清晰地展现了SDN攻击，便于理解攻击者的行为和分析攻击的方法。Maciel等人基于层次的攻击树模型，根据ENISA的相关内容构造攻击树模型，评估了DDoS（distributed denial of service，分布式拒绝服务）攻击对系统可用性的影响。该方法提出了攻击可能性、可行性、危害程度以及攻击的方式等因素的计算表达式。

（2）针对实时性的研究现状。

2009年，Li等人使用遗传算法自动生成了转移矩阵，简化了配置参数操作，提高了效率。2011年，Zhang等人基于隐马尔可夫模型，从状态转移概率矩阵、网络初始状态的概率分布以及观测矩阵3个方面，通过叠加各个主机的风险值获得整个网络的风险，同时反映了主机风险对整个网络安全状况的影响。2011年，Chen等人基于支持向量机构建了网络安全风险评估模型，并通过数据训练，得到了分类的最优解。2013年，Wang等人根据历史数据提取的相关特征表示网络节点，然后利用粗糙集和支持向量机分类算法对交易失败事件进行详细分析、分类管理，实现了对交易节点的分类控制。2015年，Gao等人基于人工鱼群算法与支持向量机分类算法，提出了一种分类模型，该模型能够快速收敛，具有很好的空间自适应能力。2016年，Xiang等人根据实时的网络状态修改状态转移矩阵，提高了转移矩阵的合法性。Liu等人将攻击图与隐马尔可夫模型有效结合，避免了观测状态和攻击状态的实时性问题。

（3）针对不确定性的研究现状。

2008年，Li等人针对风险评估中的不确定性问题，结合采用灰色关联度与传统层次分析法，通过为每个评估指标分配一个标准化的权重，综合考虑了影响结果的各种因素。2009年，Fu等人基于粗糙集和层次分析法相结合的指标约简算法，得到了最优关键属性集。2009年，Qu等人利用粗糙集和聚类算法对评估规则进行挖掘，通过移除冗余属性，降低了特征向量的维度，并构建了评估分类模型。2010年，Zhang等人利用粗糙集理论确定关键节点，并进一步探索与系统安全相关的要素及其风险评估中的重要性，以此移除不重要的因素，并研究了不同因素组合可能带来的风险。Kondakci利用条件概率方法结合权重进行推理，分析了系统所有组成部分之间的相互依赖性以及因果关系，以便确定总体的量化风险水平。2011年，Yang等人针对风险评估中的自然语言数据，基于模糊逻辑的方法，引入安全-威胁基的概念，最终确定整个系统的风险值。Fu等人提出基于模糊论和层次分析法的综合评估方法，有效地解决了定性指标的量化评估问题。Miao等人计算了通过不同方法得到的指标值与系统风险评分之间的灰色关联度，使用每个风险等级的灰色关系等级来确定基本概率分配函数，最后利用合成规则产生评估结果。2012年Bai等人基于模糊关系矩阵的方法，从资产识别、风险计算等方面完成了风险评估，并根据事件的风险概率和风险造成的损失值确定了整体的风险。2016年，Wang等人用动态贝叶斯网络进行评估，建立了一个动态过程模型和推理模型，用条件概率表和转移矩阵计算出风险等级，通过多时间点观测提供了更加有效、合理的评估方式。Yu等人联合使用灰色论与网络层次分析法（analysis network process，ANP），先用灰色论的相关方法计算出预测风险矩阵，然后使用ANP方法比较每个影响网络安全的风险因素。

（4）针对量化问题的研究现状。

2009年，Zhao等人使用模糊评估方法处理风险因素，以达到量化的目的，该量化方法具有较快的速度和较高的拟合度。Wang 等人从当前网络获取脆弱性和资产信息，然后根据网络拓扑和防火墙配置预测潜在的攻击路径，通过分别计算攻击和防御收益得出决策。2012年，Wang 等人采用模糊评估和神经网络结合的方法，利用粒子群优化算法训练神经网络，在任务中获得了更高的收敛性和准确性。2015年，Huang 等人利用云模型建立评估集的隶属矩阵，并确定了权重向量，从而计算得到系统的风险值。2016年，Li 等人基于访问图模型分析了威胁事件发生概率，以及相应的信息资产方法，以此实现风险评估。2016年，Haimes 等人提出了安全评估算法对保护矩阵进行归一化处理、计算熵和熵的权重，然后利用权重和路径来评估计算系统的风险，避免了在风险评估中的不确定性。2017年，Wang 等人采用熵理论计算出信息安全指标的客观权重，分析了评估数据和指标权重，从而获得最终评估结果。为了提高评估的准确性以及网络的拟合度，也可以采用遗传算法优化权重和阈值，该方法具有更低的模拟误差，能达到更好的拟合效果。

5.3.2 针对主要影响因素的评估方法

1. 针对关联性因素的评估方法

当前有很多研究采用基于关联性因素的风险评估方法，针对风险指标与指标之间、节点与节点之间的关联关系，更准确地反映系统的风险状态。

（1）故障树分析和攻击树。

故障树分析（fault tree analysis，FTA）和攻击树（attack tree，AT）都是考虑节点间关联关系、分析网络系统安全性和可靠性的重要方法。故障树分析方法，按照演绎分析法从顶事件逐级向下分析各自的直接原因事件，确定发生故障的各种组合，对基本事件的概率和逻辑关系进行分析，最终得到造成顶事件的直接原因。攻击树的构造过程是一个反向推理的过程，能准确刻画攻击行为及各阶段攻击目标之间的关系。

（2）攻击图。

基于攻击图的风险评估方法，基于对目标系统中脆弱性之间关系的分析，从复杂网络的角度，揭示系统的状态及其面临的风险。攻击图是目前表示脆弱性之间的依赖关系和因果关系的最有效的模型之一，它采用有向图的形式，根据节点和边之间的逻辑关系，描绘网络遭受攻击的攻击路径。

（3）Petri 网。

Petri 网是一种基于图形的数学建模工具，常用于描述网络被攻击的过程，该方法在网络风险分析的过程中考虑了网络攻击与防御的并发性，并直观地描述了风险的动态传递过程。

2. 针对实时性因素的评估方法

系统状态是动态变化的，为了能准确地掌控系统的风险情况，应对系统进行直观、动态的实时性评估，实现对系统当前出现风险的分析，避免出现延迟现象带来损失。对于风险的实时评估是当前风险评估研究的重点之一。

（1）隐马尔可夫模型。

隐马尔可夫模型（hidden Markov model，HMM）对波动性数据具有良好的预测效果，可用于描述网络系统受到攻击后的状态转移过程，同时可通过相应的参数来评估此时的系统状态，因此该方法被应用到实时风险评估中。HMM是双重随机过程，其中一个随机过程用来描述风险状态的转移情况，另一个随机过程用来描述风险状态和观测值之间的统计对应关系，便于通过观测值来识别状态的变化。

（2）支持向量机。

支持向量机作为机器学习中具有较强分类能力的算法，在风险评估的应用中具有非常明显的优势。支持向量机通过构造不同的分类函数，并基于随后的样本数据进行多次训练得到分类问题的最优解。该方法对小样本的情况具有较强的适应能力，适用于解决非线性及高维模式识别等问题。

3. 针对不确定性因素的评估方法

系统的风险涉及人为、技术和管理等多个方面，任何一方面的缺陷都会导致数据等资产受损。当前复杂的系统普遍具有模糊性和不确定性的特点，对系统的风险进行评估具有一定难度，因此对降低不确定性评估方法的研究就具有很重要的意义。

（1）模糊论。

模糊论法基于模糊数学的原理，对一些边界不清楚且不容易量化的因素进行相应的量化。该方法包括两个关键步骤：首先将风险与其结果集的映射确定为模糊关系，然后进行模糊子集的计算。该方法能够在一定程度上解决从定性分析到定量分析的问题。

（2）灰色论。

灰色论适用于小规模、不完整、不确定数据的处理，通过捕获小样本的优势来提供更好的短期预测。灰色论的方法主要有灰色关联分析和灰色聚类评估两种。灰色关联分析依据序列曲线中几何形状的相似程度判断联系是否紧密，几何形状相似程度越高，说明联系越紧密；灰色聚类评估依据灰色关联矩阵或灰色数的白化权函数，将观测对象划分成多个能够定义的类别。

（3）粗糙集理论。

粗糙集理论在风险评估中可以作为一种处理模糊性以及不确定性的工具使用，能有效地分析不精确的（imprecise）、不一致的（inconsistent）、不完整的（incomplete）信息，还能对数据进行分析和推理，从中发现隐含的知识，揭示潜在的规律。该方法主要在保持分类能力一致的情况下，分析其中不同属性的重要程度，以此达到去除冗余信息、降低输入信息的表达空间维数的目的。

（4）贝叶斯网络。

贝叶斯网络是复杂网络理论中的一种重要方法，是一种用于描述不确定性因果关系的模型。其通过原因和结果变量的节点化表示，将系统抽象成被赋值的因果关系网络图，节点之间用有向弧连接。贝叶斯网络处理不确定性问题有明显的优势，强大的计算能力为通过已知信息推测出未知信息提供了保障。

4. 针对量化问题的评估方法

风险评估中的量化问题，主要是指对风险因素出现的概率及其对资产造成的损失进行量化分析，目前的研究常采用以下几种方法。

（1）博弈模型。

在系统的风险评估中，威胁概率的量化是一个关键问题。在数据访问安全领域中，攻击方和防御方的互动可以描述为一种博弈过程，其本质可理解为一种在网络中攻防双方策略的相互影响。通常情况下，网络攻击中防御方所使用的防御策略能否有效，不但取决于自身的行为，同时还与攻击方的策略和防御系统本身有一定的关系。

（2）云模型。

该方法是针对数据访问入侵行为的随机性和网络安全状态分析结果的模糊性而提出的。它将模糊性和随机性有效集成在一起，能够实现定性概念与定量表示之间的不确定性转换，主要解决定性和定量转换的问题。

（3）信息熵。

通常我们使用概率和统计方法来评估不同网络安全系统的安全性能，这使得网络或安全系统的风险评估有一定的不确定性。而信息熵概念的提出，解决了对信息的量化度量问题。将信息熵应用到网络风险的评估当中，很好地解决了分析过程中存在的不确定信息不能够准确量化的问题。此方法可以精准地量化评估信息系统中的风险状况。

（4）神经网络。

神经网络具有良好的自学习能力、非线性映射能力、泛化能力，以及较高的容错性，能够有效地避免由于风险评估的复杂性、不确定性和实时性而出现的主观性、随机性和模糊性。这些特征使它成为风险评估、预测风险状态的一个理想方法。神经网络适合处理定量的问题，在当前研究中为确保风险评估中的精准性，一般将模糊论与神经网络相结合。

5.3.3 自适应风险评估方法详解

前文综述了影响风险评估准确性的主要因素（关联性、实时性、不确定性、量化问题），并简述了现有针对以上因素的风险评估方法。这些因素是影响未发生变化的稳定网络或系统安全风险评估的主要因素，没有考虑网络发生动态变化的影响。该动态变化不同于实时性因素，主要是指风险指标数据的异构性及维度的变化。新增风险指标超出了现有模型的正确处理范围及能够解析的数据类型，这使评估模型的评估精度会随着指标的变化逐步下降，因此自适应性成为风险评估的重要因素。

人工神经网络为信息安全风险评估的自适应性提供了解决途径。人工神经网络具有很强的学习能力、自组织和自适应能力，能较精确地描述因素之间的映射关系。2012年，卓莹等人构建了基于广义回归神经网络（generalized regression neural network，GRNN）的风险模型，实现了网络态势的风险预测。2017年，谢丽霞等人利用布谷鸟搜索（cuckoo search，CS）算法来优化神经网络的网络连接权值以及阈值，提高了评估模型的收敛速度和预测精度。2019年，程家根等人将神经网络的结构和参数用混合递阶遗传算法进行优化，增强了评估模型性能，再利用模拟退火（simulated annealing，SA）算法来增强搜索能力，利用该方法所构建的评估模型具有较高的评估能力。

当前对于将神经网络运用在风险评估的研究，集中在神经网络的参数优化或者结合其他算法改进神经网络的性能上。随着近几年人工智能的飞速发展，尤其是深度学习的快速进步，以神经网络为主的风险评估研究逐渐深入。

1. 现存主要问题

除上述影响风险评估的主要因素外，评估过程中的主观性也是影响最终评估值的重要因素。在网络安全风险评估（包括对资产、脆弱性、威胁的分析识别和量化）过程中，会依赖一定的历史数据和专家经验，这样就造成对一些研究对象的评估带有一定的主观性色彩，使评估结果不准确，导致管理工作无法做出正确、及时的安全措施，对系统造成危害。

目前，基于模型的评估方法在应用于大规模的复杂网络时，仍未能解决路径爆炸问题，限制了其在大规模网络中的应用。网络中节点和设备增多及各节点的联系错综复杂，增加了建模难度和算法的复杂度，因此产生路径爆炸问题。

使用自动化工具能够有效降低人为因素的影响，评估过程中的自动化程度将会提高结果的准确性。所以提高风险评估过程中各个环节的自动化程度，是风险评估研究的一个重要发展方向。

风险评估下一步的主要研究方向如下。

（1）继续提高风险评估的自动化程度，以减少评估过程中的主观因素和不确定性。

（2）根据评估结果，自动生成安全建议及决策。

（3）网络的类型不同，影响评估结果的主要因素也不尽相同，探索风险评估系统的自适应研究，使其能够自调整各个风险因素的权重值，以适应不同的网络类型。

（4）仿真环境是研究风险评估的重要工具，探究可以模拟真实网络攻击的环境，是提高风险评估效率的主要手段。

2. 一种基于深度学习的工业物联网数据空间访问风险评估方法

数据信息是一项长期的、重要的业务资产，其对于企业在竞争日益激烈的市场中生存具有重要作用，需要像任何其他形式的有价值资产一样受到保护。工业物联网中的制造企业数据空间具有动态演化、数据共享的特点，同时存在企业数据共享性和隐私性的矛盾。因此，风险评估就成为解决企业数据空间数据安全问题的重要方法，其目标是核实和评定数据资产所面临的风险，防范和化解安全风险，将风险控制在可接受的水平，从而最大限度地保障数据安全。

目前，如何实现多角度的数据空间风险评估，还是一个难题。现有技术缺乏对数据空间风险评估的研究，不能对数据空间访问行为及数据空间数据安全做出有效的风险评估。此外，机器学习的多种算法涉及精度、参数数量、实施复杂度等问题，从而导致风险评估准确性不高、适应性低以及各终端访问行为之间的复杂关系难以有效反映问题。

因此，提出一种基于深度学习的工业物联网数据空间访问风险评估方法来解决上述问题很有必要。

（1）技术方案。

基于深度学习的工业物联网数据空间访问风险评估方法具体包括：记录并结构化存储用户终端访问数据空间的访问行为数据，根据所述访问行为数据构建终端访问行为向量；根据多个所述终端访问行为向量建立多终端访问行为数据关联网络，获得数据空间访问关联矩阵；构建单终端深度学习模型和数据空间深度学习模型，对深度神经网络的待优化参数（包括权重参数与偏置参数）进行参数估计；使用终端访问行为向量所构建的训练数据集训练单终端深度学习模型，使用数据空间访问关联矩阵所构建的训练数据集训练数据空间深度学习模型；获取数据空间实时访问数据，使用单终端深度学习模型和数据空间深度学习模型，实现终端访问行为的风险评估及数据空间安全的风险评估。

访问行为数据包括但不限于访问痕迹、数据下载请求、复制、地址分享、操作间隔时间和非法操作。终端访问行为向量的构建方法如下：将终端各单位时间下的一系列访问行为数据按照时序分别表示为 x_t，其中 $t = 1, 2, \cdots, T$，则终端访问行为向量表示为 $X = \{x_1, x_2, \cdots, x_t, \cdots, x_T\}$。

建立数据空间访问关联矩阵，按照以下方法实现：利用复杂网络理论，基于不同终端访问行为向量数据之间的关联性，以终端为节点，以终端访问行为向量数据间的关联性为边，构建多终端访问行为数据关联网络，获得数据空间访问关联矩阵 V：

$$V = \begin{pmatrix} v_{11} & v_{12} & \cdots & v_{1n} \\ v_{21} & v_{22} & \cdots & v_{2n} \\ \vdots & \vdots & & \vdots \\ v_{m1} & v_{m2} & \cdots & v_{mn} \end{pmatrix}$$

式中，V 表示数据空间访问关联矩阵；v_{mn} 表示终端 n 与终端 m 行为向量之间的关联性，两节点关联性越强，v_{mn} 的取值越接近 1，$v_{mn} = 0$ 表示两终端的访问行为向量无关联。

建立深度神经网络后，需对神经网络的参数进行优化。待优化参数包括权重参数和偏置参数，以及深度神经网络层数、学习率及迭代次数。对深度神经网络的待优化参数进行参数估计，包括以下步骤：计算得到权重参数和偏置参数的分布；对分布进行多次采样组合获得组合集；基于同一特征进行多次测试，优化权重参数和偏置参数。

（2）具体实施步骤。

为实现工业物联网数据空间数据访问安全的多角度风险评估，提高评估精确度，使用复杂网络理论与深度学习方法构建深度学习模型，分别完成对终端的访问行为数据空间的数据安全风险评级，以对数据空间访问的风险进行评估，基于深度学习的工业物联网数据空间访问风险评估方法流程示意图如图5-5所示。

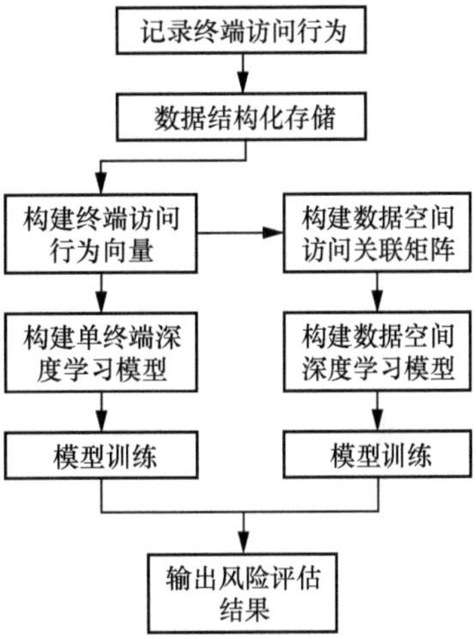

方法的实现主要包括以下步骤。

① 将访问行为数据信息格式化为可保存的结构化数据；记录单位时间t内，终端访问数据空间的各种行为操作，按照行为的不同，设置不同的权重系数k_i，其中$i=1,2,\cdots,N$，并定义$\sum_{i=1}^{N}k_i=1$，单位时间t内，终端的访问行为数值表示为x_t；最后，按照时序，将终端各单位时间下的行为量化数值构建为终端数据访问行为向量，终端访问行为向量表示为$X=\{x_1,x_2,\cdots,x_t,\cdots,x_T\}$。

图5-5

② 利用复杂网络理论，基于不同终端访问行为向量数据之间的关联性，以终端为节点，以终端访问行为向量数据间的关联性为边，构建多终端访问行为数据关联网络。

假设共记录了访问数据空间的M个终端的访问行为向量$x_1(t),x_2(t),\cdots,x_M(t)$，其中$t=1,2,\cdots,T$为对应的时间采样点，终端$m=1,2,\cdots,M$。

利用时间延迟τ将其嵌入d维空间：

$$\boldsymbol{x}_{1,t}=\left(x_1(t),x_1(t+\tau),x_1(t+2\tau),\cdots,x_1(t+(d-1)\tau)\right)$$
$$\boldsymbol{x}_{2,t}=\left(x_2(t),x_2(t+\tau),x_2(t+2\tau),\cdots,x_2(t+(d-1)\tau)\right)$$
$$\vdots$$
$$\boldsymbol{x}_{M,t}=\left(x_M(t),x_M(t+\tau),x_M(t+2\tau),\cdots,x_M(t+(d-1)\tau)\right)$$

对于终端m的访问行为向量$x_m(t)$的任意两个嵌入向量$\boldsymbol{x}_{m,t}$与$\boldsymbol{x}_{m,j}$的距离小于距离参数ε的概率记为

$$P_{m,t}^{\varepsilon_{m,t}}=\frac{1}{2(\omega_2-\omega_1)}\sum_{j=1,\omega_1<|t-j|<\omega_2}^{T}\Theta\left(\varepsilon-\left|\boldsymbol{x}_{m,t}-\boldsymbol{x}_{m,j}\right|\right)$$

式中，ω_1为避免自相关对计算影响的参数；ω_2为锐化同步度量时间分辨率的参数；ω_1与ω_2的值需满足$\omega_1\ll\omega_2\ll T$。$\Theta(x)$为单位阶跃函数。对于终端m的访问行为向量$x_m(t)$，其临界距离参数$\varepsilon_{m,t}$由$P_{m,t}^{\varepsilon_{m,t}}$确定：

$$P_{m,t}^{\varepsilon_{m,t}}=P_{\mathrm{ref}}\ll 1$$

式中，参数P_{ref}描述重建内嵌向量接近$x_m(t)$的比例。

采用同步似然法，计算不同终端访问行为向量间的相关性，对于终端m在时间窗

(t,j) 的同步似然系数值 $\mathrm{SL}_{m,(t,j)}$ 为

$$\mathrm{SL}_{m,(t,j)} = \begin{cases} \dfrac{H}{M-1}, & |x_{m,t}-x_{m,j}| \leqslant \varepsilon_{m,t} \\ 0, & |x_{m,t}-x_{m,j}| > \varepsilon_{m,t} \end{cases}$$

式中，H 表示在时间窗 (t,j) 中非常接近或者同步的内嵌向量的数量，表示为

$$H = \sum_{m=1}^{M} \Theta\left(\varepsilon_{m,t} - |x_{m,t}-x_{m,j}|\right)$$

那么在 t 时刻，终端 m 对其他终端间的同步值为

$$\mathrm{SL}_{m,t} = \frac{1}{2(\omega_2-\omega_1)} \sum_{\substack{j=1 \\ \omega_1 < |j-t| < \omega_2}}^{T} \mathrm{SL}_{m,(t,j)}$$

式中，$\mathrm{SL}_{m,t}$ 的值在 P_{ref} 与 1 之间，$\mathrm{SL}_{m,t} \leqslant P_{\mathrm{ref}}$ 说明终端访问行为完全不相关，$\mathrm{SL}_{m,t}=1$ 说明终端访问行为完全相关。

基于此方法计算各个终端访问行为之间的访问关联矩阵，获得数据空间访问关联矩阵 V：

$$V = \begin{pmatrix} \mathrm{SL}_{11} & \mathrm{SL}_{12} & \cdots & \mathrm{SL}_{1n} \\ \mathrm{SL}_{21} & \mathrm{SL}_{22} & \cdots & \mathrm{SL}_{2n} \\ \vdots & \vdots & & \vdots \\ \mathrm{SL}_{m1} & \mathrm{SL}_{m2} & \cdots & \mathrm{SL}_{mn} \end{pmatrix} = \begin{pmatrix} v_{11} & v_{12} & \cdots & v_{1n} \\ v_{21} & v_{22} & \cdots & v_{2n} \\ \vdots & \vdots & & \vdots \\ v_{m1} & v_{m2} & \cdots & v_{mn} \end{pmatrix}$$

式中，v_{mn} 表示终端 n 与终端 m 访问行为向量之间的关联性，两节点关联性越强，v_{mn} 的取值越接近 1。

③ 使用终端访问行为向量所构建的训练数据集训练单终端深度学习模型，使用数据空间访问关联矩阵所构建的训练数据集训练数据空间深度学习模型，对深度神经网络的待优化参数进行参数估计，包括以下步骤：计算得到权重参数和偏置参数的分布；对分布进行多次采样组合获得组合集；基于同一特征进行多次测试，优化权重参数和偏置参数，待优化参数还包括深度神经网络的层数、迭代次数和学习率；获取数据空间实时访问数据，分别使用两种深度学习模型，实现终端访问行为的风险评估及数据空间安全的风险评估。

与现有技术相比，该方法具备以下有益效果：使用深度学习技术，基于对访问痕迹、数据下载请求、复制、地址分享、操作间隔时间、非法操作等访问行为的量化，构建终端访问行为向量及数据空间数据访问相关矩阵，利用深度学习模型，实现了数据空间访问风险的多角度评估，提高了评估准确度，有效降低了企业数据风险。

5.4 基于风险评估和时间控制的数据销毁机制

5.4.1 数据销毁技术

数据销毁技术是保护数据安全的重要技术之一。随着计算机普及度越来越高，个人数据的安全保护日益得到重视。保护数据安全的普遍方法无外乎数据加密、信息隐藏等，但在不得已的情况下，将数据销毁是保护数据安全行之有效的方法。

如今信息的存储由传统的纸质载体逐渐演变为磁性存储载体，诸如磁带、磁盘，以及近期兴起的基于闪存和动态随机存储器（dynamic random access memory，DRAM）的固态盘（solid state disk，SSD）。纸质载体在销毁时仅需通过涂改、撕碎、焚烧等方式即可实现信息的不可恢复，而磁性存储介质及固态盘等存储设备在数据销毁技术实现上更加复杂。本小节将根据销毁方式的不同从物理销毁和逻辑销毁两方面对数据销毁技术进行介绍。

1. 物理销毁

物理销毁即借助人力、外力采用物理破坏的手段达到数据彻底清除且不可恢复的目的。这种销毁方式往往用于不易搬运移动的存储设备或密级极高的数据。目前物理销毁普遍采用以下几种方式。

（1）消除磁性方式。

消除磁性方式简称"消磁法"，是一种使磁盘存储数据功能失效的销毁手段。采用消磁设备提高磁性存储介质的瞬时磁场强度，使介质磁表面磁性颗粒失去作用，从而失去存储数据的功能。消磁法十分高效，这种方法可以使磁盘失去存储功能。

（2）化学腐蚀方式。

化学腐蚀方式指运用化学试剂喷洒磁性存储介质的磁表面，腐蚀破坏其磁性结构。使用这种方式，磁盘一旦遭受强行拆卸，其内部会自动释放化学试剂，达到数据销毁的目的。

（3）物理粉碎方式。

物理粉碎方式类似于用碎纸机销毁纸质文件，通过设备对存储介质进行碾压、敲击、切割、磨碎，使其成为碎片状或颗粒状。即使不法分子获取了全部物理残骸，也不可恢复或需花费极大的代价才能恢复。

（4）物理焚化方式。

物理焚化方式指运用熔炼、焚烧的方式，将磁性存储介质化为灰烬，介质本身和数据信息都将不复存在。

物理销毁方式具有快速、高效、彻底的特点，但是其花费成本高且并不适用于大部分存储设备，故缺乏广泛应用。对涉密级别不高的设备或个人用户而言，一般采用"软方式"进行数据销毁。

2. 逻辑销毁

根据磁盘的写数据原理，逻辑销毁的思想就是向准备销毁的数据块区中反复写入无意义的随机数据，将原有数据覆盖并替换，达到数据不可读的目的，从而实现数据销毁。逻辑销毁包括以下几种方式。

（1）数据删格方式。

删除与格式化操作是计算机用户常用的两种清除数据的方式，但其实它们都不是真正意义上的数据销毁方式。以 Windows 系统为例，磁盘数据以簇为基本单位存储且存储位置以一种链式指针结构分布在整个磁盘。删除操作就是在文件系统上创建一个空的文件头簇，然后将删除文件占用的其他簇都标为"空"，让文件系统"误认为"该文件已经被清除了。

（2）数据重写方式。

数据重写技术又叫覆写销毁技术，是目前研究的主流数据销毁技术。数据重写主要通过采用规定的无意义数据序列，利用特定的重写规则，覆盖磁性存储介质上的原始数据。磁性存储介质具有磁残留特性，使磁头在进行写操作时，每一次写入时的磁场强度都不一致，这种差别会在写入记录间产生覆写痕迹，通过专业设备可以分析重构出数据副本。因此，采用数据重写方式最有效的方法就是进行多次重写。

5.4.2 数据销毁模式

1. "2W1H" 原则

数据销毁应遵循一定的原则、标准，即在何时选择怎样的手段销毁哪一个数据，简称"2W1H"原则，即 which（选择哪一个数据销毁）、when（何时销毁）、how（如何销毁）。该原则的详细规则如下。

（1）which。

第一大类：过期数据。存储系统中的过期数据主要包括到达预先设定生命周期的数据、访问频率在一定时间内低于预先设定值的冷门数据、更新失败的数据、冗余副本数据等。

第二大类：遭到恶意攻击的数据。恶意攻击主要包括未授权访问、恶意篡改、服务提供商有意泄露、黑客攻击等。除了数据拥有者自身和授权用户之外的所有用户（包括服务提供商）之外的代理均可能成为恶意攻击者。

第三大类：残留数据。节点数据过多的副本、删除不彻底、待删数据所在的存储节点暂时离线等都会造成存储系统中的数据残留。残留数据中仍可能包含用户不希望他人获知的私密信息，同时可能影响存储空间的有效利用，用户和系统本身都有全面清除残留数据的需求。

（2）when。

存储数据销毁的时间影响用户数据的安全以及空间资源的充分利用。对于那些有预设时间的节点数据，当预设时间到达时即调用销毁策略进行销毁。一旦节点数据发生存储环境异常或者是被未授权的访问者恶意攻击时，立即销毁该节点数据，然后将与该节点数据相关的其他节点上的数据块或者副本迁移甚至删除。此外，对于那些没有预设时间的、过期的、信息陈旧的、残留的数据，定期进行轮询，发现上述分类的数据立即销毁。

（3）how。

对于过期数据、多余副本、残留数据等，我们希望能实现主动销毁，这样就不需要额外的人力、技术去干涉执行销毁操作；对于那些有预设值的节点数据，我们希望能很好地完成定时销毁；对于被恶意攻击、欺骗等的数据，我们希望其在被攻击、欺骗的"萌芽"阶段就能实现防御型销毁，这样能够避免用户数据的泄露，从而保证用户数据的安全。

2. 销毁模式

数据自身、副本放置、安全等级等都是多样的，没有统一的标准，授权访问者的需求更是多变的，以及恶意攻击者能力的不确定性，往往使得在某一时刻单单采用一种销毁模式是不能完全完成任务的。销毁模式主要有主动销毁、定时销毁和防御型销毁3种。

（1）主动销毁。

主动销毁指不受任何外力干预，只根据其存储系统的内在设置对存储数据进行合理的自销毁。常见的如基于分布式哈希表（distributed hash table，DHT）网络的动态性,存储超过时限的数据就会主动销毁,不能被任何方式获取;当一个用户数据的副本数大于该系统的上限时,主动销毁最先设置的副本或者销毁所有副本。

① 数据备份过多:数据副本远远超出系统规定的备份数,此时驻留在该节点上的代理应调用销毁指令对原数据和所有副本文件进行整合,销毁那些超出系统规定的备份。

② 过期数据:那些长期存储,并在某一长时间段内没有任何价值的用户数据。对于这类数据,节点上的代理应调用销毁指令对该节点原数据及其所有副本一并删除。

③ 存储数据节点不在线:并不是所有的服务器都是永久在线的,对于那些短暂不在线的服务器,存储在其上的用户数据很容易因为不在线而不受控制,以致用户数据泄露。此时,一般认为驻留在该节点上的代理仍能调用销毁指令对该不在线节点进行永久删除。

(2)定时销毁。

定时销毁指预先设定一个阈值,一旦达到这个阈值就销毁该阈值作用的节点数据,无论节点是否在线。用户隐私安全保护一直备受关注,现在很多研究都基于DHT网络的动态性,利用其限定时间来保护用户数据不被泄露。但是,有时用户刚将数据上传就"后悔"了,这时DHT网络的限定时间还没有到,该用户数据不能按用户的需求立即被删除;同样,当DHT网络限定时间到达的时候,用户仍希望存储的数据再保留一段时间。这时,就需要一个定时机制,时长可长可短甚至可以动态变化,这也就是定时销毁模式所要实现的功能。

用户可以在上传数据之前设置好定时器,然后利用统一数据访问(uniform data access,UDA)携带用户数据及定时器上传数据。这个定时器的设置完全由用户控制,时长可长可短,并且可以不告诉云服务提供商,保证只有授权用户可见。当用户想要改变这个定时器的时长时,向存储在数据节点上的 UDA 发送指令,UDA 调用定时模块即可。

(3)防御型销毁。

防御型销毁指在用户数据面临潜在危险的情况下或者具有面临潜在危险可能的情况下,对节点上的数据进行销毁。主动销毁和定时销毁都是基于"阈值"的,具有滞后性。而防御型销毁是在节点数据处于不安全情况下或者具有不安全可能的情况下对其进行销毁,具有一定的超前性。数据防御型销毁的流程如图5-6所示。

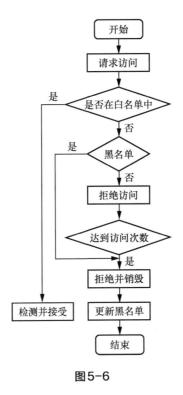

图5-6

用户在上传数据之前自定义"白名单"(white list, WList)和"黑名单"(black list, BList),当一个存在于BList中的访问者发出请求(access request, AR)时,则拒绝访问并立即调用销毁指令对该节点数据进行删除;若发现该访问者既不在WList中也不在BList中,则仅拒绝该次访问,无须对节点数据做任何操作。但是,如果该访问者在拒绝访问之后仍多次通过类似伪造身份的方式强制访问该节点上的数据,当达到访问次数(visit times, VTimes)时,将该访问者写入BList,并立即销毁该节点上的数据。

5.4.3 基于风险评估的数据自销毁方案

1. 方案框架

基于风险评估的数据自销毁方案框架如图5-7所示。方案框架中的主要因素说明如下。

(1)隐私内容属主:负责将数据分块、封装,并存储进数据空间,或者存入网络。

（2）授权用户：授权用户有云端隐私数据块的读取权限，它能够根据相关参数从网络中获得密文分片并重构解密密钥。

（3）存储数据空间：提供云存储服务，存储隐私数据块，通过权限控制实现只有授权用户能够读取数据。

（4）网络：提供不完全可靠的存储能力，存储混合密文分量；提供定期删除功能，超过授权时间后，删除权限，使隐私数据块不可读。

（5）网络攻击：严格地讲，网络攻击并不算系统的组成部分，然而，鉴于数据自销毁方案的设计是为了预防网络攻击，因此将网络攻击当作本方案的参与者之一。

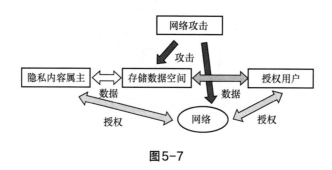

图5-7

2. 工作流程

基于风险评估的数据自销毁方案的基本工作流程可以分为3个阶段：加密与存储阶段、读取与解密阶段以及自销毁阶段。

（1）加密与存储阶段。

加密与存储阶段完成系统中前半部分的内容，即将隐私数据加密后存储到云端，然后生成混合密文分量并存储到网络中，销毁中间数据并保留必要参数。在开始加密之前，首先调用ParaGen算法（一种PyTorch深度学习算法）生成系统参数Ψ。Ψ是系统参数的集合，其中包括密钥生成树算法的参数等系统需要的所有参数。在隐私内容属主对隐私内容数据进行加密时，需要调用TreeKeyGen（一种用来生成树密钥的算法）算法生成树密钥，并最终转化为加密密钥，分别对隐私内容数据块实施对称加密。

在完成加密以后，数据自销毁方案首先对网络中的节点的风险度进行评估，并选择网络节点进行存储。对于DHT网络节点的选择，不再仅仅依靠访问键值随机进行，而是通过节点的信任评估选择风险程度低的节点，防止网络节点的恶意行为给系统造成不必要的损失。网络节点的选择算法是TrustSel，该算法在网络上进行风险评估计算，得出所有节点的风险值，然后选取风险程度低的n个节点的地址返回。在数据块分发存储完成以后，隐私内容属主调用Encapsulate算法将访问键值、公共参数等一起封装，并经安全信道存储到云端，随时准备授权用户的访问。最后隐私内容属主将加密与存储阶段计算生成的中间数据全部销毁，包括密钥生成树的中间计算结果，本地存储的加密密钥，耦合、封装过程中产生的计算结果等。

（2）读取与解密阶段。

作为授权用户，其在读取数据之前，首先要通过身份验证。当授权用户向云存储服务器申请权限内的隐私数据读取时，云端会将封装数据直接发送给授权用户。此时授权用户通过调用解封装函数Decapsulate在得到访问键值以后得到密文，解调后得到数据块。

（3）自销毁阶段。

当隐私数据经过密文分量提取和混合密文分量生成及分发以后，云端存储的隐私数据封装内容正式开始生命周期。当隐私内容属主设定的数据授权时间结束以后，数据自销毁方案利用网络节点的动态性删除功能，直接将存储于节点的混合密文分量删除。此时，包含于混合密文分量中的提取密文和解密密钥集合同时被删除。没有解密密钥，隐私数据就不可能被解密。另外，由于提取密文也被删除，这样，即使攻击者或者其他企图窃取隐私内容的不法分子在没有解密密钥的情况之下使用暴力破解手段，仍然无法恢复出隐私内容属主的全部隐私数据，也就是说即使密钥丢失（泄露或者被破解），隐私数据也是安全的。即使是隐私内容属主本人，由于缺少提取密文，也无法从云端恢复原有隐私数据。

5.5 探测机制

随着网络规模的不断扩大，网络终端设备的接入数量剧增，路由器/交换机数量越来越多，除了物理链路切断造成的网络阻塞外，复杂的网络结构和不合理的路由原则均会造成网络多链路拥塞现象的发生。并且病毒、蠕虫攻击等如不被及时发现，可能造成网络大面积拥塞甚至瘫痪，给企业带来较大经济损失，也给网络安全带来极大的隐患。因此，网络管理者需要及时准确地定位网络中发生拥塞的链路，并诊断链路拥塞起因，及时采取处理措施。借助Boolean代数，基于最小覆盖集（smallest cover set，SCS）理论进行拥塞链路推理的主动检测方法能够有效地诊断出待管网络中发生的故障。由于多播路由并不普及，因此提出基于单时隙主动端到端（end to end，E2E）探测，以快速定位发生拥塞的链路。另外，由于Boolean代数仅能够推断网络拥塞与否，即便采用Analog Boolean方法也仅能对链路丢包率进行求解，且算法计算复杂，对时钟同步性要求高，因此无法准确、有效地确定IP网络中发生拥塞的链路故障原因。虽然传统基于简单网络管理协议（simple network management protocol，SNMP）的被动探测通过路由器系统日志中的数据挖掘能够获取网络故障原因，但是，对被管IP网络所有路由器系统日志进行采集，数据量大，处理困难。这里提出综合主动E2E探测与被动日志数据分析的方法，通过主动探测快速定位，并仅对拥塞链路相关的路由器系统日志进行获取，基于互信息原理快速对拥塞链路相连的路由器数据中的异常情况进行推断，从而找出网络故障原因。

5.5.1 主动探测与被动探测

1. 主动探测

在IP网络故障诊断领域，基于图论的诊断技术已逐步成为当前研究的热点。该类算法的推断性能依赖于构建图模型的准确性。其中，贝叶斯网模型是图模型中最为典型的模型之一。国内外学者基于贝叶斯网络模型提出了一系列可行的故障诊断算法。增量假设更新（incremental hypothesis updating，IHU）算法是一种基于事件驱动的故障定位算法，算法引入症状-事件二分有向图模型，通过建立症状解释集合，将最有可能发生的故障加入该集合。但该类算法对不准确的症状-故障情况无法处理，且算法的时间复杂度随着网络规模的增大呈指数级增长。Shrink算法建立了一种可处理不准确信息的贝叶斯网模型，但是该算法没有考虑当观测值不准确的情况对算法的影响。Maxcoverage算法利用最小故障集解释网络故障，运算速度明显提高，但虚报率较高。借助多时隙不相关路径性能探测结果定位拥塞链路的方法，可对待测IP网络中各链路进行两个基本假设：各链路具有相同的拥塞先验概率p_0；链路拥塞先验概率小于0.2。该假设明显不符合实际真实网络情况。由于网络的异构环境，骨干网中链路的拥塞概率比子网中链路的拥塞概率小，由于当前IP网络存在多链路拥塞并发现象，当p_0较大时，算法准确性明显下降，当$p_0 = 0.2$时，算法的检测精度仅30%。CLINK算法通过多时隙E2E探测获取各链路先验概率，推断拥塞链路，但是推断拥塞链路集合时同样基于SCS理论，当存在多链路拥塞并发现象时，算法检测率明显下降。

综上所述，在基于主动E2E探测的网络故障诊断技术中，仅能够对网络拥塞等故障进行定位，并不能深入了解到造成网络拥塞的原因，且现有算法在多链路拥塞的复杂网络环境下，无法准确地定位拥塞链路。

2. 被动探测

借助对IP网络中路由器日志的被动探测能够实现对网络拥塞故障的诊断。其中，Yamanishi等人提出了一种使用混合的隐马尔可夫模型方法，使用服务器系统日志来检测系统故障，但该方法无法确定模型的核数及故障类型种类。SCORE和Shrink都是故障定位系统，它们使用基于同一共享风险链路组（shared risk link group，SRLG）模拟出的一个二分图。Meta故障定位系统从事件数据集自动学习故障事件，然后迅速找到故障根源的网络事件。然而，它使用非极大值抑制（non-maximum suppression，NMS）收集网络事件数据，也就是故障根源依赖于NMS。Xu等分析了大规模Hadoop系统的控制台日志，提出了基于主成分分析（principal component analysis，PCA）的异常检测方法。网络入侵检测系统（intrusion detection system，IDS）警报分类方法是通过频繁项集进行挖掘的方法，此类方法需要采取有监督的机器学习方法，在故障发生之前通过相关日志进行反馈和发现。Kimura提出了一种使用张量因子分解的网络日志数据的建模和事件提取方法，但并没有专注于异常检测。SyslogDigest通过提取日志模板并依据关联的路由器分组，从路由器系统日志中构造摘要信息。但是，该方法需要借助邻域知识来提取空间关系，并且由于是在离线的情况下进行的日志批处理，没有考虑到日志数据是不断叠加的。Splunk日志分析平台能够实时收集日志数据以及进行快速搜索和分析，能够收集和创建索引并可视化日志。然而其需要邻域知识才能得到有效的使用。

综上所述，基于被动的日志分析挖掘处理方面的大多数算法是离线完成日志批处理的，没有考虑到日志数据是不断生成和叠加的，实时性差。另外，算法需要预定义规则完成邻域知识学习，并且随着网络规模的增大，路由器中日志数据量剧增，现有大数据处理方法也难以对海量数据进行快速、准确的故障分析。

5.5.2 探测算法设计

由于大规模IP网络中的路由器数量众多，系统日志信息数据量巨大，如果对所有路由器系统日志借助数据挖掘算法进行数据分析预处理，实现异常日志检测和及时找到网络故障有一定困难。因此，这里提出一种综合主动探测方式与被动探测方式的方法。首先，通过主动探测方式对IP网络中部分路径进行E2E性能探测，借助布尔代数，定位网络中可能发生拥塞的链路集合；然后，对与拥塞链路相连的路由器，基于SNMP进行被动系统日志获取，并提取日志特征；最后，基于互信息理论，与离线学习到的日志特征数据库中的信息进行对比，从而发现异常系统日志信息，根据日志信息判断出网络故障原因。

主动被动探测算法设计流程如图5-8所示。

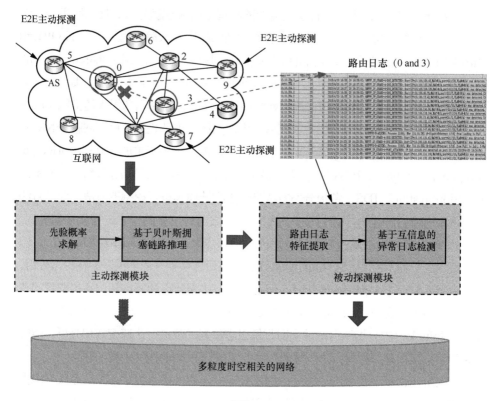

图5-8

该算法结合主动探测技术实时性好的优点，快速定位发生拥塞的链路，并借助被动探测进行时空相关路由器系统日志的数据获取，借助互信息理论找到异常日志，从而推断网络故障原因，弥补了主动探测仅能判断网络拥塞与否、检测粒度不高的缺点。另外，通过获取发生拥塞的链路中相关路由器在一定时间内的系统日志，减少数据计算量，避免了数据量巨大造成的算法运行速度慢，甚至无法及时、有效分析故障原因的弊端。

1. 基于E2E路径主动探测技术的故障定位

传统网络进行拥塞定位时，根据专家经验知识，多路径共享的瓶颈链路容易发生拥塞。在复杂的网络环境下，如何对多瓶颈链路网络拥塞环境下的拥塞链路进行定位？这里首先对被管网络进行一段时间的链路拥塞先验概率求解，获取各链路拥塞先验知识，避免复杂IP网络中采用专家经验知识带来的误差。

（1）链路先验概率离线学习过程。

根据拥塞E2E路径的整体丢包率与途经各链路的丢包率关系求解链路拥塞先验概率，即路径传输率等于途经各链路传输率的乘积：

$$\Psi_i = \prod_{j=1}^{n_\varepsilon} \varphi_j^{D_{ij}} \qquad (5\text{-}1)$$

式中，Ψ_i为第i条E2E路径整体传输率；φ_j为第i条E2E路径途经的第j条链路的传输率；D_{ij}为选路矩阵D中第i行、第j列的元素值，取值范围为$\{0,1\}$。借助Boolean最大化操作、操作符"$\vee$"，可利用式（5-2）表示出E2E路径拥塞与途经各链路拥塞之间的关系：

$$y_i = \bigvee_{j=1}^{n_\varepsilon} x_j \cdot D_{ij}^{''} \qquad (5\text{-}2)$$

对式（5-2）两边分别取数学期望E并转换，可得各E2E路径拥塞与途经各链路拥塞关系表达式：

$$E[y_i] = P(\bigvee_{j=1}^{n_\varepsilon} x_j \cdot D_{ij}^{''} = 1) = 1 - P(\bigvee_{j=1}^{n_\varepsilon} x_j \cdot D_{ij}^{''} = 0) = 1 - \prod_{j=1}^{n_\varepsilon} (1-p_j)^{D_{ij}^{''}} \qquad (5\text{-}3)$$

E2E探测路径拥塞期望值$E[y_i]$可利用N次E2E路径性能探测结果求出，用$\bar{y}_i$表示，通过N次性能状态变量$y_i = \{0,1\}$求和取平均值后得出。

为方便求解，对式（5-3）取对数可得拥塞贝叶斯网模型中各拥塞链路先验概率，求解Boolean线性方程组：

$$-\lg(1-p_i) = \sum_{j=1}^{n_\varepsilon} D_{ij}^{'''} \cdot [-\lg(1-p_j)] \qquad (5\text{-}4)$$

式（5-4）中，路径P_i对应的拥塞概率p_i可通过对拥塞路径P_i的N次性能探测结果计算获得。由此得出各链路拥塞先验概率p_j。

（2）基于贝叶斯定理的在线拥塞链路定位。

推断当前时刻待测IP网络中各链路性能时，根据当前时刻各E2E路径性能及各途经链路信息，定位当前时刻待测IP网络中的拥塞链路，可以借助数学模型进行表述。根据各E2E路径性能探测snapshot结果，确定各E2E路径中最有可能发生拥塞的链路集合$X \subseteq S$，即求解argmax$P(X|Y)$值，使其后验拥塞概率最大：

$$\operatorname{argmax} P(X|Y) = \operatorname{argmax} \frac{P(X,Y)}{P(Y)} \qquad (5\text{-}5)$$

式（5-5）中，由于$P(Y)$的取值仅与网络状态有关，与链路选取无关，故可将式（5-5）简化为式（5-6）：

$$\operatorname{argmax} P(X|Y) = \operatorname{argmax} P(X,Y) = \operatorname{argmax} \{\prod_{i=1}^{n_{\theta'}} P[(y_i | p_a(y_i)] \prod_{j=1}^{n_{\varepsilon'}} P(x_j)\} \qquad (5\text{-}6)$$

式（5-6）中，$n_{e'}$为当前时刻剩余拥塞路径数；$n_{\varepsilon'}$为当前时刻剩余拥塞路径途经的各链路数；$p_a(y_i)$为拥塞贝叶斯网模型中的观测节点y_i的父节点；$P(x_j)$为求解出的待测IP网络链路x_j的拥塞先验概率。E2E探测路径与各途经链路之间存在以下概率关系：

$$P(y_i=0 \mid p_a(y_i)=\{0,\cdots,0\})=1，P(y_i=1 \mid \exists x_i=1 \cap x_i \in p_a(y_i))=1 \quad (5\text{-}7)$$

通过各E2E路径性能与途经各链路性能之间的状态变量概率关系式（5-5）、式（5-7），对式（5-6）的求解过程可转化为对式（5-8）的求解：

$$\mathrm{argmax}\, P(X \mid Y) = \mathrm{argmax}\, P(X) \quad (5\text{-}8)$$

根据当前时刻各E2E路径性能探测snapshot结果，对各链路拥塞联合概率求解表达式，其服从伯努利概型二项概率公式：

$$P_n(k) = C_n^k p^k (1-p)^{(n-k)} \quad (5\text{-}9)$$

由于在进行拥塞链路集合推断时，仅对待测IP网络中各E2E路径进行1次性能探测，即$n=1$。且待测IP网络中各链路的状态概率均服从独立分布，则由式（5-8）、式（5-9），借助各链路拥塞先验概率p_j，可得：

$$\mathrm{argmax}\, P(X \mid Y) = \mathrm{argmax}\, P(X) = \mathrm{argmax} \prod_{j'=1}^{n_{\varepsilon'}} p_j^{x_j} \cdot (1-p_j)^{(1-x_j)} \quad (5\text{-}10)$$

为了便于研究，对式（5-10）取对数运算：

$$\mathrm{argmax} \sum_{j=1}^{n_{\varepsilon'}} [x_j \cdot \lg p_j + (1-x_j) \cdot \lg(1-p_j)] = \mathrm{argmax} \sum_{j=1}^{n_{\varepsilon'}} [x_j \cdot \lg \frac{p_j}{1-p_j} + \lg(1-p_j)] \quad (5\text{-}11)$$

式（5-11）中，第二项$\lg(1-p_j)$的取值与链路状态x_j的取值无关，故$\mathrm{argmax}\, P_p(X \mid Y)$可由式（5-12）求解得出：

$$\mathrm{argmax}\, P_p(X \mid Y) = \mathrm{argmax} \sum_{j=1}^{n_{\varepsilon'}} (x_j \cdot \lg \frac{p_j}{1-p_j}) = \mathrm{argmin} \sum_{j=1}^{n_{\varepsilon'}} (x_j \cdot \lg \frac{1-p_j}{p_j}) \quad (5\text{-}12)$$

由式（5-12），借助贝叶斯MAP推断网络最容易发生拥塞的链路集合，即求解满足使$\lg[(1-p_j)/p_j]$最小值时或$\lg[p_j/(1-p_j)]$最大值时的链路集合。当前时刻拥塞链路推断过程可被归纳为SCP（set coverage problem，集合覆盖问题）的求解过程。

2. 基于被动探测的相关路由器系统日志异常分析

（1）离线日志知识学习。

路由器系统日志记录的是路由器一些日常的使用情况以及受到的各种攻击，是用英文来记录的。在路由器运作过程中，路由器会给日志主机传送所记录的日志信息，日志信息对网络管理员来说是非常重要的，可以帮助管理员了解路由器系统在一定时间内做了何种操作,对日志进行分析,根据日志信息找出当前路由器所发生的故障,对故障进行定位以及排除。

路由器系统日志生成的原因多种多样,系统时间发生改变,用户登录,地址解析协议(address resolution protocol,ARP)、拒绝服务(denial of service,DoS)攻击等都会使路由器生成日志信息。当路由器系统日志生成时,网络管理员需要对路由器日志进行分析、统计与综合,快速区分常规日志和异常日志,迅速排除问题才能使路由器安全运行。因此,如何快速区分常规日志与异常日志成为一个非常值得思考的问题。

当前被管网络的日志格式:2017:38:02:%NFPP_IP_GUARD-4-DOS_DETECTED: Host<IP=10.100.120.43,MAC=N/A,port=Gi1/20,VLAN=N/A> was detected.(2017-4-20 16:37:20)。

该日志中包含日志生成的时间、特征值的描述以及主机的详细信息。详细信息中详细说明了本条日志生成的原因,其中包含访问该路由器的IP地址、端口号以及生成该日志的原因。通常状态下网络管理员通过日志的具体描述来分辨路由器是否出现异常与导致异常的原因。而通过观察采集到的多路由系统日志,可明确分析出每条日志信息的描述对应的具体特征值。因此,对于路由器信息的异常检测,这里不采用传统根据具体描述来判别日志是否异常,而是先提取日志的特征值,之后将该条日志的特征值与日志数据库中的常规日志进行对比,以此来判别待检测日志是否包含异常状态。

根据被管网络路由器系统日志中的书写格式,首先运用正则表达式对日志信息进行截取。在日志信息中,特征值普遍以%开头,以半角冒号结尾,部分日志信息以@开头,以半角冒号结尾。根据这种规律,这里设计相应程序对路由器系统日志进行截取。部分程代码计如下:

```
String message=list.get(i).getMessage();
m = message.indexof("%");
if(m==-1)
  { m = message.indexof("@");}
message = message.substring(m);
n = message.indexof(":");
message = message.substring(1,n);
```

当读取到一条日志信息后,使用JRE中String类封装的indexof方法找出%出现位置的索引,当这条信息中没有%时,就判断该日志信息的特征值是以@开头,判断@出现位置的索引,取得m值后,使用JRE中String类中封装的substring方法将字符串从 m 索引开始到字符串末尾直接截取出来，这样可以去除由于时间不同而产生的冗余特征值。特征值以：结尾，根据上述方法找到：所对应的索引，对截取出来的字符串进行下一步的截取。对常规日志也使用该方法进行截取，并存入数据库，以便之后将截取的系统日志特征值与常规日志进行对比时，可以直接对比特征值，不用再进行截取。

在截取常规系统日志的特征值时，常规日志库是直接从各路由器主机采集出来的。在指定时间内，各路由器生成日志的原因可能相同，即采集出来的路由日志除去 IP 地址与端口号之外可能相同，因此，需要去除常规日志库中的冗余信息。在网络不发生拥塞等故障时，对日志特征值进行学习，将常规路由器日志进行特征值的获取和存储。数据库中存放的日志信息为常规日志的特征值。在去除冗余信息之前，首先将常规日志库中的所有日志信息读取出来，并存入 List 集合中。此时，可以直接忽略数据库的读取与写入过程。去除 List 集合中重复的信息如下：

```
for(int i = 0; i < list.size() = -1; i++)
  { for(int j = i+1; j < list.size();j++)
    { if(list.get(i).equals(list.get(j)))
      { list.remove(j);
         j-- ;}}}
```

将去除冗余信息后的常规日志库存入数据库进行待检测 IP 网络的异常日志检测。选择遍历 List 集合，for 循环嵌套使用，外层 for 循环依次选取，直到将所有元素取完。内层 for 循环控制比较的次数，每读取一条日志信息，将其与后面的所有元素依次比较。遍历的过程中使用 Object 类中封装的 equals 方法进行比对。如果当前元素与后面某个元素相同、重复，调用 List 类中的 remove 方法，移除后面的那个元素。依次将读取出来的 List 集合中的所有元素进行比较，遍历完整个 List 集合后，最后剩余的即完全不重复的日志信息。通过此方法可实现常规日志标准数据库的建立。

（2）基于互信息的在线异常日志检测。

互信息作为自然语言处理中的一种方法，通常用来描述两个实例是否相关，在过滤问题中用来衡量特质相较于类别的区分量。互信息的定义与交叉熵是近似的。互信息原本是信息论中的一个定义，用于描述两条或多条消息之间的关系，是两个随机变量统计相关性的测度。使用互信息进行特征选取根据如下的假设：在某个特定的分类中出现频率比较高，但是在其他的分类中出现频率相对比较低的词，与这个分类之间的互信息量相对比较大。通常互信息被用于描述特征词和某个类别之间的关系，如果某个词条属于该类，它们之间的互信息量相对比较大。因为这个方法不用对特征词条和分类中间的关系或者性质做任何假设，所以互信息经常用于文本分类中特征词和分类的匹配工作。

互信息原理如图5-9所示。

图5-9中，设有两个随机变量（X、Y），两者的联合分布概率为$P(X,Y)$；两者的边际分布概率为$P(X)$、$P(Y)$，互信息为$I(X;Y)$，其为联合分布概率与乘积分布概率的相对熵，即

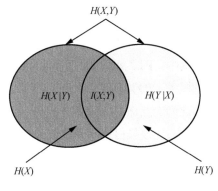

图5-9

$$I(X;Y) = \sum_{x \in X} \sum_{y \in Y} P(x,y) \frac{P(x,y)}{P(x)P(y)} \quad (5\text{-}13)$$

通常来说，信道中存在干扰与噪声。信源发出信息X，经过信道后，信宿可能只会接收到干扰或者噪声之后的信息Y。信宿收到Y之后判断出信源发出X的概率，这个过程用后验概率来描述。与之对应的，信源发出X的概率被称为先验概率。定义后验概率与先验概率之间比值的对数为两者之间的互信息。根据熵的连锁规则：

$$H(X,Y) = H(X) + H(Y|X) = H(Y) + H(X|Y) \quad (5\text{-}14)$$

因此，

$$H(X) - H(X|Y) = H(Y) - H(Y|X) \quad (5\text{-}15)$$

这个差叫作X和Y的互信息，记作$I(X;Y)$。按照熵的定义展开可以得到：

$$\begin{aligned} I(X;Y) &= H(X) - H(X|Y) \\ &= H(X) + H(Y) - H(X,Y) \\ &= \sum_x P(x)\frac{1}{P(x)} + \sum_y P(y)\frac{1}{P(y)} - \sum_{x,y} P(x,y)\frac{1}{P(x,y)} \\ &= \sum_{x,y} P(x,y)\frac{P(x,y)}{P(x)P(y)} \end{aligned} \quad (5\text{-}16)$$

在对互信息进行校验之前，首先将日志信息特征值截取成两段，统计两段特征字符串在常规日志库中出现的次数以及两者同时出现的次数。这里设计的互信息计算核心代码如下：

```
P1=(bothAppeared*1.0/listLib.size());
P2=(corpus/listLib.size());
P3=(candidate/listLib.size());
if(P1!=0){
    P=(P1/(P2*P3));
```

```
log=Math.log(P)/Math.log(10);
score=score+log;}
```

其中，P1为两者同时出现的概率，P2为第一段特征字符串在常规日志库中出现的概率，P3为第二段特征字符串在常规日志库中出现的概率。log为两个特征字符串之间的互信息。根据分析得出，如果两个特征字符串之间的互信息量为0，就可以判断出该条日志为异常日志，此时的路由器处于异常状态。同时这种算法可以处理大批量数据，比对次数为两个List集合长度的乘积。

5.5.3 探测结果验证

为了验证这里提出的算法对系统日志中异常的检测准确性，我们分别利用基于正则表达式的模板匹配算法与互信息检测算法进行链路拥塞相关路由器中的日志异常检测。

1. 检测结果分析

在一定规模的IP网络拓扑结构模型下，模拟一定比例链路拥塞事件，这里采用的算法较CLINK算法在定位精度上有一定程度的提高，特别是当复杂IP网络多链路拥塞情况下，算法定位性能较CLINK算法高。定位拥塞链路后，对拥塞链路相关路由器中的系统日志基于SNMP进行被动获取，并利用提出的互信息算法以及传统的模板匹配算法进行分析和比较。

（1）主动探测。

在某局域网AS，选取部分路由器端主机作为发包路由器节点，最大限度地覆盖待测网络。在实际Internet中，各链路丢包率数值无法准确获知，即缺少算法推理DR及FPR中的标准答案。在实测平台下定位拥塞链路的实验验证方法，将待测Internet中各E2E路径集合以随机方式分为两个大小相等的路径集合：推理路径集合I及验证路径集合P。推理算法的验证过程主要包括两个步骤。

① 从集合I中获取拥塞链路标准答案。

在推理路径集合I中，对各E2E路径每隔4 min进行一次snapshot，共进行30次。具体操作如下。

在推理路径集合中，利用traceroute命令获取每次snapshot中各E2E路径途经的路由器节点，得到E2E路径途经链路情况。由于路由器有多个端口，因此同一个路由器可能由多个端口与其他路由器相连，利用sr-ally工具将有多个IP地址（端口）但归属同一路由器的节点合并。

利用ping工具从发包路由器节点向各接收端路由器节点发送100个60 BUDP包，获取30次snapshot（包括traceroute命令及ping命令）各E2E路径拓扑结构及性能数据，进行待测IP网络各链路拥塞先验概率求解。

对待测Internet进行1次snapshot（包括traceroute命令以及ping命令），可分别得到当前推理时刻各E2E探测路径途经各链路情况以及各E2E路径性能探测结果，分别利用提出的改进算法以及传统算法CLINK进行待测IP网络中的拥塞链路集合推理，并将推理结果作为验证过程中算法的标准答案。

② 在集合P中验证各算法性能。

验证E2E探测路径集合P中的各E2E路径，如果某条E2E路径中至少存在集合I可获取标准答案中推理出的一条拥塞链路，则该E2E路径应被推理为拥塞路径。

与该路径实际测量出的丢包率结果对应的路径状态（如探测出该路径的丢包率>0.05，则该路径处于拥塞状态）进行比较，如推理结果与实际E2E路径探测结果一致，一致路径数加1。ARPP（agreement rate of path properties，一致路径率）的计算如下：

$$ARPP = \frac{路径状态一致的数量}{路径总量} \quad (5-17)$$

CLINK及本书提出算法的拥塞链路定位性能结果如表5-1所示。

表5-1　CLINK及本书提出算法的拥塞链路定位性能结果

算法	ARPP/%
CLINK	79.3
本书提出算法	90.1

（2）被动探测。

通过实验发现，现有算法和互信息算法在大多数情况下均能较好地检测出发生异常的系统日志，便于管理者对出现的问题进行解决。但是，基于正则表达式的模板匹配方法，在部分正常日志检测过程中可能对部分正常日志提示为异常。例如：

1222:02:04: %OSPF-5-ADJCHG:

Process 100, Nbr 10.10.252.251-GigabitEthernet 0/24 from Loading to Full, LoadingDone.

该条日志信息为静态路由表配置之后产生的日志信息，是一条常规日志，并不属于异常信息，利用正则表达式不能有效识别。而本文提出的互信息算法可以将其判别为常规日志，分析其原因在于该日志截取后的特征值为OSPF-5-ADJCHG。基于正则表达式的异常检测算法，是将该特征值转换为一个Pattern实例，调用其

matcher方法，返回匹配器对象，将常规日志库中的日志信息与该正则表达式对象进行匹配，当常规日志库中并不存在此特征值时，根据正则表达式无法准确判别该日志状态。

利用互信息的异常检测算法可以识别该条日志。通过查找常规日志库，发现其中存在OSPF-5-ADJCHG日志特征值。在程序运行过程中，将待检测的日志特征值进行切割，OSPF与5-ADJCHG两个字符串都在常规日志库中出现，根据互信息计算代码，P1、P2、P3的值均不为0。因此，两字符串之间的互信息量不为0，根据互信息检测算法，将不会把该日志作为异常信息来认定。

这里提出的算法首先通过主动探测快速定位拥塞链路及相关路由器，通过找出相关路由器在一定时间内的异常系统日志，确定故障原因，从时空相关性方面提高了实时性，并减少了大数据处理过程中的数据量冗余。

2. 时间复杂度分析

与常规的模板匹配检测算法不同，基于互信息的异常检测算法对常规日志库的要求相对较低，因此，利用互信息算法对常规数据库中存储的日志特征值要求低，随着常规日志库容量的减小，可以使算法运行过程中的对比迭代次数减少，从而加快检测速度。由于读入内存的数据量减少，系统的运行效率提高了。而基于正则表达式的异常检测算法需要更多的常规日志特征值，增加了冗余信息，降低了算法运行效率，时间较长。

由于Java面向对象的语言特性，因此在考虑应用层运行效率的同时，还要考虑Java底层代码的运行效率。在线程运行时，基于正则表达式的检测算法在底层的匹配方法是将字符逐个比对，当检测到某个字符不满足条件时，跳出比对过程同时返回false；如果每个字符都可以匹配，则匹配的次数为该字符串的长度。而利用互信息进行异常检测时，利用Java中String类中封装的indexof方法，该方法的底层代码将待匹配的字符串与目标字符串进行比对，其比对过程根据待检测的匹配字符串中的字符、字符串长度及序列进行综合考量。三者中的任何一个不满足条件均返回false，只有三者同时满足才会比对成功。这种比对方式在允许效率提高的同时，准确性明显优于逐个字符比对的方式。

这里提出了一种综合主动E2E探测与被动路由器系统日志提取方法进行网络故障检测及诊断的算法。算法借助Boolean Tomography快速检测出当前网络发生拥塞的位置，并基于互信息算法对拥塞链路相关路由器中的系统日志进行异常诊断，从而找到网络故障的原因。算法采用主动探测，实时性好，并且基于时空相关特性对相关的路由器在一定时间内的路由器系统日志进行异常诊断，提高了算法的诊断效率。实验验证了本书提出的综合主动探测及被动探测的网络性能诊断算法具有更高的准确率和实时性。

5.6 细粒度动态权限分割

5.6.1 细粒度动态权限分割概述

数据细粒度动态权限分割旨在为系统提供精细化的数据访问控制,通过向一组用户或指定单个用户授予不同的访问权限,防止未经授权的业务数据访问行为。

业务数据以加密形式存储在服务器上,不同的用户根据安全策略访问并解密不同的数据。这里,细粒度是指每一条数据的安全权限和每一个访问用户的权限均不同,动态是指可在运行过程中调整用户和业务数据权限。

传统访问控制模型虽然能够实现访问权限控制,但是存在一些缺点:模型的最小权限约束粒度不够细化;权限集合与实际用户操作的权限集合不能完全相等;在权限管理中需要多次访问角色表、权限表和功能表,运行损耗比较大;具有相同角色的用户访问不同资源时难以控制范围。

细粒度动态权限分割思路如图5-10所示。

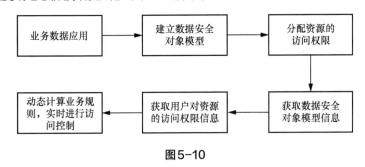

图5-10

5.6.2 细粒度动态权限分割技术详解

1. 基于角色和规则的访问控制

针对解决的问题如下。

① 同一角色拥有所请求操作的相应权限,但能否真正执行操作,需根据系统当前的状况决定。例如,若某一角色拥有对数据集的访问权限,就可以无数次使用该

权限，容易造成安全隐患。

② 不同用户行使同一角色的权限时，加载展示的目标业务数据也可能不同。例如，物料管理员可以查看所有物料信息，但安全策略应限制其只能查看其所属加工领域的物料信息。

解决方案如下。

① 考虑采用使能型权限、激活型权限和限制型权限 3 种不同类型的权限，引入上下文和规则，建立基于角色和规则的访问控制模型。管理员给不同权限指定不同的关联目标业务数据集范围，系统通过在运行时捕获上下文信息，并应用安全策略来过滤和限制原始分配的资源集合，从而得到访问用户能真正作用的目标业务数据集；同样，系统在进行访问控制检查时，也能根据上下文信息来动态决定是否接受提交的请求，从而提供细粒度的访问控制。使能型权限是指用户通过角色拥有此类权限，就能无限制进行相应操作。激活型权限是指访问控制需要判断当前操作的上下文信息，即系统状态、主体特征、环境信息等，是否满足安全策略的要求，才能决定用户能否执行此类权限。限制型权限是指拥有此类权限的用户能执行其对应的操作，但不同的用户能操作的目标对象不同。

② 用户在行使激活型权限或限制型权限时，系统需要捕获与安全相关的上下文信息，例如时间、地点、主体特征、系统负载等，并将其应用到访问控制的检查中，以决定操作能否进行或者操作所作用的目标数据集。

2. 基于用户–角色–任务的多约束访问控制

针对解决的问题如下。

① 传统的访问控制模型采用手动的授权方式，该方式应用在混合型组织企业中会造成权限授权复杂、准确度低。

② 如何高效、准确地配置权限的模型，实现半自动化的授权方式，提高授权效率和准确度，同时细化约束分类，实现细粒度化的权限管理。

解决方案如下。

定义用户集（U）为对所有客体进行操作的主体。角色集（R）为用户的责任在系统中的虚拟呈现。会话集（S）为用户以某个角色登录系统，并与之进行交互。一个用户集（U）与多个会话集（S）相对应。权限集（P）包含功能性权限集（FP）和任务权限集（TP）。TP 是指用户对系统功能模块入口以及界面上的功能操作的权限。用户角色分配（URA）根据企业的人员组织形式将用户分配成不同角色。一个用户可以分配到不一样的角色，一个角色也包括不一样的用户，即用户与角色之间是多对多的对应关系。角色权限分配（RPA）根据角色的职责将与之相应的权限进行关联。用户权限分配（UPA）根据用户的一些特权将与之相应的权限进行关联。

基于用户-角色-任务的多约束访问控制模型如图5-11所示。

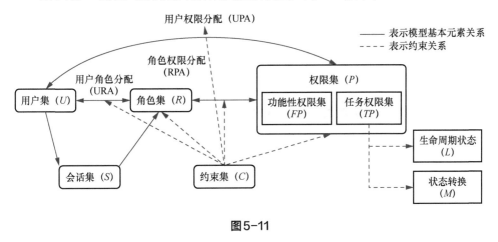

图5-11

该模型能够简化管理员的操作，使权限配置更加准确和高效。当工作流程比较复杂时，能够使权限控制更加细化，满足企业的实际需求。

3. 基于区块链的数据访问控制

针对解决的问题如下。

① 对行业而言，同行业中的各个企业往往有合作与竞争的双重关系——既需要各个企业通过数据共享来完成整个行业版图的绘制，又需要保护好自己企业的数据。

② 如何在保证有效监管的同时又保护好数据成为亟待解决的问题。

解决方案如下。

该解决方案由企业链与行业链两个相互隔离又可通过边缘节点相互通信的双链系统组成。其中，企业链用于加密存储企业内部数据的地址，确保企业内部数据的安全与可追溯；行业链则用于记录行业内部企业之间的数据请求。

① 企业链。当缓存区中的数据达到阈值时，企业内部节点将其加密后传输至底层数据库中，同时将数据的输入时间戳、区块长度及前一个区块的哈希值作为区块头，根据访问控制树将数据位置索引、明文形式的访问控制策略和数据Merkle根加密后打包成块存储至区块体中，最后上传至企业链。

② 行业链。将行业内各企业置于监管之下，并可通过多方计算对所有企业的数据进行统一分析。与企业链中的准备工作类似，每个企业在将数据位置索引上传至企业链时，将行业内其他企业的属性也纳入访问控制树。其左支代表对企业的属性

要求，右支代表企业中有权限部门的账户要求。只有特定企业中的特定部门才能进行解密。数据请求者在提出数据交易请求时，需将所请求数据与含有自己属性的令牌一同发布至行业链上。所有企业的边缘节点都将验证其是否有访问本企业数据的权限，只有通过权限验证，边缘节点才会自动对所请求的数据进行交易操作，并返回给请求企业。由于属性基访问控制策略的存在，全行业链节点都将记录这一过程，但只有交易双方可见交易的细节。另外，对于需要监管者查看所有数据的行业，直接将监管者属性列入访问控制树左支，即可使其拥有访问权限。

4. 访问控制策略描述语言及其权限划分

针对解决的问题如下。

① 目前多策略、混合策略成为访问控制策略领域的研究热点，然而已有解决方案主要侧重于提高策略描述语言的表达能力和功能，大多数存在语法复杂、实现复杂度过高、难以直接适配实际环境等问题。

② 利用策略描述语言表达好权限后，接下来的问题就是如何对权限进行划分，细化访问控制的粒度。

解决方案如下。

① 定义权限划分原则为，划分出来的权限类的个数应该保持在合理范围内，权限划分不应该影响原有系统任务的执行，不同权限类之间的权限重叠应尽可能少。

② 针对权限划分中需要保证运行的管理任务，采用基于集成测试的方法来确定。集成测试是指由各个软件模块组成的整体进行测试。通过在集成测试中编写测试用例，可以发现软件整体在接口和功能上的错误。测试用例将其所测试的函数集合映射到每一个管理任务。管理员能以自身权限独立完成被赋予的管理任务，也就意味着管理员的权限应该包括测试用例中所包含的全部函数，即总有一个权限类包含测试用例所包含的权限。

针对权限划分，采用基于遗传算法的自动化权限划分方法，可以将权限映射为角色，从而方便策略的制定。将分类结果定义为个体，综合权限划分的3个原则设计一个目标函数，然后利用遗传算法搜索出目标函数取值最高的分类。虽然在有限时间内得到的结果可能不是解空间里的最优解，但通常是近似最优解。基于遗传算法的方案不依赖现有的用户-权限映射，只依赖于软件的集成测试集；能够接受策略管理员输入的期望分类个数作为参数，从而满足个性化的权限管理需求；通过修改适应度函数，就可以生成满足不同分类标准的权限划分结果，而不需要修改算法的内部细节；自动化程度高，除了需要输入期望分类个数等参数（参数是可选的），不需要人工参与。

5. 动态细粒度访问控制方法

针对解决的问题如下。

① 在信任域下，访问过程中主体数量庞大、客体种类丰富、环境复杂易变，如何实现灵活的、功能强大的细粒度访问控制策略。

② 如何实现主体权限跟随应用需求在受控条件下的动态调整。

解决方案如下。

① 为了适应信任域下动态细粒度访问控制的各种需求，在基本框架上的策略执行点（policy enforcement point，PEP）增加了PEP细粒度组件，用于信任域内的细粒度访问控制权限的管理。PEP细粒度组件负责信任域内细粒度访问控制信息的编辑、维护和应答对主体访问控制权限的查询。

② 当主体向PEP提出对客体资源的访问控制请求（该请求为细粒度权限请求）时，策略决定点（policy decision point，PDP）向点间互信息（pointwise mutual information，PMI）查询主体的相关属性，获得角色，做出粗粒度授权决策。在获取粗粒度访问控制权限后，PEP细粒度组件先根据主体属性与关联条件确定主体对应的细粒度角色，确定该细粒度角色是否与所请求的细粒度权限关联，若与细粒度权限关联，则进一步对主、客体属性进行检验，判定该访问请求是否符合PEP细粒度组件中存储的细粒度访问控制条件，在符合条件后，主体才能最终获取该细粒度访问控制权限。PEP掌握主体用户和客体资源的细粒度信息，因而PEP的访问控制最小细粒度就是域内的访问控制最小细粒度。要实现信任域内的细粒度访问控制就需要在PEP处维护客体资源的细粒度访问控制规则，同时能动态执行这些访问控制规则以实现信任域下的动态访问控制。

动态细粒度访问控制方法如图5-12所示。

6. 基于区块链的数据访问流程

针对解决的问题如下。

① 由于用户权限具有动态变化的特性，用户属性发生变更或用户退出系统时，进行用户属性撤销或私钥撤销对于系统安全至关重要，通常的解决方法是将访问策略中包含被撤销属性的所有密文进行更新。

② 存在计算及通信开销较大的问题。比如，在系统运行过程中，当出现大量用户权限变更频繁（如系统属性撤销、用户属性撤销以及用户退出、用户私钥泄露等）时，密文更新带来的巨大计算量易造成系统瓶颈。考虑一种高效的更新方法，在保证密文安全性的同时能够以较低的计算开销来应对属性撤销或用户私钥撤销。

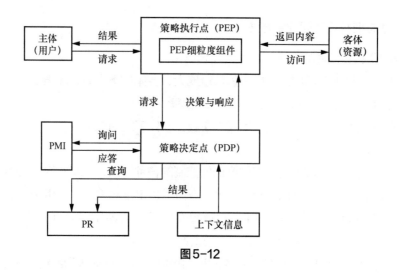

图 5-12

解决方案如下。

系统由属性授权中心（attribute authority，AA）、云存储服务器（cloud storage server，CSS）、代理解密服务器（proxy decryption server，PDS）、数据属主（data owner，DO）和数据用户（data user，DU）5 个部分组成，分别提供密钥生成、密文存储、代理解密、数据加密和数据解密服务。DO 可通过终端进行数据加密并将数据上传至 CSS，而 DU 可通过云端下载数据并解密。在数据解密时，系统将计算开销较大的部分运算外包给 PDS 来降低 DU 计算开销。由于 PDS 和云服务商是诚实并好奇的，它们既会诚实地按照指示正确地执行步骤，也会出于好奇在工作过程中窥探用户数据隐私。因此在方案设计中，PDS 所持有的代理解密密钥并不能将密文还原成明文，而用户上传的数据在 CSS 中也始终以密文形式存储。

基于区块链的数据访问流程如图 5-13 所示。

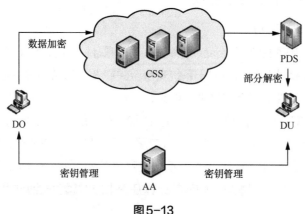

图 5-13

7. 基于角色的细粒度权限分割

针对解决的问题如下。

① 在权限管理中需要多次访问角色表、权限表和功能表，运行损耗比较大。

② 具有相同角色的用户访问不同资源时难以控制范围。

解决方案如下。

① 把权限授权给角色而不是用户，当用户想要获取某些权限时只需被赋予相对应的角色即可，使系统的用户-权限变化更加方便。把用户和权限分开，角色是两者的连接枢纽，三者之间是多对多的关系，如图5-14所示。

图5-14

② 高级角色可以查看和管理中上级角色、中级角色、中下级角色和下级角色，但中上级角色、中级角色、中下级角色和下级角色只能向上查看高级角色，不能管理高级角色。以此类推，上级角色可查看和管理下级角色，下级角色只能查看而不能管理上级角色，如图5-15所示。

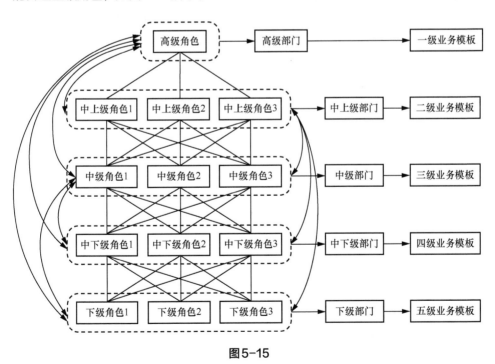

图5-15

③ 引入单位和部门，让角色与单位及单位下的部门产生关联，把功能权限的粒度划分得更加详细，如图5-16所示。

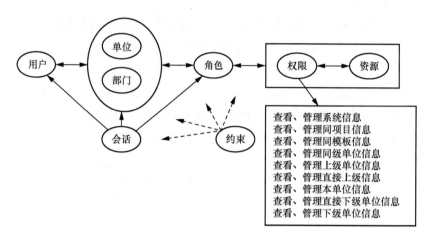

图5-16

对于权限管理技术的基本研究已经趋于完善并在对其扩展模型的研究上取得了长足的进展。目前，访问控制研究面临新的挑战，传统单一访问控制模型已经不能满足现实需求。未来一段时间的研究主要是对现有模型的扩展、完善、改进和应用，以及对性能、协作能力、安全等多个方面特征互补的探索、融合和应用。

参考文献

[1] 蔡宇翔, 付婷, 倪时龙, 等. 非结构化数据特征建模关键技术研究[J]. 电网与清洁能源, 2017, 33(1): 13-23.

[2] 赵宁. 数据空间内面向语义的资源组织与管理模型研究[D]. 沈阳: 东北大学, 2009.

[3] HRISTIDIS V, GRAVANO L, PAPAKONSTANTINOU Y. Efficient IR-style keyword searchover relational databases. In VLDB. 2003: 850-861.

[4] HRISTIDIS V, PAPAKONSTANTINOU Y. DISCOVER: Keyword search in relational databases. In VLDB, 2002: 521-532.

[5] AGRAWAL S, CHAUDHURI S, DAS G. DBXplorer: Asystem for keyword-based search over relational databases. In ICDE, 2002: 312-326.

[6] AHN H K, MAMOULIS N, WONG H M. A survey on multidimensional access methods. UU-CS, Utrecht, The Netherlands. Technical Report, 2001.

[7] 严蔚敏, 吴为民. 数据结构: C语言版[M]. 北京: 清华大学出版社, 2001.

[8] YAN X F, Yu P S, Han J W. Graph Indexing: A frequent structure-based approach. SIGMOD, Paris, France, 2004. ACM Press, 2004: 86-98.

[9] HE H, SINGH A K. Closure-Tree: An index structure for graph queries: the 22nd International Conference on Data Engineering [C], Atlanta: IEEE, 2006.

[10] JIANG H, WANG H, P S Yu, et al. GString: A novel approach for efficient search: In graph databases. Data Engineering [R], 2007: 3-7.

[11] CHUNG C, MIN J, SHIM K. APEX: An adaptive path index for XML data. In SIGMOD [R], 2002: 43-56.

[12] 杜红芳. 个人数据空间管理系统查询与索引机制的研究与实现[D]. 北京: 北京交通大学, 2011.

[13] 杨红爵. 数据空间及其索引机制的研究[D]. 天津: 天津师范大学, 2009.

[14] WITTEN I H, MOFFAT A, BELL T C. Managing Gigabytes: Compressing and indexing documents and images [M]. San Francisco: Morgan Kaufmann Publishers, 1999.

[15] ZHONG M, LIU M, BAO Z, et al. MVP Index: Towards efficient known-item search on large graphs. In: Proc. of the 18th International Conference on Database Systems for Advanced Applications [C], Wuhan, China. Heidelberg: Springer Verlag, 2013: 193-200.

[16] 王红滨, 周连科, 王念滨, 等. 基于iMeMex数据模型的数据空间索引方法研究[J]. 计算机科学与探索, 2014, 8(1): 61-72.

[17] LUCCHESE C, ORLANDO S, PEREGO R, et al. Mining query logs to optimize

index partitioning in parallel web search engines[C]//Proc. of the 2nd International Conference on Scalable Information Systems, Suzhou, China. Brussels: ICST5 2007, 43: 1-9.

[18] SIDIROIXRGOS L, KERSTEN M. Column imprints: A secondary index structure. In: Proc. of the 2013 ACM SIGMOD Conference on Management of Data [R], New York, United States. New York: ACM, 2013: 893-904.

[19] HRISTIDIS V, GRAVANO L, PAPAKONSTANTINOU Y. Efficient IR-style keyword search over relational databases. In: Proc. of the 29th Intel Conf, on Very Large Data Bases (VLDB 2003) [R]. New York: ACM Press, 2003: 850-861.

[20] YANG D, SHEN D R, YU G, et al. Query intent disambiguation of keyword-based semantic entity search in dataspaces [J]. Journal of Computer Scinece and Technology, 2013, 28(2): 382-393.

[21] ZHANG S, ZHANG S X. Queries for uncertain data on dataspace based on effective clustering algorithm. 2013 International Conference on Vehicle and Mechanical Engineering and Information Technology (VMEIT 2013) [R], 2013: 1529-1532.

[22] LI Y, ZHANG X, MENG X. Exploring desktop resources based on user activity analysis. In: Proc. of the 33rd Annual International ACM SIGIR Conference on Research and Development in Information Retrieval [R], Geneva, Switzerland. New York: ACM, 2010: 700.

[23] YANG D, SHEN D-R, YU G Kou Y, NieT Z. Query intent disambiguation of keyword-based semantic entity search in dataspaces [J]. Journal of Computer Science and Technology. 2013, 28(2): 382-393.

[24] DING X, JIA J, LI J, et al. Top-k similarity matching in large graphs with attributes. In: Proc. of the 19th International Conference on Database Systems for Advanced Applications(DASFAA) [R], Bali, Indonesia. Heidelberg: Springer Verlag, 2014: 156-170.

[25] BARCELO P, LIBKIN L, REUTTER J. Querying graph patterns. In: Proc. of the 30th Symposium on Principles of Database Systems [R], Athens, Greece. New York: ACM, 2011: 199-210.

[26] 杨桂菊. GIS中气象数据引擎的设计与实现[D]. 桂林: 广西师范学院, 2014.

[27] 李明钰, 牛东晓, 纪正森, 等. 面向数据空间体系构建的电力制造业多价值链经营风险识别与管控研究[J]. 中国管理科学, 2023, 31(11): 349-360.

[28] 杨丹. 数据空间中基于语义的实体搜索关键技术研究[D]. 沈阳: 东北大学, 2012.

[29] 赵子涛. 基于柔性化制造的智能仓储管理系统设计与实现[J]. 现代制造技术与装备, 2020(6) 60-62.

[30] 徐建立, 姚谌. 柔性制造技术的应用与实践浅析[J]. 现代制造技术与装备, 2019 (5)

108-111.

[31] 王华伟. 柔性化工资管理系统的研究与设计[D]. 上海: 华东师范大学, 2010.

[32] 杨超今. 柔性化生产管理信息系统设计与实现[D]. 成都: 电子科技大学, 2011.

[33] 吴宏杰, 赵雷, 杨季文. 一个柔性化物料管理系统的设计与实现[J]. 计算机应用与软件, 2009, 26(10): 166-172.

[34] 周宏林, 蒲晓珉, 李勇, 等. 某燃料工业数据空间(IDS)技术概述及其测试床部署实践[J]. 东方电气评论, 2022, 36(1): 1-5.

[35] ZHAO T, TANG J Q, CHEN X. A data acquisition system in intelligent environmental monitoring device for in-dustrial field[J]. IOP Conference Series Earth and Environ-mental Science, 2018, 170(3): 32-45.

[36] 邹一萍, 张华, 马凯蒂, 等. 面向边缘计算的制造资源感知接入与智能网关技术研究[J]. 计算机集成制造系统, 2020, 26(1): 40-48.

[37] 王亚辉, 郑联语, 樊伟. 云架构下基于标准语义模型和复杂事件处理的制造车间数据采集与融合[J]. 计算机集成制造系统, 2019, 25 (12): 3103-3115.

[38] 王加兴. 离散制造车间数据采集及其分析处理系统研究与开发[D]. 杭州: 浙江大学, 2010.

[39] LI L Y, CONG P J, CAO K, et al. Game theoreticfeedback control for reliability enhancement of EtherCAT-based networked systems[J]. IEEE Transactions on Comput-er-Aided Design of Integrated Circuits and Systems, 2019, 38(9): 1599.

[40] 张会新, 余俊斌, 严帅, 等. 基于RS485总线的前端数字化数据采集系统[J]. 仪表技术与传感器, 2018(6): 71-75.

[41] AFANASIEVA I, GOLIAN N, HNATENKO O, et al. DATA EXCHANGE MODEL IN THE INTERNET OF THINGS CONCEPT[J]. Telecommunications and Radio Engineering, 2019, 78(10).

[42] CAI S J. Research of Data Exchange Model among Information Systems[J]. Applied Mechanics and Materials, 2014 (3277) 608-609.

[43] A. BAHAA, A. SAYED, L. ELFANGARY. A Secured Interoperable Data Exchange Model[J]. International Journal of Advanced Computer Science and Applications (IJACSA), 2018, 9.

[44] 许晓路, 谷凯凯, 周正钦, 等. 基于XML的输变电设备状态数据交换模型研究[J]. 计算机时代, 2016, 000(9): 5-12.

[45] 罗雅过. 一种基于XML的高校数据中心异构数据交换模型[J]. 电子设计工程, 2014, 22(8): 48-51.

[46] 刘洋. 基于数据交换技术的信息集成平台开发[J]. 信息技术与信息化, 2021 (12) 133-135.

[47] ALI A, MING Y, CHAKRABORTY S, et al. A comprehensive survey on real-time

applications of WSN[J]. Future internet, 2017, 9(4): 77.

[48] IMANDOUST S B, BOLANDRAFTAR M. Application of K-nearest neighbor (KNN) approach for predicting economic events: Theoretical background[J]. International Journal of Engineering Research and Applications, 2013, 3(5): 605-610.

[49] KHAMIS H S, CHERUIYOT K, KIMANI S. Application of K-nearest neighbour classification in medical data mining in the context of Kenya[J]. Medicine, Computer Science, 2014(4) 4-15.

[50] JIANG F L, CHU C. Application of kNN improved algorithm in automatic classification of network public proposal cases[C]//2017 IEEE 2nd International Conference on Cloud Computing and Big Data Analysis (ICCCBDA). IEEE, 2017: 82-86.

[51] DEZA M M, DEZA E. Encyclopedia of distances[M]//Encyclopedia of distances. Springer, Berlin, Heidelberg, 2009: 1-583.

[52] 赵亮. 多模态数据融合算法研究[D]. 大连：大连理工大学, 2018.

[53] YU S, KRISHNAPURAM B, ROSALES R, et al. Bayesian co-training[J]. Journal of Machine Learning Research, 2011, 12(3): 2649-2680.

[54] ZHAO X, EVANS N, DUGELAY J L. A subspace co-training framework for multi-view clustering[J]. Pattern Recognition Letters, 2014, 41: 73-82.

[55] 韩崇昭, 朱洪艳, 段战胜. 多源信息融合[M]. 北京：清华大学出版社, 2010.

[56] ATREY P K, HOSSAIN M A, EL SADDIK A, et al. Multimodal fusion for multimedia analysis: a survey[J]. Multimedia systems, 2010, 16(6): 345-379.

[57] MURPHY R R. Computer vision and machine learning in science fiction[J]. Science Robotics, 2019, 4(30): eaax7421.

[58] 何俊, 张彩庆, 李小珍, 等. 面向深度学习的多模态融合技术研究综述[J]. 计算机工程, 2020, 46(05): 1-11.

[59] 李佳, 陈亚军. 中文智能搜索引擎技术研究[J]. 软件导刊, 2015, 14(7): 13-14.

[60] 王东宇. 面向数据空间的倒排列表并行化查询方法研究[D]. 哈尔滨：哈尔滨工程大学, 2015.

[61] 金鑫. 非结构化数据查询处理与优化[D]. 杭州：浙江大学, 2015.

[62] GORMLEY C, TONG Z. Elasticsearch: The Definitive Guide [M]. Sebastopol, CA: O'Reilly Media, 2015.

[63] SIMONYAN K, ZISSERMAN A. Very deep convolutional networks for large-scale image recognition[J]. arXiv preprint arXiv: 1409. 1556, 2014.

[64] WEI Y, ZHAO Y, LU C, et al. Cross-modal retrieval with CNN visual features: A new Baseline [J]. Proceedings of the IEEE Transactions on cybernetics, 2016, 47(13): 449-460.

[65] MIKOLOV T, SUTSKEVER I, CHEN K, et al. Distributed representations of words

and phrases and their compositionality[J]. Advances in neural information processing systems, 2013(2) 3111-3119.

[66] DEVLIN J, CHANG M W, LEE K, et al. Bert: Pre-training of deep bidirectional transformers for language understanding[J]. arXiv preprint arXiv: 1810. 04805, 2018.

[67] XU T, ZHANG P, HUANG Q, et al. Attngan: Fine-grained text to image generation with attentional generative adversarial networks[C]Proceedings of the IEEE conference on computer vision and pattern recognition. 2018: 1316-1324.

[68] HUANG Y, CHEN J, ZHENG S, et al. Hierarchical multi-attention networks for document classification[J]. International Journal of Machine Learning and Cybernetics, 2021, 12: 1639-1647.

[69] VASWANI A, SHAZEER N, PARMAR N, et al. Attention is all you need[J]. Advances in neural information processing systems, 2017: 30.

[70] DOSOVITSKIY A, BEYER L, KOLESNIKOV A, et al. An image is worth 16x16 words: Transformers for image recognition at scale[J]. arXiv preprint arXiv: 2010. 11929, 2020.

[71] LIU Z, LIN Y T, CAO Y, et al. Swin transformer: Hierarchical vision transformer using shifted windows[C]//Proceedings of the IEEE/CVF international conference on computer vision. 2021: 10012-10022.

[72] LIU Z, MAO H, WU C Y, et al. A convnet for the 2020s[C]//Proceedings of the IEEE/CVF Conference on Computer Vision and Pattern Recognition. 2022: 11976-11986.

[73] LIU Y, OTT M, GOYAL N, et al. Roberta: A robustly optimized bert pretraining approach[J]. arXiv preprint arXiv: 1907. 11692, 2019.

[74] WADEKAR S N, CHAURASIA A. Mobilevitv3: Mobile-friendly vision transformer with simple and effective fusion of local, global and input features[J]. arXiv preprint arXiv: 2209. 15159, 2022.

[75] SANDLER M, HOWARD A, ZHU M, et al. Mobilenetv2: Inverted residuals and linear bottlenecks[C]. Proceedings of the IEEE conference on computer vision and pattern recognition. 2018: 4510-4520.

[76] 行鸿彦, 邹水平, 徐伟, 等. 基于PSO-BP神经网络的湿度传感器温度补偿[J]. 传感技术学报, 2015, 28(6): 864-869.

[77] Ahmad Bahoo Toroody, Mohammad Mahdi Abaei, Farshad Bahoo Toroody et al. A condition monitoring based signal filtering approach for dynamic time dependent safety assessment of natural gas distribution process[J] Process Safety and Environmental Protection, 2019, 123.

[78] WANG Z F, XU J W, HE X Q, et al. Analysis of spatiotemporal influence patterns of toxic gas monitoring concentrations in an urban drainage network based on IoT and

GIS[J]. Pattern Recognition Letters, 2020, 138.

[79] 罗宇卓, 马瑜, 王文娜, 等. 基于FPSO优化的BP神经网络算法及环境监测应用[J]. 国外电子测量技术, 2018, 37(3): 136-142.

[80] 单增海, 李志远, 张旭, 等. 基于多传感器信息融合和多粒度级联森林模型的液压泵健康状态评估[J]. 中国机械工程, 2021, 32(19): 2374-2382.

[81] 向阳辉, 朱宗铭. 基于小波变换和证据理论的多传感器融合诊断[J]. 长沙大学学报, 2021, 35(5): 1-12.

[82] 余旭东. 基于多源信息融合的无人车定位方法研究[D]. 哈尔滨: 哈尔滨工业大学, 2020.

[83] 中国国家标准化管理委员会. GB 18218-2018. 危险化学品重大危险源辨识[S]. 北京: 中国标准出版社, 2018-11-19.

[84] 中国国家标准化管理委员会. GB 36894-2018. 危险化学品生产装置和储存设施风险基准[S]. 北京: 中国标准出版社, 2018-11-19.

[85] 史强翔. 北京市易燃易爆危险品场所消防安全现状及对策研究[J]. 今日消防, 2020, 5(10): 77-78.

[86] 中华人民共和国公安部. GA/T 536.1—2013. 易燃易爆危险品 火灾危险性分级及试验方法 第1部分: 火灾危险性分级[S]. 北京: 中国标准出版社, 2013-08-12.

[87] 岳大磊, 邓良健, 杨蓓, 等. 易燃液体危险品闭杯闪点与持续燃烧试验探讨[J]. 消防科学与技术, 2021, 40(12): 1718-1722.

[88] GAURAV M, SHAILENDRA K, BHIM S. Improved widrow-hoff based adaptive control of multiobjective pv-dstatcom system[J]. IEEE Transactions on Industry Applications, 2020, 56(2): 1930-1939.

[89] 陇盛, 陶蔚, 张泽东, 等. 基于AdaGrad的自适应NAG方法及其最优个体收敛性[J]. 软件学报, 2022, 33(4): 1231-1243.

[90] 刘洪达, 李德全, 王栋. 基于种群熵的变步长布谷鸟搜索算法[J]. 计算机仿真, 2022, 39(9): 370-376.

[91] 张嘉玮, 姜根柱, 张衍, 等. 乙醇－氢气－空气混合物层流燃烧特性研究[J]. 新能源进展, 2022, 10(6): 558-564.

[92] PETTURITI D, VANTAGGI B. Conditional decisions under objective and subjective ambiguity in Dempster-Shafer theory[J]. Fuzzy Sets and Systems, 2022, 447: 155.

[93] XU J, DING R, LI M, et al. A new bayesian network model for risk assessment based on cloud model, interval type-2 fuzzy sets and improved D-S evidence theory[J]. Information Sciences, 2022, 618: 336-355.

[94] ZHAO G, CHEN A, LU G, et al. Data fusion algorithm based on fuzzy sets and D-S theory of evidence[J]. Tsinghua Science and Technology, 2020, 25(1): 12-19.

[95] 孙全, 叶秀清, 顾伟康. 一种新的基于证据理论的合成公式[J]. 电子学报, 2000(8): 117-119.

[96] 刘世杰. 基于B/S架构和云物联网的远程心电监测系统[D]. 北京: 北京工业大学, 2021.

[97] 李宁. 付国江, 库少平. 等. 粒子群优化算法的发展与展望[J]. 武汉理工大学学报（信息与管理工程版）, 2005(2): 26-29.

[98] 边霞, 米良. 遗传算法理论及其应用研究进展[J]. 计算机应用研究, 2010, 000(7): 2425-2429, 2434.

[99] KENNEDY J, EBERHART R C. A discrete binary version of the particle swarm algorithm[C]//1997 IEEE International Conference on Systems, Man and Cybernetics. Computational Cybernetics and Simulation. IEEE, 1997.

[100] YIN H, ZHANG C S, ZHANG B, et al. A Hybrid Multiobjective Discrete Particle Swarm Optimization Algorithm for a SLA-Aware Service Composition Problem[J]. Mathematical Problems in Engineering, 2014, 2014(2): 1-14.

[101] 于蒙, 刘德汉. 改进PSO-GA算法求解混合流水车间调度问题[J]. 武汉理工大学学报（交通科学与工程版）, 2021, 45(3): 586-590.

[102] 刘爱军, 杨育, 李斐, 等. 混沌模拟退火粒子群优化算法研究及应用[J]. 浙江大学学报（工学版）, 2013, 47(10): 1722-1730.

[103] RUIZ R, MAROTO C, ALCARAZ J,Two new robust genetic algorithms for the flowshop scheduling problem-ScienceDirect[J]. Omega, 2006, 34(5): 461-476.

[104] 张超勇, 饶运清, 刘向军, 等. 基于POX交叉的遗传算法求解Job-Shop调度问题[J]. 中国机械工程, 2004(23): 83-87.

[105] 中国电子技术标准化研究院, 树根互联技术有限公司. 数字孪生应用白皮书[R], 2020.

[106] 吴雁, 王晓军, 何勇, 等. 数字孪生在制造业中的关键技术及应用研究综述[J]. 现代制造工程, 2021(9): 137-45.

[107] HE B, BAI K-J. Digital twin-based sustainable intelligent manufacturing: a review [J]. Advances in Manufacturing, 2021, 9(1): 1-21.

[108] 吴浩, 杨帆, 王斌, 等. 基于数字孪生的火箭结构设计制造与验证技术研究[J]. 宇航总体技术, 2021, 5(2): 7-13.

[109] KUTZKE D T, CARTER J B, HARTMAN B T. Subsystem selection for digital twin development: A case study on an unmanned underwater vehicle [J]. Ocean Engineering, 2021, 223.

[110] 万峰, 邢香园, 吴剑锋, 等. 基于数字孪生的卫星总装过程管控系统[J]. 计算机集成制造系统, 2021, 27(2): 631-41.

[111] 胡梦岩, 孔繁丽, 余大利. 等. 数字孪生在先进核能领域中的关键技术与应用前瞻[J]. 电网技术, 2021, 45(7): 2514-22.

[112] 叶磊. 落卷机器人数字孪生系统搭建及一对多作业效率优化[D]. 北京: 机械科学研究总院, 2021.

[113] 彭辉, 赵宁, 孙阳君. 面向货到人拣货机器人系统的数字孪生系统[J]. 工业工程, 2021,

24(03): 121-9.

[114] 李亚楠. 智能网联汽车数字孪生测试理论和技术研究 [D]. 长春: 吉林大学, 2020.

[115] TUEGEL E J, INGRAFFEA A R, EASON T G, et al. Reengineering Aircraft Structural Life Prediction Using a Digital Twin [J]. International Journal of Aerospace Engineering, 2011, 2011: 154798.

[116] 宗学妍. 基于数字孪生的车间作业仿真与监控系统的设计与实现 [D]. 沈阳: 中国科学院大学（中国科学院沈阳计算技术研究所）, 2021.

[117] TAO F, QI Q, L LIU A, et al. Data-driven smart manufacturing [J]. Journal of Manufacturing Systems, 2018, 48: 157-169.

[118] 刘大同, 郭凯, 王本宽, 等. 数字孪生技术综述与展望 [J]. 仪器仪表学报, 2018, 39(11): 1-10.

[119] LENZ J, MACDONALD E, HARIK R, et al. Optimizing smart manufacturing systems by extending the smart products paradigm to the beginning of life [J]. Journal of Manufacturing Systems, 2020, 57: 274-286.

[120] 陆清, 吴双, 赵喆, 等. 数字孪生技术在飞机设计验证中的应用 [J]. 民用飞机设计与研究, 2019, (03): 1-8.

[121] 于勇, 胡德雨, 戴晟, 等. 数字孪生在工艺设计中的应用探讨 [J]. 航空制造技术, 2018, 61(18): 26-33.

[122] 肖莹莹, 王玫, 郭丽琴, 等. 基于数字孪生的智能制造计划管理 [J]. 系统仿真学报, 2019, 31(11): 2323-34.

[123] 樊留群, 丁凯, 刘广杰. 智能制造中的数字孪生技术 [J]. 制造技术与机床, 2019(7): 61-6.

[124] 郭飞燕, 刘检华, 邹方, 等. 数字孪生驱动的装配工艺设计现状及关键实现技术研究 [J]. 机械工程学报, 2019, 55(17): 110-132.

[125] 刘检华, 孙清超, 程晖, 等. 产品装配技术的研究现状、技术内涵及发展趋势 [J]. 机械工程学报, 2018, 54(11): 2-28.

[126] 刘晓军, 程亚龙, 邢嘉路, 等. 三维尺寸标注及完备性检测技术发展概况 [J]. 机械制造与自动化, 2017, 46(2): 1-5, 20.

[127] 刘金锋, 倪中华, 刘晓军, 等. 三维机加工工艺工序间模型快速创建方法 [J]. 计算机集成制造系统, 2014, 20(7): 1546-1452.

[128] ZHUANG C, MIAO T, LIU J, et al. The connotation of digital twin, and the construction and application method of shop-floor digital twin [J]. Robotics and Computer-Integrated Manufacturing, 2021, 68.

[129] LENG J, ZHANG H, YAN D, et al. Digital twin-driven manufacturing cyber-physical system for parallel controlling of smart workshop [J]. Journal of Ambient Intelligence and Humanized Computing, 2019, 10(3): 1155-1166.

[130] WANG J, YE L, GAO R X, et al. Digital Twin for rotating machinery fault diagnosis

in smart manufacturing [J]. International Journal of Production Research, 2019, 57(12): 3920-3934.

[131] SANCARLOS A, CAMERON M, ABEL A, et al. From ROM of Electrochemistry to AI-Based Battery Digital and Hybrid Twin [J]. Archives of Computational Methods in Engineering, 2020, 28(3): 979-1015.

[132] LIU Q, LENG J, YAN D, et al. Digital twin-based designing of the configuration, motion, control, and optimization model of a flow-type smart manufacturing system [J]. Journal of Manufacturing Systems, 2021(58) 52-64.

[133] 陶飞, 刘蔚然, 张萌, 等. 数字孪生五维模型及十大领域应用 [J]. 计算机集成制造系统, 2019, 25(01): 1-18.

[134] 任涛, 于劲松, 唐荻音, 等. 基于数字孪生的机载光电探测系统性能退化建模研究 [J]. 航空兵器, 2019, 26(02): 75-80.

[135] LEU M C, ELMARAGHY H A, NEE A Y C, et al. CAD model based virtual assembly simulation, planning and training [J]. Cirp Annals-Manufacturing Technology, 2013, 62(2): 799-822.

[136] LIU R, WANG Z, LIOU F. Multifeature-Fitting and Shape-Adaption Algorithm for Component Repair [J]. Journal of Manufacturing Science and Engineering-Transactions of the Asme, 2018, 140(2): 3-21.

[137] HU L, LIU Z, TAN J. A VR simulation framework integrated with multisource CAE analysis data for mechanical equipment working process [J]. Computers in Industry, 2018, 97: 85-96.

[138] LI C, MAHADEVAN S, LING Y, et al. Dynamic Bayesian Network for Aircraft Wing Health Monitoring Digital Twin [J]. AIAA J, 2017, 55(3): 930-941.

[139] CANADAY H, 李韵. 数字孪生技术的关键在于数据 [J]. 航空维修与工程, 2019(10): 15-16.

[140] WANG L, LIU Z, LIU A, et al. Artificial intelligence in product lifecycle management [J]. The International Journal of Advanced Manufacturing Technology, 2021, 114(3-4): 771-796.

[141] 孟松鹤, 叶雨玫, 杨强, 等. 数字孪生及其在航空航天中的应用 [J]. 航空学报, 2020, 41(9): 6-17.

[142] 陈骞. 国外数字孪生进展与实践 [J]. 上海信息化, 2019(1): 80-2.

[143] 戴晟, 赵罡, 于勇, 等. 数字化产品定义发展趋势: 从样机到孪生 [J]. 计算机辅助设计与图形学学报, 2018, 30(8): 1554-1562.

[144] 陈世超, 崔春雨, 张华, 等. 制造业生产过程中多源异构数据处理方法综述 [J]. 大数据, 2020, 6(05): 55-81.

[145] 曹伟, 江平宇, 江开勇, 等. 基于RFID技术的离散制造车间实时数据采集与可视化监控方法 [J]. 计算机集成制造系统, 2017, 23(2): 273-284.

[146] 许周祥,陈绪兵,王瑜辉,等. RFID技术在智能化生产线中的应用[J]. 机械工程与自动化, 2017(4): 138-141.

[147] 陈飞, 艾中良. 基于Flume的分布式日志采集分析系统设计与实现[J]. 软件, 2016, 37(12): 82-88.

[148] 刘岩,王华,秦叶阳,等. 智慧城市多源异构大数据处理框架[J]. 大数据, 2017, 3(01): 51-60.

[149] 马吉军,贾雪琴,寿颜波,等. 基于边缘计算的工业数据采集[J]. 信息技术与网络安全, 2018, 37(4): 91-93.

[150] WANG Y R, MADNICK S E. A Polygen Model for Heterogeneous Database Systems: the Source Tagging Perspective[C]//Proceedings of the 16th International Conference on Very Large Data Bases. Brisbane: ACM Press, 1990: 519-538.

[151] 戴超凡. 王涛,张鹏程. 数据起源技术发展研究综述[J]. 计算机应用研究, 2010, 27(09): 3215-3221.

[152] 王芳,赵洪,马嘉悦,等. 数据科学视角下数据溯源研究与实践进展[J]. 中国图书馆学报, 2019, 45(5): 79-100.

[153] BOSONA T, GEBRESENBET G. Food traceability as an integral part of logistics management in food and agricultural supply chain[J]. Food Control, 2013, 33(1): 32-48.

[154] LOMIZE M A, LOMIZE A L, POGOZHEVA I D, et al. OPM: Orientations of Proteins in Membranes Database[J]. Bioinformatics, 2006, 22(5): 623-625.

[155] PARK J, NGUYEN D, SANDHU R. A provenance-based access control model[C]//Proceedings of the 2012 Tenth Annual International Conference on Privacy, Security and Trust(PST). Washington, D. C, USA, 2012: 137-144.

[156] 张利华,蒋腾飞,姜攀攀,等. 基于区块链的高速铁路监测数据安全存储方案[J]. 计算机工程与设计, 2020, 41(4): 933-938.

[157] XU J, GUO S, XIE D, et al. Blockchain: A new safeguard for agri-foods[J]. Artificial Intelligence in Agriculture, 2020, 4: 153-161.

[158] BOREK A, PARLIKAD A K, WEBB J, et al. Total information risk management: maximizing the value of data and information assets [M]. Massachusetts: Elsevier; 2013.

[159] LIAO N, LI F, SONG Y. Research on real-time network security risk assessment and forecast [C]. International Conferenceon Intelligent Computation Technology and Automation, Changsha, 2010: 84-87.

[160] LV P, LI W. Space based information system security risk evaluation based on improved attack trees [C]. Third International Conference on Multimedia Information Networking and Security, Shanghai, 2011: 480-483.

[161] ZHANG G, OU X, HOMER J. Effective network vulnerability assessment through model abstraction [C]. International Conference on Detection of Intrusions and Malware, and Vulnerability Assessment, Gothenburg, 2011: 17-34.

[162] DU S, ZHU H. Security assessment via attack tree model [M]. Security Assessment in Vehicular Networks, New York: Springer, 2013.

[163] ZHENG Y, LV K, HU C. A quantitative method for evaluating network security based on attack graph [C]. International Conference on Network and System Security, Cham Sapporo, 2017: 349-358.

[164] ALMUTAIRI L, SHETTY S. Generalized stochastic Petri net model based security risk assessment of software defined networks [C]. 2017 IEEE Military Communications Conference, Baltimore, 2017: 545-550.

[165] MACIELRD S, ARAUJO J, DANTAS J, et al. Impact of a DDoS attack on computer systems: an approach based on an attack tree model [C]. IEEE International Systems Conference, Vancouver, 2018: 1-8.

[166] LI M, GUO Z. Hidden Markov model based real time network security quantification method [C]. International Conference on Networks Security, Wireless Communications and Trusted Computing, Wuhan, 2009: 94-100.

[167] ZHANG B, CHEN Z, WANG S, et al. Network security situation assessment based on HMM [C]. Advanced Intelligent Computing Theories and Applications With Aspects of Artificial Intelligence, Zhengzhou, 2011: 387-394.

[168] CHEN J. TU X. Network security risk assessment based on support vector machine [C]. International Conference on Communication Software and Networks, Xi'an, 2011: 184-187.

[169] WANG H, GUI X. A new network security model based on machine learning [C] International Conference on Control Engineering and Communication Technology, Liaoning, 2013: 860-865.

[170] GAO Y, SHEN Y, Zhang G, et al. Information security risk assessment model based on optimized support vector machine with artificial fish swarm algorithm [C]. IEEE International Conference on Software Engineering and Service Science, Beijing, 2015: 599-602.

[171] XIANG S, LV Y, XIA C, et al. A method of network security situation assessment based on hidden Markov model [M]. Computational Intelligence and Intelligent Systems, Singapore: Springer, 2016: 631-639.

[172] LI Y, WANG K. Index weight technology in threat evaluation based on improved grey theory [C]. International Symposium on Intelligent Information Technology Application Workshops, Shanghai, 2008: 307-310.

[173] ZHANG L, WANG Q. A network security evaluation method based on fuzzy and RST [C]. International Conference on Education Technology and Computer, Shanghai, 2010: V2-40-V2-44.

[174] KONDAKCI S. A causal model for information security risk assessment [C]. Sixth International Conference on Information Assurance and Security. Atlanta. 2010: 143-148.

[175] FU S, ZHOU H. The information security risk assessment based on AHP and fuzzy comprehensive evaluation [C]. International Conference on Communication Software and Networks, Xi'an, 2011: 124-128.

[176] MIAO W, LIU Y. Information system security risk assessment based on grey relational analysis and Dempster-Shafer theory [C]. International Conference on Mechatronic Science, Electric Engineering and Computer, Jilin, 2011: 853-856.

[177] BAI Y, YAO Z, Li H, et al. Risk assessment for information security based on fuzzy membership matrix [C]. International Conference on Network Computing and Information Security, Shanghai, 2012: 547-554.

[178] WANG J, FAN K, MO W, et al. A method for information security risk assessment based on the dynamic Bayesian network [C]. International Conference on Networking and Network Applications, Hakodate, 2016: 279-283.

[179] ZHAO D, LIU J, Zhang Z. Method of risk evaluation of information security based on neural networks [C]. International Conference on Machine Learning and Cybernetics, Baoding, 2009: 1127-1132.

[180] WANG B, CAI J, ZHANG S, et al. A network security assessment model based on attack-defense game theory [C]. International Conference on Computer Application and System Modeling, Taiyuan, 2010: V3-639-V3-643.

[181] WANG K. Research on the application of neural networks to the security and risk assessment of information [J]. International Journal of Digital Content Technology & Its Applications, 2012, 6(9): 132-140.

[182] LI C, NIE J, LIN F, et al. A network information security risk assessment method based on cloud model [J]. Journal of Engineering College, 2016, 31(1): 133-144.

[183] IONITA D. Current established Risk Assessment methodologies and tools [D]. Enschede, Netherlands: University of Twente, 2013.

[184] 雅科夫·Y·海姆斯. 风险建模、评估和管理[M]. 西安: 西安交通大学出版社, 2007.

[185] 赵冬梅. 信息安全风险评估量化方法研究[D]. 西安: 西安电子科技大学, 2007.

[186] 孟天祥. 中蜂囊状幼虫病风险评估方法研究与应用[D]. 合肥: 安徽农业大学, 2013.

[187] 蔡建强. 基于移动互联网的安全风险评估系统设计及实现[D]. 北京: 北京邮电大学, 2014.

[188] 柴继文, 王胜, 梁晖辉, 等. 基于层次分析法的信息安全风险评估要素量化方法[J]. 重庆大学学报, 2017(4).

[189] 金标. 网络安全风险评估方法研究[J]. 保密科学技术, 2016(010): 33-35.

[190] XIE L, ZHANG X, ZHANG J. Network security risk assessment based on attack graph [J]. Journal of Computers, 2013, 8(9): 2339-2347.

[191] 张炳, 任家东, 王芐. 网络安全风险评估分析方法研究综述[J]. 燕山大学学报, 2020, 44(3): 290-306.

[192] 卓莹, 张强, 龚正虎. 网络态势预测的广义回归神经网络模型[J]. 解放军理工大学学报（自然科学版）, 2012, 2(13): 147-151.

[193] 谢丽霞, 王志华. 基于布谷鸟搜索优化 BP 神经网络的网络安全态势评估方法[J]. 计算机应用, 2017. 37(7): 1926-1930.

[194] 程家根, 祁正华, 陈天赋. 基于RBF神经网络的网络安全态势感知[J]. 南京邮电大学学报: 自然科学版, 2019, 39(4): 88-95.

[195] PERLMAN R. File system design with assured delete[C]. Proc of the 3rd IEEE International Security in Storage Workshop. San Francisco: IEEE, 2007: 83-88.

[196] TANG Y, Lee P C, LUI J S, et al. FADE: Secure overlay cloud storage with file assured deletion[C]. Proc of 6th International Conference on Security and Privacy in Communication Networks. Singapore, 2010: 380-397.

[197] MEI S Z, LIU C, YONG C, et al. TETPA: A case for trusted third party auditor in Cloud environment[C]. Proc of Conference Anthology, China: IEEE, 2013: 1-4.

[198] ZHOU M, MU Y, SUSILO W, et al. Privacy-Preserved Access Control for Cloud Computing[C]. Proc of 10th International Conference on Trust, Security and Privacy in Computing and Communications, Changsha: IEEE, 2011: 83-90.

[199] CHIOU, SHIN Y. A secure cloud storage system with privacy, integrity and authentication [J]. ICIC Express Letters, 2014, 5(3): 843-849.

[200] ANITHA E, MALLIGA S. A packet marking approach to protect cloud environment against DDoS attacks[C]. Proc of 2013 International Conference on Information Communication and Embedded Systems. Chennai: IEEE, 2013: 367-370.

[201] ZENG L F, SHI ZH, XU SH J, et al. SafeVanish: An Improved Data Self-Destruction for Protecting Data Privacy[C]. Proc of 2010 IEEE Second International Conference on Cloud Computing Technology and Science. Indianapolis: IEEE, 2010: 521-528.

[202] 王丽娜, 任正伟, 余荣威, 等. 一种适于云存储的数据确定性删除方法[J]. 电子学报, 2012, 40(2): 266-272.

[203] XU R H, WANG Y, LANG B. A Tree-Based CP-ABE Scheme with Hidden Policy Supporting Secure Data Sharing in Cloud Computing[C]. Proc of 2013 International Conference on Advanced Cloud and Big Data. Nanjing: IEEE, 2013: 51-57.

[204] 熊金波. 云计算环境中文档安全访问与自毁研究[D]. 西安: 西安电子科技大学, 2013.

[205] 熊金波, 姚志强, 马建峰, 等. 面向网络内容隐私的基于身份加密的安全自毁方案[J]. 计算机学报, 2014, 37(1): 139-150.

[206] CHONKA A, ABAWAJY J. Detecting and Mitigating HX-DoS Attacks against Cloud Web Services[C]. Proc of 2012 15th International Conference on Network-Based Information Systems. Melbourne: IEEE, 2012: 429-434.

[207] 岳风顺. 云计算环境中数据自毁机制研究[D]. 长沙: 中南大学, 2011.

[208] 张逢喆. 公共云计算环境下用户数据的隐私性与安全性保护[D]. 上海: 复旦大学, 2010.

[209] 张逢喆, 陈进, 陈海波, 等. 云计算中的数据隐私性保护与自我销毁[J]. 计算机研究与发展, 2011, 48(7): 1155-1167.

[210] 邓谦. 基于Hadoop的云计算安全机制研究[D]. 南京: 南京邮电大学, 2013.

[211] TANG Y, LEE P, LUI J, et al. FADE: Secure overlay cloud storage with file assured deletion[A]. Proc of the SecureComm. 10[C]. New York: ACM Press, 2010. 380-397.

[212] NAIR S K, DASHTI M T, CRISPO B, et al. A hybrid PKI—IBC based ephemerizer system[c] Proceedings of the International Information Security Conference. Sandton, South Africa, 2007: 241-252.

[213] GEAMBASU R, KOHNO T, LEVY AMIT A, et al. Vanish: Increasing data privacy with self-destructing data[A]. Proc of USENIX Security. 09[C]. Berkeley, CA: USENIX Association, 2009: 299-316.

[214] XIONG J, YAO Z, MA J, et al. A secure document self-destruction scheme with identity based encryption [C]. Proceedings of the 5th International Conference on Intelligent Networking and Collaborative Systems. Xi'an, China, 2013: 239-243.

[215] XIONG J B, YAO Z Q, MA J F, et al. Action-based multilevel access control for structured document. Journal of Computer Research and Development, 2013, 50(7): 1399-1408.

[216] YUE F S, WANG G J, LIN Q. A secure self-destructing scheme for electronic data[A]. Proc of EUC2010[C]. New York: IEEE Press, 2010: 651-658.

[217] ZENG L F, SHI Z XU S J, et al. Safevanish: An improved data self-destruction for protecting data privacy[A]. Proc of CloudCom2010[C]. New York: IEEE Press, 2010: 521-528.

[218] 冯登国, 张敏, 张妍, 等. 云计算安全研究[J]. 软件学报, 2011, 22(1): 71-83.

[219] SUN C, FUJII H, MIYAJI k, et al. Over 10-times high-speed, energy efficient 3D TSV-integrated hybrid ReRAM/MLC NAND SSD by intelligent data fragmentation suppression[C]. Proc of Design Automation Conference, 2013 18th Asia and South

Pacific on IEEE. Yokohama: IEEE, 2013: 81-82.

[220] BERMAN A, BIRK Y. Retired-page utilization in write-once memory—A coding perspective[C]. Proc of 2013 IEEE International Symposium on Information Theory Proceedings. Istanbul: IEEE. 2013: 1062-1066.

[221] REARDON J, BASIN D, CAPKUN S. Sok: Secure data deletion[C]. Proc of 2013 IEEE Symposium on Security and Privacy. Berkeley: IEEE, 2013: 301-315.

[222] 孟洛明. 网络管理研究中的问题、现状和若干研究方向[J]. 北京邮电大学学报, 2003, 26(2): 1-8.

[223] QIU T, GE Z, PEI D, et al. What Happened in My Network: Mining Network Events from Router Syslogs[C]. Proceedings of the 10th ACM SIGCOMM Conference on Internet Measurement 2010 (IMC'10), ACM, Melbourne, Australia, 1-3 November, 2010: 472-484.

[224] STEINDER M, SETHI A S. Probabilistic Fault Diagnosis in Communication Systems through Incremental Hypothesis Updating[J]. Computer Networks, 2004, 45(4): 537-562.

[225] KANDULA S, KATABI D, Vasseur JP. Shrink: A Tool for Failure Diagnosis in IP Networks[C]. Proceedings of the ACM Workshop on Mining Network Data, Minenet 2005, ACM, Philadelphia, Pennsylvania, USA, 22-26 August, 2005: 173-178.

[226] DUFFIELD N. Network Tomography of Binary Network Performance Characteristics [J]. IEEE Transactions on Information Theory, 2006, 52(12): 5373-5388.

[227] SHAVITT Y, SUN X, WOOL A, et al. Computing the Unmeasured: An Algebraic Approach to Internet Mapping[J]. IEEE Journal on Selected Areas in Communications. 2003, 22(1): 67-78.

[228] CHEN Y, WEN X L, Duan Z M, et al. Algorithm for large scale IP network multiple link congestion inference. Ruan Jian Xue Bao/Journal of Software, 2017, 28(7): 1815-1834.

[229] 周超, 任志宇. 结合属性与角色的访问控制模型综述[J]. 小型微型计算机系统, 2018, 39(4): 782-786.

[230] ABO-ALIAN A, BADR N L, TOLBA M F. Hierarchical attribute-role based access control for cloud computing[C]. The 1st International Conference on Advanced Intelligent System and Informatics (AISI2015), November 28-30, 2015, Beni Suef, Egypt. Springer International Publishing, 2016: 381-389.

[231] ZHU Y, HUANG D, HU C J, et al. From RBAC to ABAC: constructing flexible data access control for cloud storage services[J]. IEEE Transactions on Services Computing, 2015, 8(4) : 601-616.

[232] LO N W, YANG T C, GUO M H. An attribute-role based access control mechanism for multi-tenancy cloud environment[J]. Wireless Personal Communications, 2015, 84(3): 2119-2134.

[233] 姚璐, 盛步云. 基于用户-角色-任务的多约束访问控制模型[J]. 计算机系统应用, 2015, 24(8): 257-262.

[234] 王秀利, 江晓舟, 李洋. 应用区块链的数据访问控制与共享模型[J]. 软件学报, 2019, 30(6): 1661-1669.

[235] 罗杨, 沈晴霓, 吴中海. 一种新的访问控制策略描述语言及其权限划分方法[J]. 计算机学报, 2018, 41(6): 1189-1206.

[236] 万爱霞, 周家晶, 王福, 等. 一种信任域下的动态细粒度访问控制方法研究[J]. 计算机应用与软件, 2011, 28(4): 91-94.

[237] 严新成, 陈越, 巴阳, 等. 支持用户权限动态变更的可更新属性加密方案[J]. 计算机研究与发展, 2020, 57(5): 1057-1069.

[238] 陈占芳, 顾健, 张晓明, 等. 一种超细粒度权限模型研究与应用[J]. 长春理工大学学报（自然科学版）, 2016(1)88-91.